零基础学信贷

周麒麟◎著

广东旅游出版社
GUANGDONG TRAVEL & TOURISM PRESS
悦读书·悦旅行·悦享人生

中国·广州

图书在版编目（CIP）数据

零基础学信贷 / 周麒麟著 . —广州：广东旅游出版社，2019.6
ISBN 978-7-5570-1760-6

Ⅰ.①零… Ⅱ.①周… Ⅲ.①信贷管理 Ⅳ.① F830.51

中国版本图书馆 CIP 数据核字（2019）第 060020 号

零基础学信贷
Lingjichu Xue Xindai

广东旅游出版社出版发行
（广州市环市东路 338 号银政大厦西楼 12 楼 邮编：510180）
印刷：北京晨旭印刷厂
（地址：北京市密云区西田各庄镇西田各庄村）
广东旅游出版社图书网
www.tourpress.cn
邮购地址：广州市环市东路 338 号银政大厦西楼 12 楼
联系电话：020-87347732 邮编：510180
787 毫米 ×1092 毫米 16 开 21 印张 298 千字
2019 年 6 月第 1 版第 1 次印刷
定价：68.00 元

[版权所有 侵权必究]

本书如有错页倒装等质量问题，请直接与印刷厂联系换书。

目 录
CONTENTS

前言 / IX

故事背景 / XI

第1章 推开信贷业务的门 / 001

态度决定一切 / 001
有一种贷款形式叫信贷 / 001
你是怎样理解信贷业务的 / 002
你清楚信贷业务的特征吗 / 002
信贷家族中的"六兄弟" / 003
你知道什么是金融机构吗 / 005
你知道贷款有哪些分类吗 / 005
分不清的借款、借款人和贷款、贷款人 / 006
了解信贷的基本原则 / 007

审贷分离是怎么回事 / 008
审贷分离犹如"绑腿跑"游戏 / 009
揭开信贷部门设置的面纱 / 009

"开闸"放贷十步走 / 011
信贷关系是一种平等的债权关系 / 011
客户提交贷款申请书 / 012

他符合贷款要求吗 / 012
　　"三查"不可缺少 / 013
　　风险分析评估的内容有哪些 / 014
　　贷与不贷，谁说了算 / 015
　　彼此约定——签订《借款合同》 / 015
　　"开闸"放贷 / 016
　　贷款收不回怎么办 / 017
　　及时处理，保证资金安全回笼 / 019

第2章　走进企业：开展贷前尽职调查 / 020

做足功课是前提 / 020
　　精彩的"碰头会" / 020
　　"按图索骥"搜集相关资料 / 026
　　对照清单，核实客户信息资料 / 026
　　信贷调查的常用工具——"6C"分析法 / 027
　　谈调查工作方法和技巧，刘春花如数家珍 / 029
　　尽职调查不可"走马观花" / 032

走进企业做调查 / 034
　　面对企业，我们应该怎样提问 / 036
　　走进"凤凰茶园" / 037
　　财务室里，大雄记录和学习（核账）两不误 / 040
　　耳闻不如眼见，全面分析更重要 / 042

第3章　教你阅读财务报表 / 044

财务报告的组成部分 / 044
财务分析犹如会说话的大眼睛 / 045
　　资产＝负债＋所有者权益 / 046
　　利润表：财富增减一目了然 / 046
　　现金流量表：资金从哪儿来，到哪儿去 / 047

如何读懂资产负债表里的"家底儿" / 050

通览全貌，破解资产负债表迷局 / 050

流动资产重点关注哪些科目 / 056

非流动资产有什么特点 / 062

欠了钱，迟早是要还的 / 066

所有者权益包括哪几项 / 072

"2+2=4"吗 / 073

如何读懂利润表里的财富增减 / 075

王二的"独门绝技"：速览利润表 / 076

李四详解利润表具体项目 / 077

关注利润表盈利结构的合理性 / 079

企业盈利结构与经营状况的8种关系 / 081

利润表的局限性表现在哪些方面 / 082

如何读懂现金流量表里的现金流动情况 / 085

收付实现制与权责发生制 / 085

现金流量表里的现金不只是"银子" / 086

现金从哪里流入，又从哪里流出 / 088

经营活动产生的现金流具有供血功能 / 088

投资活动产生的现金流具有造血功能 / 091

筹资活动产生的现金流具有输血功能 / 092

阅读现金流量表还应重点关注什么 / 092

第4章 信用管理风险都在哪儿 / 094

开展企业经营能力分析 / 095

家族化治理模式的优势与局限 / 096

凤凰茶业有限公司遵循法人治理结构的模式 / 097

制度完善不等于没有风险 / 098

企业主要负责人信用分析 / 099

负责人的经营理念和能力决定企业生死 / 100

企业负责人的品德情况 / 101

领导层变动是企业的"地震" / 102

什么是 SMART 家族 / 103

SMART 各自代表的含义 / 104

如何正确选择信贷目标客户 / 106

结合 SMART 原则，辨别战略目标的合理性 / 107

你不理财，财不理你 / 108

企业财务管理模型是什么样的 / 109

合理评价企业，规避信贷风险 / 111

不容忽视的其他信用风险 / 112

关联企业的"多米诺骨牌效应" / 112

法律纠纷也能引起信贷风险 / 113

还存在什么信用风险 / 114

第5章 为何先分析行业风险 / 116

不要小瞧行业分析 / 116

行业成本结构分析 / 117

可变成本 PK 固定成本 / 118

行业成本结构分析的作用 / 119

高、低经营杠杆揭示了什么 / 119

行业成熟度决定企业的发展前景 / 123

行业成熟度三个主要阶段 / 123

银行对不同行业阶段企业贷款的考量 / 124

如何判断企业处于哪个行业阶段 / 126

行业也有生命周期 / 127

行业周期和经济周期 / 127

美丽的经验分享 / 128

经济周期与信贷风险关系 / 129

不可缺少的行业其他分析 / 130

　　　　同行业中，多数企业都能盈利吗 / 131

　　　　如何分析对其他行业的依赖性 / 131

　　　　怎样衡量替代产品的脆弱程度 / 132

　　　　政策环境指哪些 / 133

　　一张参考表总结风险评估 / 135

　　哪些风险预警信号值得我们注意 / 137

第6章　寻找经营风险 / 138

　　企业的经营六要素 / 139

　　　　产销规模是否与企业实际相符 / 140

　　　　企业发展也有三个阶段 / 142

　　　　产品单一风险大 / 143

　　　　怎样判断企业发展目标的合理性 / 144

　　　　企业战略规划书包括哪些内容 / 146

　　核心产品如何与市场需求匹配 / 148

　　　　供不应求，还是供大于求 / 148

　　　　市场需求的变与不变 / 149

　　　　关注产品策略环境 / 149

　　周而复始的经营循环风险 / 151

　　　　货源在哪里 / 152

　　　　不懂生产经营，如何判断风险 / 154

　　　　销售过程存在哪些风险 / 157

　　　　经营管理风险藏在哪里 / 164

第7章　看透财务报表 / 168

　　财务分析要分步走 / 169

　　财务分析常用的五种方法 / 171

　　　　探寻比率背后的故事 / 172

没有比较的财务分析毫无意义 / 189

　　　预测前景，趋势分析最重要 / 193

　　　根据差异找原因 / 196

　财务报表分析的局限性 / 196

　了解企业的资产转换循环 / 199

　　　循环环节不同，活动内容差异大 / 201

　　　货物持有期的财务反映 / 203

　　　收款期的财务反映 / 204

　　　付款期的财务反映 / 205

　　　什么是现金流量时间性差异 / 206

　　　添置设备也能导致融资需求 / 208

　会计调整是怎么回事 / 209

第8章　预测财务状况 / 213

　如何分析一套财务报表 / 213

　　　了解背景很重要 / 214

　　　怎样分析资产负债表的会计风险 / 216

　　　好看的会计报表，水分到底有多大 / 222

　　　偿债能力分析 / 225

　　　资产运营能力分析 / 232

　　　盈利是企业经营的主要目标 / 235

　　　是否具备"造血"功能，主要看资金流动方向 / 238

　　　财务分析不得不说的忠告 / 246

　如何进行财务预测 / 247

　　　暗藏玄机的财务预测步骤 / 248

　　　闭门造车，怎么能行！ / 250

　　　好的假设是做好财务预测的基础 / 251

　　　财务预测中的敏感度分析 / 252

　　　敏感度分析中的关键变量 / 254

不容忽视的经验教训 / 256
基于现金流量的偿还能力预测 / 258
实战演练：现金流量偿还能力预测 / 265

第9章 随时考虑借款人的借款原因及还款意愿 / 270

借款分析 / 271
 季节性销售增长的借款原因 / 273
 长期销售增长的借款原因 / 275
 存货周转期为何延长了 / 278
 固定资产更新需求 / 279
 应收账款回收期延长的借款原因 / 280
 非盈利或低盈利经营的借款原因 / 282
 非预期费用支出的借款原因 / 283

借款人还款意愿的风险防范措施 / 284
 "明修栈道，暗度陈仓"，风险在哪里 / 284
 信用评级能直接反映还款意愿 / 286

第10章 关注贷款担保 / 287

贷款担保分为哪几类 / 287
为何要向银行提供担保 / 288
怎样进行贷款担保分析 / 289
如何防范贷款担保风险 / 289
贷款担保的注意事项 / 291
案例1：分析保证、抵押贷款的担保风险 / 292
案例2：分析质押贷款的担保风险 / 293

第11章　一份完整的信贷调查分析报告 / 295

贷款发放的第一道关口——贷前调查报告 / 295

整理收集完整的资料 / 296
做好财务分析和财务预测 / 296
信贷调查分析报告的主要内容 / 297
撰写信贷调查报告有哪些要求 / 298
提出明确的融资结构方案 / 299

凤凰茶业有限公司的信贷调查分析报告出炉了 / 299

第12章　成为合格的信贷员 / 308

掌握八大关键领域评估 / 309
避免两个"极端"，实现有效沟通 / 313
信贷业务分析中不可不知的禁忌 / 316

前 言
PREFACE

那天，刚进入金融机构不久的你，兴冲冲地跑到我面前说你很想学信贷业务，让我给你讲讲信贷业务和财务报表的分析。尽管这一切对像你一样从未涉足信贷业务，而且又没有会计基础的人来说具有一定的挑战，但看着你渴望的眼神，我无法把你拒之于信贷大门外。

来吧！年轻人，别再彷徨，打开《零基础学信贷》，推开信贷业务的大门，故事主角就变成了你。

《零基础学信贷》，讲述的是一个发生在某银行信贷部门的故事。故事主角大雄聪明能干，又写得一手好文章，由于对信贷业务一窍不通，拜师在信贷主任刘春花麾下。在信贷部众师哥、师姐的帮助下，参与到一个具体的信贷业务案例（凤凰茶业有限公司）中。通过这个案例，大雄不仅了解了信贷业务的全部流程，而且学会了如何进行信贷业务分析和财务报表阅读分析。最后，在大家的帮助下，写出了"信贷调查分析报告"。

故事中的信贷主任刘春花，具有丰富的信贷经验。在本书中她深入浅出地介绍了信贷实务操作步骤、信贷实务分析和财务报表阅读分析，总结了金融机构在信贷实务分析中风险防范的一些可借鉴的经验和方法。这对信贷人员在信贷业务中管控信贷风险，降低或避免信贷损失具有很强的指导意义。

本书以发生在信贷部门的故事为线索，分12章，用图表、案例等形式通俗易懂、全面系统地阐述了信贷实务分析及财务报表阅读分析。前3章主要介绍信贷业务的基础知识和财务报表的阅读技能，后9章主要介绍信贷实务分析。

第 1 章主要介绍信贷业务、金融机构及其他基本概念，旨在帮助信贷新人了解信贷业务的基础知识、信贷管理中的审贷分离制度及该制度下信贷人员的岗位职责，熟悉信贷业务流程。

第 2 章以案例的形式介绍贷前尽职调查，包括贷前尽职调查的准备及到企业实地调查的工作方法等。

第 3 章介绍信贷人员如何阅读财务报表，包括财务报表在信贷分析中的重要作用，以及资产负债表、利润表、现金流量表的阅读技巧等。

第 4 章至第 10 章是全书重点，详细介绍了借款人信用管理风险分析、行业风险分析、经营风险分析、财务分析、借款原因及还款意愿的分析，以及贷款担保的分析，旨在帮助广大读者对信贷业务风险分析有一个全面的了解和认识。

第 11 章介绍了如何撰写贷款调查报告并给出了贷款调查报告标准写作模板。

第 12 章介绍了如何成为一名合格的信贷员，主要包括八个关键领域的任务目标的认识、与借款企业的沟通技巧和在信贷业务分析中的十个禁忌。

我相信，不论你是信贷客户经理，还是信贷评审人员、风险监控人员、信用评级人员、担保客户经理……只要你拿起本书，就一定能从书中学到具有实用价值的信贷业务知识。

为了全方位讲解信贷，本书所讲案例皆为虚构案例，若有雷同，敬请谅解。书中介绍的信贷实务分析的方法和工具（包括调查分析报告模式的展示），旨在帮助广大读者更好地掌握信贷业务，在真正的信贷实践中，还应根据不同企业的性质采用不同的分析方法。

最后，感谢我的家人在本书写作过程中给予我的支持和理解，他们的督促和支持，使我拥有更多的时间和精力完成本书。由于学识及能力有限，书中难免有疏漏或分析不足之处，望广大读者见谅，同时也衷心期望广大读者给予批评、指正。

故事背景

刘劲（小名"大雄"）：本故事的男一号，刚从某名牌大学中文专业毕业，是A县某银行的笔杆子兼内勤，写得一手好文章，做起事来像"牛"一样认真，有干劲也有钻劲。但最近老是写不出东西，原因是不懂信贷业务，虽然看了一些与信贷业务相关的书，但始终限于本本，尚未消化。

刘春花（信贷主任）：本故事的女一号，白里透红的肌肤，圆圆的脸庞，衬着明亮、热情的眼眸，说话中气十足。从事信贷工作二十余年，经验丰富，带出了一批批优秀的信贷员。

故事发生在A县某银行信贷部。

这天，行里的同事都在办公室，大家嘻嘻哈哈，气氛很轻松。大雄嬉皮笑脸端着茶杯走到刘春花面前，讨好地对着刘春花说："刘姐，喝茶！"

"咦！看你一脸求人的样子，就知道没好事，说，啥事？姐能帮的一定帮。"刘春花说话从来就是这样，心直口快。

大雄看主任心情不错，胆子也大了起来，连说话的逻辑也顾不得厘清，急切地说："刘姐，我想学信贷，学技术，以便更好地宣传我们银行，你就收我当徒弟吧！"

刘春花顿了一下，咳了一声，然后中气十足地说："好啊，收你可以，那你怎么回报姐啊？"

其实，刘春花早就看好这个苗子了，也想培养培养，心底暗自窃喜。大雄没想到主任这么爽快就答应了，顺势来了一个要跪地拜师的动作。

刘春花没想到大雄会来这么一手，赶紧把大雄拉起来说："好了好了，赶紧起来。为使你以后能准确进行信贷业务的相关报道，到企业考察一定带着你，然后再教你像信贷员一样学习信贷分析，阅读财务报表。"

大雄疑惑地问："刘姐，做信贷业务，为啥要学习阅读财务报表呢？财务报表在信贷业务分析中有什么作用呢？"

"你小子问到点子上了。"刘春花暗喜这小子就是聪明，接着说："财务报表的阅读分析是信贷客户经理、授信评审人员和风险监控人员等必须掌握的一项基本技能——银行在贷款业务中，需要考核企业的偿债能力及经营状况，而作为企业信息的外部使用者，若要开展信贷业务，各种信息的获得往往是通过财务报表来开展的。"

"哦"，大雄似懂非懂地应了一声，感觉当一个信贷员还真不简单。

此时，刘春花从抽屉里抽出四本书，即《流动资金贷款管理暂行办法》《个人贷款管理暂行办法》《固定资产贷款管理暂行办法》和《项目融资业务指引》，说："这样，把这几本书拿去好好研读一下。"

"这四本书包括银行业实施贷款管理的基本原则、要求及行动指南，这就是我们常说的'三个办法一个指引'，你只要把这'三个办法一个指引'结合《新员工信贷业务基础知识》到实践中融会贯通，就能成为一名合格的信贷人员了。"

大雄接过刘春花手中的书，"这么多书啊，我先从哪本看起呢？"

"你就先看《流动资金贷款管理暂行办法》吧。正好有家企业打算申请流动资金贷款呢，过两天就会把资料送过来，到时候你也可以参与到这笔贷款业务中。"

"好的，谢谢刘姐，我回去一定认真研读。"大雄似下决心地说。

现在我们就跟随大雄一起开始信贷业务的学习旅程吧！

第1章
推开信贷业务的门

大雄正在为行里一篇《如何学好信贷业务》的稿件发愁,心想,要是有刘姐指点就好了。

"大雄,干吗呢?"

正想着,猛地听到一个大嗓门叫自己的名字,指间旋转的笔也被惊到地上。转过头来一看,正是主任刘春花,手里还拿着一叠资料。

见到刘春花,大雄像见了救星,心里别提多高兴了。刘春花走到大雄身边顺势拉过旁边的椅子,坐下来,关切地问:"这几天学得如何,给我讲讲?"

大雄嘿嘿一笑,充满自信地大声说:"好,我这就讲给你听,还请刘姐多多指教。"

态度决定一切

大雄非常清楚,要做一名合格的信贷员不容易,不仅要具备与借款人打交道的能力,而且还要有扎实的信贷知识功底。能向这位具有丰富信贷经验的刘姐请教,当然是难得的机会,所以他不断提醒自己:态度决定一切!

有一种贷款形式叫信贷

大雄把茶杯恭敬地端到刘春花面前,"刘姐,请喝茶,听我慢慢道来。"

刘春花高兴地说:"好啊,看看你小子的领悟能力怎么样!"

大雄先喝了口茶，略微显得有点儿紧张，深吸一口气说："我先说对信贷概念的理解，就是借贷双方在诚信基础上，按照双方借款协议约定，借款人在双方约定的时间内归还本金和利息，这种借贷行为就叫信贷。"

刘春花接过大雄的话说："嗯，说得不错。信贷是贷款的一种形式，信贷的最终目的就是通过有条件的让渡取得利息收入。"

举一个例子。银行借给你50000元钱，你承诺一年后归还。到期时，你归还借款的钱就会是50000×利率+50000。银行的贷款利率会因你的信用程度、风险程度、借款的期限和借款种类等的不同而不同。比如，一年期的贷款利率为7.2%，那么一年后到期你就应归还50000×7.2%+50000=53600元，多出的3600元就是银行的利息。

简单地说，信贷就是通过这样的一个过程获得银行利息。

你是怎样理解信贷业务的

刘春花话音一落，大雄赶忙插话："刘姐，信贷我清楚了，那信贷业务呢？"

"先说说你是怎样理解信贷业务的？"刘春花想考考这个非金融专业的大学生对信贷业务的理解。

大雄说："我知道，信贷是金融机构主要的盈利手段，而信贷业务作为金融机构最重要的一种业务，就是发放贷款，收回本金和利息。"

刘春花笑了笑说道："说对了一部分，总体说来信贷业务有广义和狭义之分。"

◇信贷业务广义讲是银行对客户提供的各类信用的总称。除贷款外，它还包括商业汇票承兑、贴现、信用证、担保等业务。贷款和贴现是金融机构的资产业务，商业汇票承兑、信用证、担保等是金融机构的中间业务。

◇信贷业务狭义讲就是指贷款业务，主要凭借借款人的信誉发放贷款。

你清楚信贷业务的特征吗

刘春花接着问："信贷业务的特征，你清楚吗？"

大雄摸了一下脑袋，脑筋一转说："我的理解是，借贷双方通过借款等相关协议，在指定的时间段里，协议中约定数额的借款的使用权让渡给借款人，借款人按期偿付本息，这就是信贷业务的特征。"

刘春花赞赏地说："悟性还不错嘛！"

为了能让大雄更准确地掌握信贷业务特征，刘春花拿起大雄的笔，在本子上画了一个信贷资金运动过程示意图（如图1-1所示）。

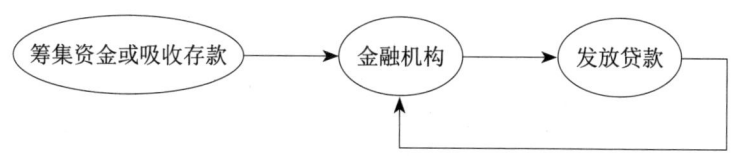

图1-1　信贷资金运动过程

画完图后她说："信贷资金的总体运动过程是，金融机构吸收社会中各种来源的资金，通过对社会资金进行不同的时间和空间的设计，然后向不同经济主体发放贷款；各经济主体又通过资产转换循环，归还本金和利息。从信贷资金的运动过程，可以看出信贷业务具有以下特征。"

◇偿还性；

◇收益性；

◇价值单方面转移性；

◇融通性。

大雄认真地记着笔记。随手记笔记是大雄多年养成的好习惯，他深知好记性不如烂笔头。同时，通过记笔记，可以让自己更加专注。

记完后大雄接着问："刘姐，信贷资金都是从哪些方面来的？"

刘春花说："对金融机构来说，信贷资金主要来源包括社会存款、银行自身的本金、借款、结算资金、利息收入等。"

信贷家族中的"六兄弟"

"你如果真想全面了解信贷业务，就必须掌握信贷业务的基本要素。"刘春花抿了一口茶，接着说道。

大雄瞪大双眼问："信贷业务都有哪些基本要素？"

刘春花又拿起笔在纸上边画边写边说："信贷业务有六个基本要素

(如图1-2所示)。"

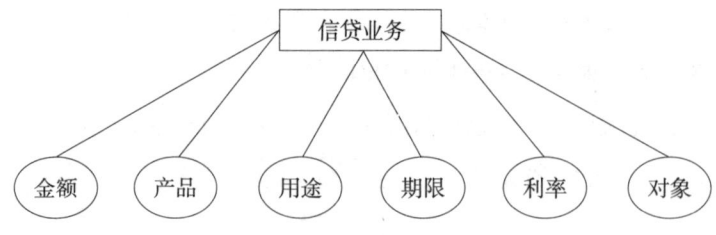

图1-2 信贷业务的六个基本要素

上面六个基本要素具体代表的意义见下表(如表1-1所示)。

表1-1 信贷业务六要素的意义

信贷金额	借款人向贷款人申请,并经贷款人同意发放的金额
信贷产品	指特定产品下的信贷服务方式,主要包括担保贷款、承兑、信用支持、保函、信用证等。担保贷款包括抵押贷款、保证贷款、质押贷款
贷款用途	按照贷款用途分为经营性贷款和消费性贷款。其中经营性贷款包括流动资金贷款、固定资产贷款、个人经营性贷款;消费性贷款包括各种消费按揭、旅游、助学、装修等
信贷期限	指贷款发放日起到贷款截止日止的时间。按期限分为短期、中期、长期。超过合同约定还款期的叫逾期贷款。超过合同约定还款期,贷款人同意延期偿还贷款的叫贷款展期
贷款利率	是借款人使用贷款时支付的价格。假如银行的基准利率是5.08%,具体贷款执行的浮动利率的定价是根据借款人的期限、贷款品种、担保情况、信用等综合情况来确定的,每个银行根据客户的情况,可以上浮或下调利率。如果上浮50%,那么客户支付的贷款利率就变成了7.62%
交易对象	信贷的交易对象包括贷款人和借款人。借款人可以是法人,也可以是自然人

她又补充说:"这六个要素就像信贷家族中的六个亲兄弟,缺一不可,是信贷业务的精髓。也就是说,在做信贷业务的时候,我们首先必须清楚要贷款给谁,客户申请的借款金额是多少,银行可以提供什么样的信贷产品,这笔借款是用来做什么的,申请借款的期限是多久,金融机构最后给客户的贷款利率是多少。"

大雄拍着胸脯对刘春花说:"刘姐,这六个兄弟如果加上我,信贷业务就会变得更有生机。所以,我会加倍努力成为其中一员的。"

你知道什么是金融机构吗

这时,刘春花好像想到了什么,问大雄:"你知道什么是金融机构吗?我们所说的金融机构都包括哪些?"

大雄苦笑着说:"我以前一直以为金融机构就是指银行,到行里这几个月才明白,金融机构是指专门从事货币信用活动的中介组织。它不仅包括银行,还包括城市信用合作社(含联社)、农村信用合作社(含联社)、信托公司、证券业金融机构(如证券公司)等。"

刘春花大笑道:"很多不懂金融的人都会有这种误解,只不过信托公司和证券公司属于非存款类的金融机构(如图1-3所示)。"

讲到这里,大雄一下子看到了刘春花刚刚带过来的资料,好奇地问:"刘姐,这个资料是给我的吗?"

刘春花发现自己忘了还有其他重要事情,埋怨道:"哦,你瞧我这记性。这是一家茶业公司申请借款的资料,改天你跟我还有美丽,一起到这家企业走访一下。你先熟悉一下这家企业,然后再给美丽看。"

(备注:美丽是本故事的女二号,人如其名,已经做了五年多的信贷业务,是刘春花最得意的徒弟。)

银行业存款类金融机构	银行业非存款类金融机构	证券业金融机构	保险业金融机构	交易及结算类金融机构
银行 城市信用合作社(含联社) 农村信用合作社(含联社) 农村资金互助社 财务公司	信托公司 金融资产管理公司 金融租赁公司 汽车金融公司 贷款公司 货币经纪公司	证券公司 证券投资基金管理公司 期货公司 投资咨询公司	财产保险公司 人身保险公司 再保险公司 保险资产管理公司 保险代理公司	交易所 登记结算类机构

图1-3 常见的金融机构分类

你知道贷款有哪些分类吗

"你知道贷款有哪些分类吗?"刘春花看了看手表,觉得还有时间,就饶有兴趣地继续跟大雄聊着。

大雄正在看刘春花刚拿过来的资料,听刘春花这么一问,心里一阵窃喜。尽管来行里不到一年,但对于贷款的分类,他还是有所了解的。

大雄答道:"贷款是根据借款人提交的借款申请,贷款人向借款人提供按协议约定期限和利率需要偿还本息的货币资金。按照不同的方式,贷款分为不同的类别。"

◇按照贷款的期限可分为短期、中期、长期。1年以下为短期贷款,1~5年为中期贷款,5~10年就是长期贷款。

◇根据发放贷款的方式不同,可以划分为信用贷款、保证贷款和抵(质)押贷款。其中,凭借款人的信誉发放的贷款是信用贷款;以第三方承诺保证的方式发放的贷款是保证贷款;用借款人或第三方抵押或质押方式发放的贷款是抵(质)押贷款。

◇按照贷款的使用质量可划分为正常、关注、次级、可疑、损失五个等级,后三类贷款是"不良贷款"或"问题贷款",前两类贷款是正常贷款。

◇按照贷款用途划分,公司信贷包括固定资产贷款和流动资金贷款。

刘春花表扬大雄:"不错嘛,才来不到一年,就了解得这么清楚了。"

以上述这家茶业公司为例,它申请一年期的信用担保贷款100万元,因为四五月份是茶叶收购旺季,占用大量资金,导致公司目前缺少流动资金,所以像这类贷款从用途上说就是流动资金贷款。如果用于企业基础设施的建设,如扩修厂房或购买机器设备,那这类贷款就是固定资产贷款。

分不清的借款、借款人和贷款、贷款人

说到贷款时,大雄想起一件事,不论是一些报刊还是周围同事,在谈到贷款和借款时,两个词常常含混不清,把他也弄得糊里糊涂。

大雄就向刘春花诉苦道:"刘姐,有件事很困惑,要向你请教。对同一笔款项,有的称它为'借款',有的又说是'贷款',而且在报刊上也是这样,借和贷似乎可以随便互换,如一些刊物上说'某借贷人赖账''加大对贷款者实施贷款管理',到底怎么回事?"

刘春花笑呵呵地说:"你看的什么刊物呀,竟然出现这样的低级错误。按照

《贷款通则》的第二条规定，借款人，系指从经营贷款业务的中资金融机构取得贷款的法人、其他经济组织、个体工商户和自然人，是资金的借入者；贷款人系指在中国境内依法设立的经营贷款业务的中资金融机构，是资金的贷出者。"

大雄皱着眉头说："既然容易出现这种错误，一定有它的原因，是什么原因造成的呢？"

刘春花答道："造成概念混淆的根本原因在于'借'和'贷'都有'借入'和'借出'的意思。一笔款项，所处角度不同，说法就不同。"

◇对银行来说，依据《贷款通则》发放的是贷款，实施的是贷款程序，进行贷款调查和管理，这时银行就是贷款人、债权人；

◇对企业或个人来说，申请的款项就是流动资金等贷款，向银行提交的是《借款申请书》，填写的是借款金额、用途等内容，企业或个人就是借款人、债务人。

"你刚才说的'某借贷人赖账'，实际是'某借款人赖账'；而'加大对贷款者实施贷款管理'，实际应该是'加大对借款者实施贷款管理'。这下清楚了吗？"刘春花关切地问。

"明白了。借与贷就看你站在什么角度来看，对金融机构就是贷，对企业或个人来说就是借。"大雄了然地点了点头。

了解信贷的基本原则

这时大雄想起了自己要写的稿子，赶紧问刘春花："刘姐，我最近在写一篇《如何学好信贷业务》的稿子，不知道从哪下手，能给一些建议吗？"

刘春花说："这还不容易，要写好这篇文章，首先一条就是你要了解信贷的基本原则。"

"了解信贷基本原则？"大雄抓了抓脑袋，不解地问道。

刘春花说："大家都知道，信贷业务存在很大的风险——放贷容易，收款难，所以我们放贷的时候一定要谨慎处理，把握好三个基本信贷原则

（如表1-2所示）。"

表1-2　三个信贷基本原则

安全性原则	信贷风险主要来自三个方面：客户自身存在的信用、经营等方面风险；金融机构自身存在信贷操作规范的风险；还有就是大环境的风险。在信贷过程中，要全面分析这三方面的风险，才能减少和避免信贷资金遭受风险和损失
流动性原则	金融机构要保证信贷资金按期收回，并将资金合理规范发放，以保证贷款资金的正常流动
效益性原则	要通过合理地运用信贷资金，提高使用效益，谋取利润最大化，以增强金融机构自身的经营实力，提高金融机构自身竞争能力

"前段时间，有家金融机构的信贷人员不顾信贷管理规定，让本来不符合贷款要求的企业通过一些违规操作，获得贷款。现在这家企业已经出现严重的预警信号，危及信贷资金的安全。这就是操作不规范带来的隐患。"

"总之，保证信贷资金的安全是每个信贷人员的责任。要学好信贷业务知识，信贷人员必须全面掌握信贷业务流程及其分析方法。另外，财务的基本知识、分析方法和相关的法律法规也是信贷业务知识的范畴，掌握这些才能最大限度地防范业务风险。"

刘春花滔滔不绝地讲着信贷业务知识，不知不觉已到中午。想到下午还有很多事，就跟大雄说："改天再接着给你讲吧！"

大雄今天收获非常大，不但学到不少信贷业务基本知识，而且《如何学好信贷业务》的稿子也有了一个初步架构。

审贷分离是怎么回事

"大雄，刘主任叫你到她办公室。"美丽走到大雄的身边指了指刘春花的办公室，又冲他做了个鬼脸。

大雄看看美丽，有点儿摸不着头脑，硬着头皮走向刘春花办公室。

刚跨进门，刘春花手里拿着一份报纸对着大雄扬了扬，大嗓门地冲大雄嚷道："快看，你的《如何学好信贷业务》上了我们支行内部简报，受到分行的表扬了，你要多多加油啊！"

大雄接过报纸，果然看到上面刊登了署名为大雄的那篇文章。这时的大雄反倒不好意思，摸了摸头，不知所措。

刘春花看他这副样子，说道："别不好意思，这是你努力的成果。最近书看到什么地方了？"

大雄赶紧答道："信贷管理部分。"

"我今天有时间，你给我讲讲信贷管理中的审贷分离。"刘春花知道这小子慢慢地入门了，必须继续帮他把业务知识学扎实。

审贷分离犹如"绑腿跑"游戏

大雄收起简报，顺势坐在刘春花桌前的椅子上，心想既然刘主任今天不忙，得抓紧时间向她多学点儿业务知识。

"在信贷业务中，除了一部分小额贷款以外的所有贷款业务，都必须执行审贷分离制度。对于审贷分离的理解，由于现在我还不是很清楚信贷的具体业务流程，所以只能理解大概意思，就是指信贷业务办理过程中的审查和放贷，由不同部门来分别执行并承担相应责任，以实现相互制约和支持。简单说就像'绑腿跑'游戏。"大雄说。

"嗯，很不错嘛！刚刚入门，就能把审贷分离制度说得如此清楚。"刘春花满意地点点头。

揭开信贷部门设置的面纱

看到刘主任比较满意自己的回答，大雄不禁喜上眉梢。但刘春花知道这小子目前只是一知半解而已，必须把审贷再分细点儿讲，他才能完全明白其含义。

于是刘春花对大雄说："银行的组织机构部门的设置，执行的就是审贷分离制度。这样才能从不同角度审视信贷业务，提高信贷资产的质量，最大限度规避信贷风险，防止道德风险和坏账的发生。那你说说我们支行都有哪些部门？"

大雄觉得这个问题太简单了，毕竟来行工作已经有几个月了。"我知道啊,有客户部,下设公司业务部、个人业务部和按揭贷款业务部;风险管理部,下设贷后管理部;还有就是我所在部门——市场部;其他就是财务会计部、办公室。除了市场部外,其他部门我还不是很清楚它们各自具体要完成的业务内容是什么。"

"如果你不参与到信贷业务中来,当然就难以明白了。这些部门就是按照审贷分离制度来设立的。另外,与审贷分离制度有关的还有一个部门叫贷款评审委员会。我们行的贷款评审委员会由分管信贷的副行长或主任、风险部门经理、财务会计部经理三个核心人员构成,客户部经理、主办信贷人员、办公室主任列席参与评审。"刘春花说。

刘春花觉得说到这儿,有必要停一停,要让他自己琢磨一下,于是从抽屉里拿出纸和笔说:"这样,画张图(如图1-4所示)演示一下。"

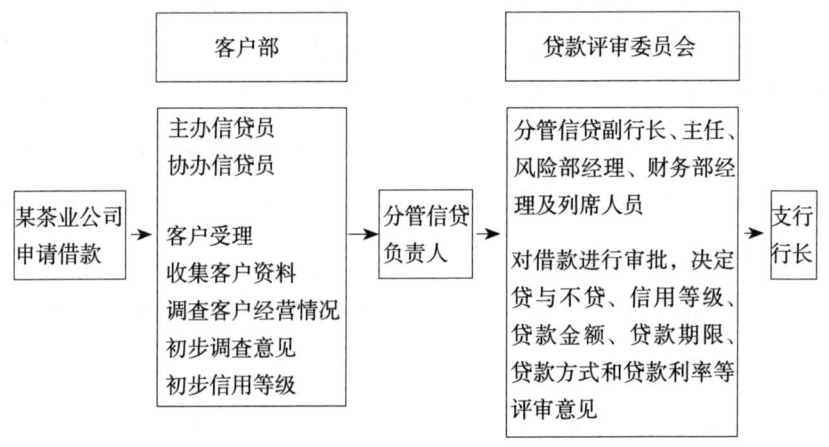

图1-4 审贷分离、逐级审批

大雄似乎有点明白这个图,像是在讲述一个企业借款的审批流程。

刘春花看了看大雄说:"在整个信贷管理中,主要信贷岗位有调查评估岗,主要负责受理借款申请、收集资料、对贷款项目进行初步调查评估、办理贷款的有关手续。"

◇审查核准岗:负责对贷款项目的合法性、合规性和真实性审查。

◇审批决策岗:在审批权限内对贷款项目提出贷与不贷及其他事项等审批意见。

◇放贷审核岗：主要负责审核贷款条件落实情况，再次对贷款发放与支付进行审核。

◇贷后管理岗：主要负责对借款人经营管理的监控及贷款跟踪管理。

讲完后，刘春花看看大雄，"怎么样，清楚了吗？"

大雄站起身边给刘春花水杯续水边笑着点头说："很清楚、很明白了。刘姐，你给我讲讲信贷业务流程吧，我看了几遍都不是很清楚。"

"开闸"放贷十步走

"信贷业务基本操作流程（如图1-5所示）其实很简单。"刘春花喝了一口水，又拿起笔在纸上画了起来。

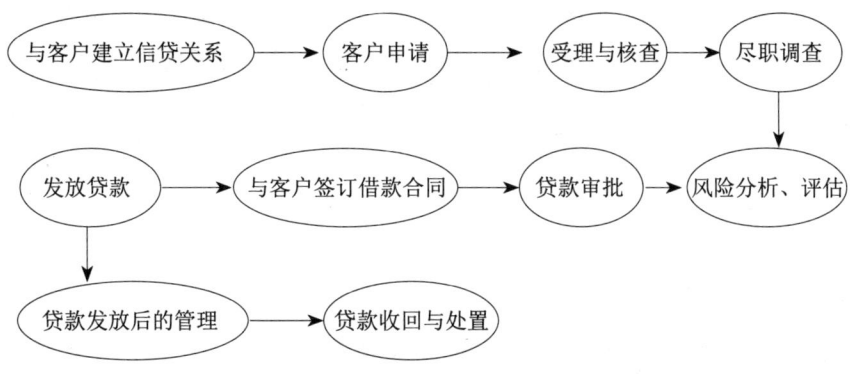

图1-5　信贷业务操作基本流程

刘春花始终认为用图表示比说更容易理解和记忆。"我画得还不错吧？信贷业务流程基本就是这样的，我就按照这个顺序简单给你介绍一下，下次参与到信贷业务中，结合实践，你就更清楚信贷业务的流程了。"

大雄看到刘春花这么耐心地给自己讲解这些业务知识，有种莫名的感动，心想一定要好好学习业务知识，绝不辜负刘主任对自己的期望。

信贷关系是一种平等的债权关系

刘春花说："这里讲的客户可以是企业，也可以是个人。信贷关系是金融机构与客户的一种关系，这种关系是一种平等的债权关系，是一种服务与被服务的关系。客户可以选择金融机构申请贷款，金融机构也可以选择客户作为贷款对象。"

良好信贷关系的建立，对金融机构和客户来说，能达到双赢效果。申请建立信贷关系时，客户要提交《建立信贷关系申请书》，金融机构在接到客户提交的申请书后，会指派信贷员进行调查。

主要调查企业经营情况，合理、合法性及规范性。调查清楚后，提交是否建立信贷关系意见的书面报告，然后逐步审查批准同意后，双方签署《建立信贷关系契约》，由此就建立了信贷关系。

客户提交贷款申请书

与银行已建立信贷关系的客户，可根据其生产经营过程中合理的流动资金需要，向银行申请流动资金贷款。以四川凤凰茶业有限公司为例，申请贷款时必须提交《四川凤凰茶业有限公司流动资金借款申请书》。然后，银行依据国家产业政策、信贷政策及有关制度，并结合上级银行批准的信贷规模计划和信贷资金来源对企业借款申请进行认真审查。

他符合贷款要求吗

借款人向银行提出借款申请，就实质性进入受理阶段。在这个阶段，信贷受理人员依照申请材料清单要求借款人提供相关材料。信贷人员对借款人进行资格的认定，并对所提交的资料进行初步核实审查。若初步审查不合格，退还客户资料，并告知借款人不合格的理由；如初步审查合格，就进入尽职调查阶段。

"曾经有这样一个案例：某煤矿企业业主到我们行申请100万元的流动资金贷款，当时他带来了相关的批复文件、资质证书及财务报表。后经我们行信贷人员审查发现，资质证书有伪造嫌疑，到相关部门一查，果然不出所料，从而及时地拦截了一起骗贷行为。这个案例说明了倡导诚信申贷和审贷理念的重要意义。"刘春花对大雄说道。

"三查"不可缺少

大雄首次听说尽职调查，问刘春花："前进的'进'，还是尽责的

'尽'？"

"当然是尽责的'尽'了。尽职调查是指信贷人员通过到企业现场调研、考察，或通过其他渠道尽可能地获取、核实借款人的相关情况，评估可能存在的风险并提出应对措施，为贷款决策提供依据。"

在整个信贷业务中，有不可缺少的重要"三查"：

◇贷前的尽职调查；

◇贷时的尽职审查；

◇贷后的尽职检查。

贷前尽职调查作为贷款全部流程风险管理的关键第一环节，具有重要意义。

大雄又问道："刘姐，开展信贷业务工作时，为了更好地做好尽职调查，我们一般都采用什么方式的调查啊？"

刘春花答道："在信贷业务实践中，信贷调查人员常通过现场调查和非现场调查结合的方式来搜集借款人的信息。调查人员采用双人尽职调查，一个是主办信贷员，一个是协办信贷员。对于贷款金额较大的项目，分管信贷主任要一起参与到尽职调查中。"

大雄不假思索地追问："我们到企业去，通常都查看哪些方面呢？"

刘春花笑了一下，接着说："大学生，问问题时，要动动脑筋。尽职调查的目的是为了了解企业的真实经营情况，为信贷决策提供可靠的保障，防范信贷风险。企业在经营过程中，影响借款偿还的风险因素包括很多。比如，主要负责人情况、贷款用途、经营情况、财务状况、还款来源、市场发展前景、抵（质）押情况、担保情况等。信贷评估人员对这些风险因素进行搜集、调查、评估、分析，最后形成调查评估报告，初步给出评估意见和风险等级。"

大雄被批评后，正不知道该如何办时，只听刘春花大嗓门地问："我前两天不是说过要让你跟我和美丽一起到一家茶业公司吗？意思就是我们要到这家公司做尽职调查。那家企业的资料你看了没有？"

大雄立刻说："我已经看过了，现在资料在美丽姐那里。前两天看到她给那家企业打电话，好像还差一些资料，估计现在资料差不多齐全了。"

"那你说说，这家茶业公司已经进展到信贷业务中的哪个阶段了？"

大雄略微想了一下说："我听美丽姐说，这家企业以前就在我们行贷过款，这样的话就是已经建立了信贷关系。企业已经提交了借款申请书，如果借款申请的资料审查通过的话，现在就该进入尽职调查阶段了。"

刘春花很高兴地说："对啊。过两天我们就到这家企业实地看看它的经营状况，你今天下午把这家企业的资料再好好看看。"

风险分析评估的内容有哪些

刘春花觉得大雄还没犯晕，又接着讲起了风险分析评估的内容。

"这个环节主要是对尽职调查的内容进行整理分析，是整个信贷业务中最重要的环节之一。侧重对借款人的资信水平、偿债能力、贷款具体用途、还款来源、行业环境、政策环境等情况进行分析、评估。信贷人员分析完毕，给出信贷风险等级及措施。"刘春花说。

为了让大雄对风险分析评估有个直观印象，刘春花拿出办公桌上一家企业的《风险分析评估报告》给大雄看。大雄看了一下，包括如下几项内容：

◇企业基本情况；

◇企业历史沿革及业务描述；

◇产品市场分析；

◇行业分析；

◇财务指标分析；

◇未来一年现金流量预测；

◇借款人及关联企业融资状况；

◇本次融资方案设计（含额度、期限、用途、还款来源），总体资金需求和解决方案；

◇主要风险分析；

◇担保措施；

◇风险等级评定。

刘春花接着说:"这次你和美丽到凤凰茶业有限公司调查完以后,你好好跟美丽学学如何进行信贷业务风险的分析、评估。"

大雄点点头,并在信贷业务操作基本流程图上记下刘春花刚才说的要点。

老师都喜欢好学的学生,刘春花也一样。看到大雄这般好学,她讲起业务来也更有精神了。

贷与不贷,谁说了算

刘春花大致画了一个贷款审批流程图(如图1-6所示),"贷款审批这个阶段,也是整个信贷业务中最重要的审查阶段。"

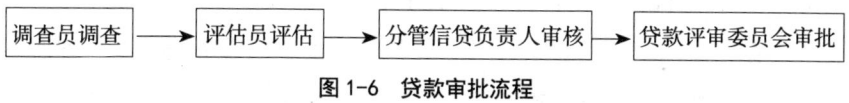

图1-6 贷款审批流程

大雄看了这个流程图后说:"我看出来了,各个岗位都有各个岗位独立的审批职责,而最终贷与不贷由评审委员会审批或上升到分管信贷行长签字决定。"

刘春花很满意地点头说:"对呀,刚才不是讲了嘛,贷款审批原则是审贷分离、逐级审批、独立审批。"

大雄看着流程图问道:"那各级审批又有哪些不同?银行方面对此有没有相关的规定呢?"

刘春花翻开《贷款通则》,指了指第四十条。

上面明确规定:贷款调查评估人员负责贷款调查评估,承担调查失误和评估失准的责任;贷款审查人员负责贷款风险的审查,承担审查失误的责任;贷款发放人员负责贷款的检查和清收,承担检查失误、清收不力的责任。

彼此约定——签订《借款合同》

刘春花正在给大雄讲信贷业务流程,这时美丽走进来,拿了一份《借款合同》请刘春花签字。刘春花审阅了一下合同后,签完字,对大雄说:

"你看,与企业签订的就是这样的一份《借款合同》。"

大雄接过合同,原来《借款合同》包括:

◇借款种类;

◇借款用途;

◇借款金额、利息及计息方式;

◇借款人的还款期限和还款方式;

◇担保方式;

◇违约责任和借贷双方认为需要明确的其他事项。

大雄看到这份借款合同明明是信用贷款,但合同还要约定借款人提供担保,不明白是怎么回事,于是又开始发问。

刘春花说:"信用贷款在决定放款时,出于信贷资金安全性方面的考虑,根据借款人的风险程度,常常需要借款人或第三方提供担保或抵(质)押,以保证借款人能按约定期限和方式还款。

比如,有质押物作为保证借款的,就要在合同中注明,若未能按期支付利息或还款的,或存在其他违约行为,按照合同约定处置质押物。"

"开闸"放贷

听明白后,大雄很想知道下一步流程,问道:"那签完合同后,我们是不是就该发放贷款了?"

"对啊!"刘春花说完,又转过头来对美丽说,"你给大雄讲一下,你经办贷款的过程。"

美丽稍微回想了一下说:"大体上可以分为三步(如图1-7所示)。"

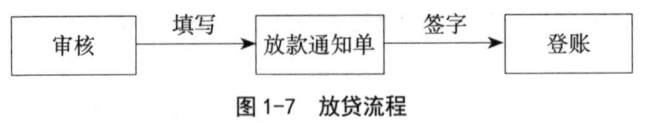

图1-7 放贷流程

◇在发放贷款时,客户部经办人员认真审查核对《借款申请书》的各项内容是否无误,是否与《借款合同》相符,审批手续是否完善;

◇审查无误后,填制《放款通知单》,由信贷员、分管信贷主任或支行行长签字审核后送财务会计部门办理贷款手续，按照合同约定的金额和拨付的方式拨入借款方账户；

◇《借款申请书》及《放款通知单》经会计部门入账后，最后一联返回信贷部门作为登记贷款台账凭证。

美丽把自己经办贷款的过程讲完后，对刘春花说："刘主任，我那边还有很多事要处理，你看……"

刘春花挥了挥手说："没事了，你去忙吧，把办理贷款的事弄得细致点。"

贷款收不回怎么办

刘春花转过头来，接着对大雄说："嗯，我们刚才讲到哪里了？"

大雄说："美丽姐讲了发放贷款的流程。贷款发放后，我们就要面临贷款管理的问题了，如果出现问题，我们的贷款收不回来咋办？"

刘春花提高了嗓门说道："所以说嘛，贷款发放后的贷后监督检查是最重要的管理。我们在实际的信贷业务中，贷后监管常采用定期和非定期的检查。

"贷款发放后，贷款人对借款人执行借款合同情况及对借款人的经营情况进行追踪调查和检查。如果发现借款人未按规定用途使用贷款等造成贷款风险加大的情形，可提前收回贷款或采取相应保全措施。同时要对借款企业进行风险预警评估，按照风险程度分为正常、关注、次级、可疑、损失五类（如表1-3所示）。"

表1-3 贷款质量的五级分类

正常类贷款	借款人能够正常履行合同
关注类贷款	存在一些可能对偿还产生不利影响的因素
次级类贷款	即使执行法律手段，也可能造成一定损失
可疑类贷款	即使执行法律手段，也可能造成较大损失
损失类贷款	即使采取一切可能措施，本息都无法收回，或收回很少部分

大雄看了一下五级分类后，问道："如果企业处于次级类、可疑类、损失类贷款，那么银行将面临巨大的风险吧？"

"那当然。"刘春花说，"这类企业将会给银行带来不可估量的信贷损失。要预防企业出现问题贷款，降低信贷损失，我们必须做好两方面的工作。"

◇ 及早地诊断和评估问题；

◇ 及时地采取措施。

为了及早、及时地预防问题的发生，我们必须寻找形成问题贷款的原因。在信贷实务中，原因是多方面的，多数借款企业因存在以下原因而造成了信贷风险。

◇ 信用风险；

◇ 市场风险；

◇ 操作风险；

◇ 流动性风险；

◇ 道德风险等。

大雄心想：看来风险是无处不在的。贷款发放后，对企业进行全方位跟踪管理、调查是一项必不可少的工作内容。大雄把心里想的告诉了刘春花。

刘春花很喜欢大雄思考问题的能力，"你想得很对，贷后监管、调查的重要性不亚于贷前的工作。贷前调查着重企业分析调查的评估，贷时审查着重偿贷能力方面的评估，而贷后调查着重资金安全方面的评估。一般情况，贷后管理主要包括财务检查、贷款用途、市场、重大投资检查、存货、抵押物、负责人管理能力及信用调查（如图1-8所示）。"

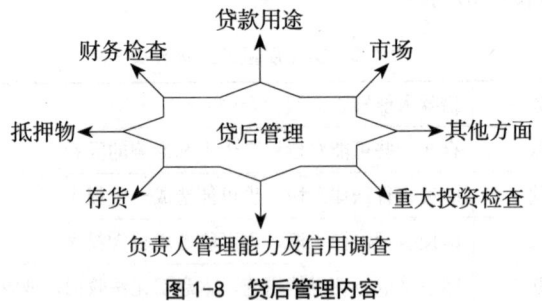

图1-8 贷后管理内容

及时处理，保证资金安全回笼

看到大雄听得认真，刘春花接着说："在对企业监管过程中，要密切注意出现预警信号的企业，以便及时采取措施。"

◇对贷款到期未及时归还的，或对问题贷款提前宣布到期的贷款项目，银行向借款人发出《逾期贷款催收通知书》；

◇如果借款人仍未偿还本息的，可依法对借款人行使追偿权，包括督促借款人制定还款计划、依法处置抵（质）押物；

◇对第三方担保提起诉讼等。

如果处理及时，则可以保证资金的安全回笼；如果不及时采取措施，则可能造成银行资金损失。

刘春花停了停，问大雄："怎么样，听懂了没有？"

大雄说："还行，听刘姐一席话，胜读十年书。通过今天的学习，我知道了信贷业务操作流程和风险分类及风险防范。"

"那好，你回去慢慢消化，我还有一大堆事情要做呢。"刘春花说。

大雄一看表，已经快到中午了，于是很不好意思地对刘春花说："刘姐，今天中午我请你吃饭吧。"

"行啊，请我吃什么？"刘春花乐呵呵地说。

"去吃大碗面吧！"大雄说。

刘春花说："好啊，大碗面就大碗面！"

两人收拾好东西直奔饭馆。

第 2 章
走进企业：开展贷前尽职调查

面对银行工作人员，企业老板都会拍着胸脯说"到期我一定连本带息一起归还！"也许这是他们当时的真实想法，但到时候他们未必真能还上这笔贷款。所以，我们需要到企业做尽职调查，通过我们的看、问、查、听来了解：

◇借款的真实用途是什么？

◇有能力偿还贷款吗？

◇提供的报表有造假信息吗？

（备注：对于一个刚跨入信贷大门的信贷人员来说，如果能到企业去做尽职调查，那简直比给他多发一个月工资还令人激动。这不仅真真切切开始了信贷业务的第一步工作，而且一个企业的具体运营也真实地展现在眼前了。）

做足功课是前提

走访企业之前，我们要做足功课，才能有针对性地看、问、查、听，具体主要包括以下几个方面的准备工作：

◇从提交的材料中摸清企业情况；

◇搜集与企业相关的信息资料，了解企业的情况。

看看信贷部主任刘春花是怎样带徒弟的？

精彩的"碰头会"

这里所说的"碰头会"，就是刘春花、美丽、大雄为了下周到四川凤凰茶业有限责任公司（以下简称"凤凰茶业有限公司"）现场调查而在一起开的会。

刘春花说："美丽，你把凤凰茶业有限公司的情况简单介绍一下。"

凤凰茶业有限公司于2019年4月申请一年期流动资金借款，借款金额300万元。申请的原因是公司今年将大量进行出口茶叶加工，增加黑茶和药茶品种。该部分在茶叶集中收购期需要资金铺底收购鲜叶为后续生产储备，其中黑茶需储备鲜叶400吨，药茶储备鲜叶550吨，合计需要资金约800万元，自筹资金500万元，借款300万元。

该公司成立于1993年，法人代表曾大千，公司注册资本800万元。股东曾大千出资480万元，占比60%，出任公司总经理；其弟曾小千出资200万元，主要负责茶叶销售、生产，占比25%；侄儿媳妇李兰出资120万元，占比15%。

该企业在我行开立基本账户。前身是1990年成立的，资产只有几万元，初期手工作坊生产，小规模经营，产品主要销往农村市场，后来，企业逐步壮大，1993年更名为凤凰茶业有限公司。公司经历了多年的发展，建立茶叶基地，购置设备，建成了名茶、优质茶生产车间，品种由过去单一的花茶增加为各种有机茶、保健茶等。

公司现有员工120人，厂区占地18亩，拥有4条生产线，年加工能力为800吨干茶，质量管理和加工体系通过ISO9000质量体系认证，并获得国际IMO有机食品认证机构认证证书和国家QS认证。竞争优势为纯天然、无污染、健康环保，从生产、种植、加工、包装、运输及贮存都不涉及污染，经过有机食品权威机构认证。

2000年底公司投巨资修建了占地20亩的环保型现代化有机茶加工厂一座。

公司在2007年5月开始建设高标准的有机茶园，集有机茶种植、加工及茶文化农业旅游于一体。

2009年从国外引进投产了两条有机茶自动化生产线，总生产线达到4条，并建设茶叶种植基地。

企业财务报表显示2018年年底销售收入9600万元，毛利1345万元，净利润约649万元。总资产8363万元。短期借款1760万，长期借款500万元。

美丽说完，把手里的财务报表（如表2-1、表2-2所示）交给刘春花。

表 2-1 凤凰茶业有限公司的资产负债表

会计期间：2018年1月1日至2019年3月31日

单位：元

资产	期末数	期初数	负债及股东权益	期初数	期末数
流动资产			流动负债		
货币资金	7,404,867.30	10,157,213.40	短期借款	17,600,000.00	17,600,000.00
短期投资			应付票据		
减：短期投资减值准备			应付账款	6,030,000.00	4,030,000.00
短期投资净额			预收账款		
应收票据			代销商品品款		
应收股利			应付工资	7,680,000.00	7,230,000.00
应收利息			应付福利费		
应收账款	18,336,788.20	16,315,602.00	应交税金	307,425.43	269,460.38
其他应收款	650,000.00	780,000.00	其他应交款		
减：坏账准备			其他应付款	5,300,000.00	5,300,000.00
应收款项净额			预提费用		
预付账款	5,230,000.00	7,040,000.00			

(续表)

资　产	期初数	期末数	负债及股东权益	期初数	期末数
应收补贴款			一年内到期的长期负债		
存货	16,805,895.00	17,557,189.80	其他流动负债		2,000,000.00
减：存货变现损失准备					
存货净额					
待摊费用					
待处理流动资产净损失					
其他流动资产					
流动资产合计	51,098,710.40	49,178,845.30	流动负债合计	36,917,425.43	36,429,460.38
长期投资			长期负债		
长期股权投资	110,000.00	110,000.00	长期借款	5,000,000.00	5,000,000.00
长期债权投资			应付债券		
长期投资合计	110,000.00	110,000.00	长期应付款		
减：长期投资减值准备			住房周转金		
长期投资净额	110,000.00	110,000.00	其他长期负债	5,000,000.00	5,000,000.00
			长期负债合计	5,000,000.00	5,000,000.00
固定资产			递延税项		

(续表)

资产	期初数	期末数	负债及股东权益	期初数	期末数
固定资产原价	24,037,199.10	28,766,900.96	递延税款贷项		
减：累计折旧	8,322,101.25	9,916,933.08	负债合计	41,917,425.43	41,429,460.38
固定资产净值	15,715,097.85	18,849,967.88			
工程物资			股东权益		
在建工程	15,364,814.20	15,364,814.20	股本	8,000,000.00	8,000,000.00
固定资产清理			资本公积	9,342,000.00	9,342,000.00
待处理固定资产净损失			盈余公积		
固定资产合计	31,079,912.05	34,214,782.08	其中：公益金		
无形及其他资产			未分配利润	24,379,197.02	26,082,167.00
无形资产	1,350,000.00	1,350,000.00			
开办费					
长期待摊费用			股东权益合计	41,721,197.02	43,424,167.00
其他资产					
无形及其他资产合计	1,350,000.00	1,350,000.00			
递延税项					
递延税款借项					
资产总计	83,638,622.45	84,853,627.38	负债及股东权益总计	83,638,622.45	84,853,627.38

表 2-2 凤凰茶业有限公司的利润表

会计期间：2018 年 1 月 1 日至 2019 年 3 月 31 日　　　　　　　　　　　　单位：元

项　目	行　次	2018 年年末	2019 年 3 月末
一、主营业务收入	1	96,069,844.70	25,689,205.08
减：折扣与折让	2		
主营业务收入净额	3	96,069,844.70	25,689,205.08
减：主营业务成本	4	81,032,877.20	21,518,053.50
主营业务税金及成本	5	1,580,882.80	408,843.00
二、主营业务利润	6	13,456,084.70	3,76,308.58
加：其他业务利润	7		
减：存货跌价损失	8		
营业费用	9	2,101,877.60	442,889.40
管理费用	10	1,900,118.00	640,382.00
财务费用	11	2,500,520.20	1,937,969.98
三、营业利润	12		
加：投资收益	13		
补贴收入	14		
营业外收入	15		
减：营业外支出	16		45,000.00
加：	17		
四、利润总额	18	6,953,558.90	1,892,969.98
减：所得税	19	456,962.70	190,000.00
减：	20		
五、净利润	21	6,496,596.20	1,702,969.98

刘春花看了报表后，补充说："这家企业曾经在我们这里贷过款，有着良好的信用记录，其手工制茶工艺已列为A市'非物质文化遗产'，具有较高的品牌价值。公司主要从事茶叶的种植、加工、销售、研发以及农业旅游。公司目前在迅速扩张之中，风险也是存在的。"

刘春花稍作停顿后，笑着说："大雄，你不是喜欢喝茶嘛，正好你接下来的工作就是去了解一下茶业相关情况，搜集资料整理好交给美丽，配合她把贷前调查的准备工作做好。这样，即使走到企业里去，也是半个专家。"

"按图索骥"搜集相关资料

看到大雄点头,刘春花接着说:"关于资料的搜集,我给你画个图(如图2-1所示),这样你就更清楚应该搜集哪些方面的资料了。"

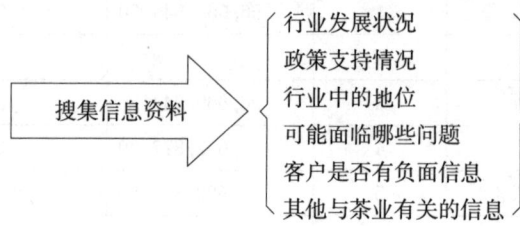

图 2-1　资料搜集

(备注:资料搜集是个很重要的步骤,信贷风险产生的根本原因是信息不对称。信贷调查水平直接影响和制约着银行信贷风险的防控能力。)

对照清单,核实客户信息资料

刘春花接着说:"大雄,你把这张资料清单(如表2-3所示)对照企业提供的资料,仔细核实一下企业信息,根据资料搜集情况和核实情况,制定出下一步调查方案。"

表 2-3　中小企业贷款申请应提供的资料清单

(营运资金)

序号	企业资料清单	验收	备注
11	填写完善的《企业借款申请书》		
22	《营业执照》正、副本复印件		
33	《企业法人代码证书》复印件		
44	《税务登记证》复印件		
55	《贷款卡》复印件,附贷款卡密码		
66	企业法人代表身份证复印件		
67	近三年经过审计的企业年报及最近季度(月份)财务报表		
88	已有的《资信等级证书》复印件		
99	已有的《资产评估报告》复印件		
110	公司章程或股东协议复印件		

(续表)

序号	企业资料清单	验收	备注
111	企业或项目的其他重要证明材料（买卖合同、生产经营许可证、进出口许可证等复印件）		
112	企业的历史沿革、目前经营现状以及今后企业发展规划的情况		文字资料
113	股东结构说明；借款人法人代表、总经理、财务总监的个人简介		文字资料
114	生产经营状况；销售收入情况；成本费用情况，企业的纳税情况		文字资料
115	负债情况说明（在其他银行的贷款余额，贷款期限、贷款欠息的具体金额，或有负债情况，其他欠款情况）		文字资料
116	目前即将投产或已投产的项目，目标市场或实际市场的表现情况（包括销售方式、售量、售价、市场占有率、主要竞争对手、竞争优势等）		文字资料
117	企业上下游供应合同情况		文字资料
118	贷款担保清单及权属说明		文字资料
119	其他资料		文字资料

信贷调查的常用工具——"6C"分析法

"现在，我给大家讲一讲信贷调查中常用的一种工具——6C分析法（如图2-2所示）。"

刘春花找了一张纸，在上面一边画一边说："大家都知道，贷前调查是贷款发放的第一道关口，也是信贷管理的一个重要程序和环节，贷前调查质量的优劣直接关系到贷款决策的正确与否。"

大雄问道："我们要如何更加科学、准确、有效地开展贷前调查，提高信用风险的评估能力呢？使用的工具方法是不是就是'6C'分析法？"

刘春花看着大雄说："你说对了。我们现在最常用的调查分析方法就是'6C'分析法。'6C'分析法能切实做到防范和有效化解贷款风险，从而不断地完善贷前预测机制，做到尽可能地降低贷款风险系数。"

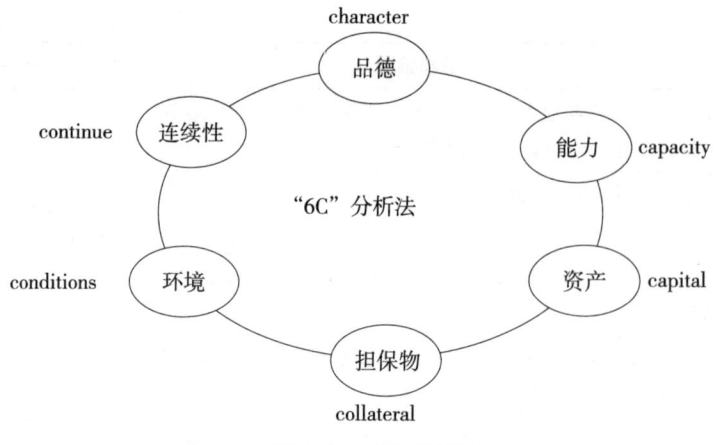

图 2-2 "6C"分析法

◇品德（character）：即借款申请人的信誉、道德，也就是借款申请人诚心履行其偿债义务的可能性。这是"6C"中最为重要的因素，因为信用交易意味着一种付款承诺，若借款申请人无偿债的诚意，则信用的风险势必会增大。

◇能力（capacity）：是指借款申请人的偿债能力。可以根据其过去的偿债记录进行衡量，再以实地调查或考察其投资项目、经营方式作为参考依据。

◇资产（capital）：是借款申请人的真实财务状况，特别强调其有形资产净值。

◇担保物（collateral）：指借款申请人所提供的信用担保的资产数量与质量。这一因素对于评估那些情况不清楚或信用状况不明的借款人尤为重要。

◇环境（conditions）：指可以影响借款申请人履行偿债义务的经济环境。

◇连续性（continue）：指借款人经营前景的长短。

刘春花画完后，对着美丽和大雄说："'6C'情报的取得，需要信贷员在贷前调查过程中通过实地调查、走访他人、查阅以前相关记录来完成。信贷实务中，信贷人员只要充分运用好信用'6C'分析法，认真做好贷前调查,就能为贷款决策者提供最真实、完整的放贷信息,就能确保信贷资金充分发挥作用,确保信贷资金如期收回。"

美丽听到这里有所感触,说:"在实际的信贷业务案例中,借款申请人在信贷人员面前口若悬河,表现出非常诚信的样子,但在尽职调查过程中我们经常发现,实际的借款用途并不是申请时所描述的那样。

例如,申请时是流动资金借款,而信贷人员经过多方面核实发现,申请来的资金是想购置固定设备;所呈报的财务报表的资产规模和经营利润令人刮目相看,但实际在查询银行对账单或纳税发票时,又令人大跌眼镜;在考察合同真实性时,客户又无法拿出履行合同的付款凭证或收款凭证。"

听到这里,刘春花稍微提高音量说:"诸多案例证明,每一个光环的背后,都会有一个凭证论证它的真实性。贷前的尽职调查必须慎之又慎。信贷调查时,要充分运用分析工具和分析方法,把握企业分析的六大要素,准确、全面、高质量地保证贷前尽职调查。"

大雄和美丽都在本上认真记着"6C"分析法要点。

谈调查工作方法和技巧,刘春花如数家珍

"我们掌握了贷前调查很重要的'6C'分析方法后,另外还要学会一些工作技巧和方法。到企业中去做尽职调查的目的是调查企业的真实情况,只有通过深入细致的工作,才能使材料完整、数据准确、内容真实。"刘春花说。

大雄和美丽都认真地听着。

技巧1:核查客户基本情况

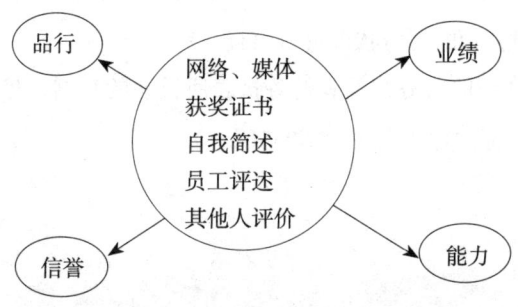

图2-3 客户基本情况核查

核查客户基本情况包括对法定代表人和主要负责人的品行、业绩、能力、信誉的调查（如图2-3所示）。在这个过程中，可以通过媒体、老板自己所获得的证书、自述、员工评价及周围人评价等全方位地了解；也要着重了解财务负责人的履历情况，是否有能力把控整个企业的财务，看其是否有欺诈和造假的行为。

技巧2：对企业治理机制进行核查

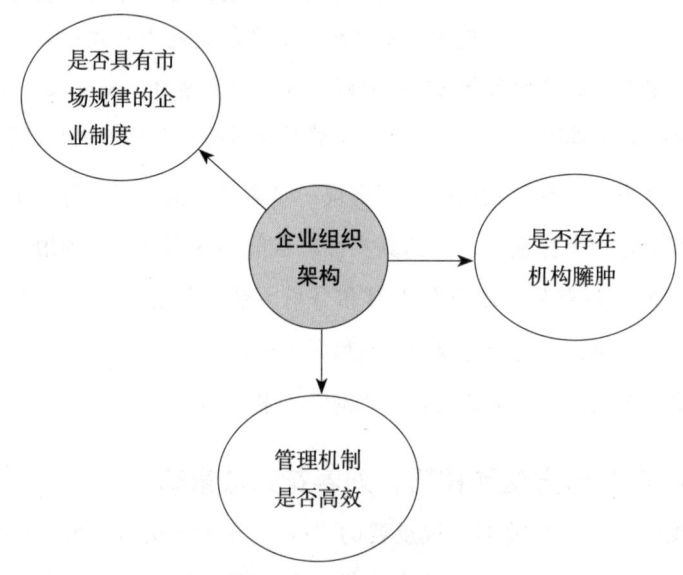

图2-4　企业治理机制核查

通过了解客户的组织架构，形成对客户的治理结构的把握（如图2-4所示），从而对客户团队建设和整个企业的发展有一个大体的认识。在这个过程中，把客户与同行业其他企业相比，考察是否具有符合市场规律的企业制度，管理机制是否高效，是否存在机构臃肿、人浮于事的现象。

技巧3：对公司的财务状况进行核查

对照客户介绍的财务情况和财务报表所反映的数据，尽量使用原始凭证或者第三方凭证进行核实（如图2-5所示）。

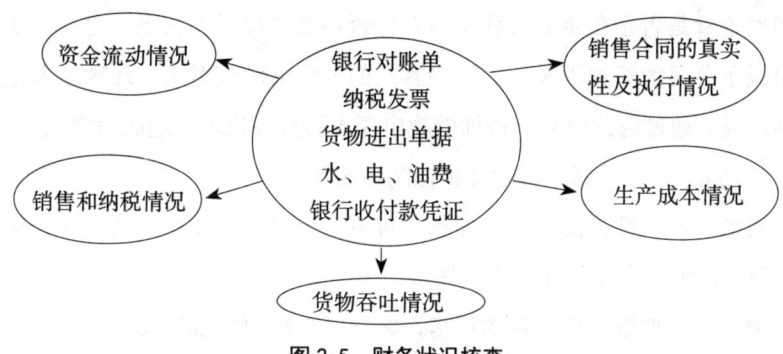

图 2-5　财务状况核查

◇要求客户提供银行对账单，通过银行对账单可以了解企业资金流动情况，并与财务报表上的科目进行核对。

◇通过抽查一个月或两个月的纳税发票，了解企业近期的销售和纳税情况。

◇通过抽查企业一个月或两个月的货物进出单据，了解企业货物吞吐情况。

◇通过生产企业的电费、水费，或者运输企业的油费发票，了解企业的生产成本情况。

◇查看银行付款、收款凭证，核实合同的真实性以及执行情况。

技巧4：对生产经营情况的实地核实、调查

贷前调查要像企业经营者一样，把企业的产品、质量、生产结构和发展战略方面的重大调整也作为贷前调查分析目标。

例如，走访客户的生产车间、仓库及生产工艺，并与相关技术人员进行交流、沟通，了解客户生产流程和质量控制；对客户产品市场营销情况、市场份额情况、产品上下游供销情况及相关资质进行实地调查了解；对客户承建的项目或施工地进行现场考察，并查验项目的合同文本，了解项目的进度安排，资金回笼的时间安排，项目的交付要求以及项目已到款情况。

技巧5：了解关联企业的情况

目的是为今后有可能发生的查封实物、股权等资产保全措施提供依据。查看是否通过资本投资关系直接或间接控制其他企业或受其他企业所控制？查看是否存在企业关联交易？是否存在"母子"关系，进而由于母公司或子公司的经营不善，而影响客户的经营活动或对未来还款来源造成影响，或者通过内部交易，粉饰借款申请人的财务报表，造成信贷风险。

技巧6：对抵（质）押物和担保的核实

对抵（质）押物的位置、面积、价值、合法性的核实，或者对担保人的资质、保证实力及保证意愿的核实。

例如，对拟抵（质）押的厂房，客户经理均要仔细核实，最大程度降低这一环节的操作风险；对担保的核查，主要核查担保实力、保证意愿及其是否规范的操作担保业务。

尽职调查不可"走马观花"

"碰头会"上，刘春花边布置工作，边给大家讲工作方法和技巧。大雄和美丽两人一边听一边记。

刘春花喝了口茶，又接着说："那么针对这家茶业企业，我们调查的主要内容是什么呢？"

说完刘春花从抽屉里拿出一张《尽职调查工作内容表》（如表2-4所示）。

表2-4 尽职调查工作内容表

大类	调查内容	具体调查内容
非财务情况调查	1. 客户基本情况	（1）企业基本情况怎样，包括组织架构、团队、主要负责人、股东及股权结构、企业管理、获得哪些奖励等
		（2）企业的历史沿革是什么，目标是什么
		（3）有哪些关联企业
		（4）银行贷款情况怎么样，包括短期借款、金融机构、余额、期限、贷款品种
	2. 行业情况	（1）处于什么样的行业发展阶段
		（2）是否受经济周期影响，什么时候是淡季、旺季
		（3）企业规模怎样，在整个行业中处于什么样的规模
		（4）市场空间有多大，目前产能过剩与否
		（5）行业有哪些资质要求
		（6）当地政府支持力度如何

（续表）

大类	调查内容	具体调查内容
非财务情况调查	3. 生产方面情况	（1）产品特点是什么，有什么竞争优势
		（2）是否有替代产品来影响企业经营
		（3）市场还有多大空间
		（4）市场对产品的依赖程度如何
		（5）市场技术与同行业比，处于什么水平
		（6）销售渠道是什么
		（7）销售团队怎样，销售政策如何，是否对市场有吸引力
		（8）市场设备购置年限
		（9）经营模式是什么
		（10）是否有稳定供货商，供货成本怎样
	4. 用途、期限和还款来源方面	（1）企业贷款用途是什么
		（2）是否有销售订单合同
		（3）自有资金有多少，自己已投入多少资金
	5. 担保、诉讼情况	对内、对外担保，诉讼
	6. 发展规划	未来3~5年发展规划
财务调查	1. 近3年财务状况	审计报告、评估报告等
	2. 基本财务指标的调查	（1）应收账款和其他应收账款明细是什么，增大或减少原因是什么
		（2）存货明细是什么，存货的结构是什么
		（3）存货年限是怎样的
		（4）存货周转速度是否符合同行业标准
		（5）存货是否抵押
		（6）成本结构是怎样的
		（7）其他应收款明细是什么
		（8）固定资产明细是什么，产权是否明细
		（9）固定资产是否已抵押
		（10）固定资产折旧计算方法
		（11）固定资产入账依据是什么
		（12）企业所占土地性质是什么

(续表)

大类	调查内容	具体调查内容
		（13）短期借款、长期借款、应付票据明细是什么
		（14）应付账款和其他应付账款明细是什么
		（15）企业纳税是多少？是否与报表销售收入匹配
		（16）是否享受各种税费减免政策或其他补贴
		（17）企业资本公积记账是否合理
		（18）无形资产明细是什么，入账的方式
		（19）银行对账单与销售收入是否匹配
		（20）销售成本构成是什么，是否合理
		（21）在建工程包括哪些
		（22）利润增加或减少原因是什么
		（23）大额往来情况包含什么

　　大雄仔细看完这张表才明白，尽职调查不是"走马观花"，而是要详细了解企业财务状况和非财务状况。

　　正想得出神的时候，听到刘春花开始安排工作："这次工作以美丽为主，大雄协助。美丽全面把控调查分析工作和工作进度的安排，并对调查结果承担责任。"

　　美丽"嗯"一声表示同意，大雄也冲刘春花点点头。

　　刘春花又继续说："贷前尽职调查是防范信贷风险的第一道过滤网，而信贷人员是保护银行信贷资金安全的卫士，所以你们肩负着保护银行资金安全的责任。回去后，把所有资料再梳理一遍，明天我们到企业去调查。若没啥事，会就到此为止吧。"

走进企业做调查

　　大雄从刘春花办公室出来后，想到明天就要到企业实地调查，所以今天必须完成网上资料收集任务：一是出于工作的要求；二是如果对这个行业不了解，到企业去跟企业负责人交流时会很被动。

　　经过几小时的奋战，大雄基本整理出了跟茶业相关的信息资料，对这

个行业也有了一个初步的认识。他开始写E-mail给刘春花,并CC（抄送）给美丽:

刘姐、美丽,你们好!

我将搜集整理的与茶业相关的信息资料汇总给你们,内容如下:

我国大部分茶区,季节分界明显,一般每年3～5月份采摘和制作的茶叶称为春茶,6～7月份采摘和制作的茶为夏茶,8～9月份采摘和制作的茶为秋茶。

每年6～8月为茶业销售公认的淡季。旺季时,一个小的茶叶经销店铺,每月的经营额为六七万元;淡季的时候,经营额每月只有两万元左右。

茶产业的增长潜力巨大,国内外市场需求稳定增长。从国内来看,喝茶已经成为多数国人的一种生活习惯;从国际需求看,中国茶出口一直保持稳定增长态势。

由于各级政府对茶产业给予高度重视,加大对茶产业的投入,从而保证茶叶产量保持较快速度增长。茶叶消费热点转换很快,近年来有机茶被消费者接受并迅速得到了认可。

茶业是劳动密集型产业,从茶叶的种植到采摘、加工和销售都需要大量人力投入。据统计,我国目前有8000万茶农,另外还有5000万以上人员从事茶叶销售、茶馆服务等第三产业的工作,这从侧面反映了我国茶业生产劳动效率低的问题。

从茶业目前情况来看,产量增加、市场消费热点不断、茶品种协调发展已经成为现阶段茶市场主要特征。如非典时期引发的绿茶热,2005年铁观音消费热,2006年普洱茶消费热等。

随着人们生活水平的提高,对茶业品质的要求已经提上日程,现在许多企业已经开发出有机茶,打造名优品牌茶是茶业企业必经之路。由于产品质量过分注重外形,不仅采摘需要大量采茶工,而且也增加了加工工艺的复杂程度,这也是名优茶不能完全实现机械化采摘和加工的重要原因。茶叶种类由单一走向多样化。

在茶文化热、有机茶热、保健茶热、名优茶兴起等多重因素下,茶业的传统区域性消费正走向分解,取而代之的是更为现代化、多元化的茶业消费趋势。

大雄发送完邮件后伸了个懒腰，抬头环顾四周，呀！都下班了，窗外黑黢黢的，一看表，已经8点了，肚子饿得不行，也赶紧关机走人。

面对企业，我们应该怎样提问

因为是第一次到企业，大雄早早就到银行大门口等候刘春花和美丽。他翻看着手中关于这家企业的资料，心中既兴奋又期待：一个上千万元规模的企业是什么样的？老板是个什么样的人？茶叶是怎样制造出来的？

"嘟……嘟……"喇叭声打断了大雄的遐想。回头一看，刘姐开着车来接自己了，美丽已经坐在车上了。

美丽冲着大雄打趣地笑着说："嗨，你小子发什么呆呢？刘主任按喇叭你都没听见。"

大雄摸摸脑袋，有些不好意思。

"还磨蹭啥，赶快上车！"刘春花冲大雄喊了一声。大雄这才醒悟过来，赶紧收好手中的资料上车了。

大雄抓紧时间做功课，于是问："刘姐，待会儿面对企业，我们要怎样提问，才能获得真实的信息呢？"

刘春花正专心开车，"到企业跟相关负责人见面时，问问题是有技巧的，不过我得专心开车，叫美丽给你讲。"

这对美丽来说太简单了。美丽说："It's too easy！要想获得更多更全面的信息，作为信贷人员，常常采用四种方式提问。"

◇"你固定资产抵押了吗？""你有没有相关的资质证书？"这类问题就是封闭式问题，此类问题只能回答"是"或"不是"，"有"或"没有"。

◇"你未来3～5年的战略规划是什么？""你公司是从什么时候开始运营？"这类问题多数以what（什么）、where（哪里）、when（什么时候）、who（谁）、why（为什么），即"5W"方式提问，这是我们常说的开放式问题。在面对客户时尽量使用开放式提问，通过客户的陈述，我们就可以获取更多之前没掌握的信息。

◇"你打算怎样实现战略计划呢？""你下一步有什么打算？"这类问题是从属问题。这种提问方式帮助我们找出客户在回答开放式问题时没能充分表达的信息。

◇还有一种提问方式是试探性问题，如"你确定你提交的财务报表上的数据真实、可靠吗？"这种提问方式可促使客户做出进一步的解释。此时，要特别留意客户的眼神，因为眼睛能反映客户真实的内心世界。

美丽说完俏皮地对着大雄吐了一下舌头。大雄恍然明白，原来跟人交流有这么多学问，于是对美丽说："也就是说，当信贷人员在与企业面谈时，一般以引导的方式交流，多听，少发表自己的言论。"

美丽朝大雄竖起了大拇指。

走进"凤凰茶园"

一路上大家有说有笑。不一会儿，刘春花指着前面说："看，前面就是凤凰茶业有限公司，现在已是一家集茶叶自产、自制、自销、科研、文化于一体的综合性观光茶园。后面那片山是他们种植的茶叶。"

大雄远远望去，"凤凰茶园"几个绿色的大字映入眼帘，一排红木青瓦的古式建筑被一片绿色的山坡衬托得如同小家碧玉。山上有条小径直通山顶，山顶上恰到好处地点缀着一座玲珑别致的六角翘檐凉亭，几缕云烟薄薄地绕着，山坡上的植物被浸润得绿油油的。如果不是美丽提醒下车，大雄几乎忘了自己来这里的目的。

车子就停在那栋古式建筑茶园外面，刘春花按了几声喇叭，不一会儿，从茶园里走出三男一女，经介绍，皮肤又黑又粗糙说话声音洪亮的是曾总，另外三人分别是销售经理、生产经理和财务经理。

一行人穿过茶园，看到茶园内设有茶庄、展示厅、餐厅等，茶园内的装修更是精雕细刻，镂空的古木隔断恰到好处地摆放在茶艺桌旁，茶园里还飘着淡淡的茶香。茶园里穿着酱紫色制服的员工各自忙碌着，见到来人，都会微笑着对客人亲切地说："您好！"顿时，让进入茶园的人有种宾至如归的感觉。

美丽悄悄对大雄说："第一眼感觉还不错吧！从这些员工的精气神来看，这家企业的经营状况应该是正常的；从企业规模来看，已经投入了不少资金才能有如此多的房产、地产及精美的家具。"

第1站：总经理办公室——了解整个企业基本情况及主要负责人情况

大家相互问好坐定后，曾总就开始谈凤凰茶业有限公司现在的经营情况，茶业行业的整体情况，国家对这个行业扶持情况，企业自身的经营管理情况、生产情况、销售情况、财务情况，等等，大雄在笔记本上记了满满几页。

之后，又搜集了一些企业内部管理资料和获奖资料，刘春花对曾总说："我们一起到其他地方看看吧！"

第2站：走访茶叶加工生产线——了解生产、销售情况

到了茶叶加工车间，生产经理介绍说："2000年底公司投巨资在我们县最大的茶叶基地修建了占地18亩的环保型现代化有机茶加工厂一座，你们现在看到的四条生产线，两条为蒸青茶自动化生产线，两条为苦荞茶加工生产线。"

四条茶叶生产线都在不停地运转，刘春花和美丽凑到机器的标签上看了看购买日期、生产厂家，都是2017年的机器，从日本引进的。

刘春花看了看这个生产规模，问道："你们这个加工生产车间总共投了多少钱？"

生产经理赶紧介绍说："配套建设生产车间1000平方米、10万级洁净度的净化车间230平方米，共投入资金1130万元。"

顿了一下他又接着说："我们已在其他地方购置土地43亩（目前已支付土地款160万元，余款33万多元），用于加工生产线建设，在此基础上，准备开发茶文化旅游，实现产品和产业的上档升级。"

"这四条生产线的产能怎样？"

"这四条生产线，年加工能力为600吨干茶，质量管理和加工体系通过了ISO9000质量体系认证。其手工制茶工艺已列为本市'非物质文化遗产'，具有较高的品牌价值。这里看完后，我再带你们到手工制茶那里看看。"

"目前销售情况如何？"

"目前我们加工生产的产品主要有'凤凰牌'绿茶、黑茶、苦荞茶、桑叶茶四大有机茶系列，几十个品种。2018年底销售茶叶约350吨，销售额9600万元，销售均价为每千克270元（13.5元/50克）。"

"茶叶的加工工艺是怎样的呢？"

"茶叶按物理状态分为'鲜叶'和'干茶'，4.5份鲜叶约产成1份干茶。鲜叶的分类主要是单芽、一芽一叶、一芽二叶、一芽三叶；成品干茶主要分为扁形名茶、卷形名茶、烘青优质绿茶、炒青优质绿茶。

"茶叶生产过程是鲜叶—采青—萎凋—发酵—杀青—揉捻—干燥—初制茶—精加工—包装—成品。不同质量和不同品种的茶叶精加工部分略有不同。我们公司主要采用专业机械设备和标准化生产，在质量和口味上有一定保证。"

大家边走边看边聊，大雄顺手拿了片茶叶尝了尝，带有一股回甜的苦涩味，觉得味道还不错。

"这边是手工制茶。"经理又把刘春花一行带到手工制茶加工点。

大雄他们只看到工人们在大锅里用手来翻炒茶叶，几个人手指早已被熏得黑黑的了。大雄这才知道原来茶叶是这样制造加工出来的。

经理介绍说："这种手工制茶已列为本市'非物质文化遗产'。"

大家继续往前走，大雄看见刘春花还与正在操作的工人聊天，问他们每天的工作量、每月的工资是怎样结算的、干了多久、老板好不好、工作累不累等等。

美丽对大雄说："通过车间走访、询问，可以了解企业产品生产过程、产品工艺过程、生产规模大小、机器设备的新旧程度及价值、房屋建造的价值、车间工人的工作状态、对企业的满意度等，这些都是尽职调查中不可遗漏的。"

第3站：走访茶文化旅游项目点——了解项目点的销售模式

走到以茶文化为主题的旅游项目点。销售经理介绍说："县里对打造以茶文化为主题的旅游项目非常重视。公司在2007年建设高标准的有机茶园，集种植、加工、旅游于一体，2017年开始茶叶种植基地建设。截至2018年，该项目共投入资金1600余万元，共完成道路、沟渠等基础设施建设1500米，种植各种树木上万株，土地租金85万元。预计2019年继续完善景观节点种植和建设，完善车道、步行道等基础设施建设。"

听完销售经理的介绍后，刘春花问他："那公司经营的模式是什么？"

"公司销售主要是采用'专卖店+经销商'的模式。2018年专卖店销售800多万元，占比较少，主要目的是'凤凰'品牌的形象推广；经销商销售6000多万元；团购700多万元。"

大雄悄悄问美丽："为什么要到项目点来？"

美丽说："了解项目开展情况，就是了解企业的战略规划。企业要完成一个项目，需要投入很多长期资金，才能保证项目完成。如果企业资金链出现问题，对企业偿债能力的影响将是巨大的。而销售模式的好与坏，直接影响企业的销售收入水平，进而影响企业利润来源。"

第4站：参观公司的库房——了解库存情况

站在库房门口，就可以看见里面堆满了各种包装箱。在库房的一角，还堆着一堆刚摘下的茶叶，工人们正在仔细挑选。

销售经理介绍说："这里的存货价值约1755万元。其中产成品1554万元，半成品43万元，原材料158万元。"

美丽这时边听边在一件一件地清点货物，然后把清点的情况记录在本子上。她同时对大雄说："到库房里核查产品的情况，有助于了解库存产品的结构及其价值，并将了解到的实物价值与账面上的存货余额数字对比，分析企业存货价值的真实情况。"

财务室里，大雄记录和学习（核账）两不误

第5站：财务室会计办——查询财务数据

在去财务室的路上，美丽悄悄对大雄说："财政部2018年发布了会计信息质量抽查公告，在被抽查的159户企业中，资产不实的有147家，所有者权益不实的有155家，利润总额不实的有157家，同时还发现有其他问题。所以说，信贷人员一定要掌握好查阅企业财务报表的方法和技巧，才能降低信贷风险的形成。"

大雄没想到现在企业的信用状况如此糟糕，或许企业也有自己的难处吧。

此时的大雄在财务方面还处于懵懂的状态，不知道如何回应美丽。

不一会儿就到了财务室，跟财务室的张会计说明了来意后，美丽就开始核查账目，大雄帮美丽作一些记录。

"咦，2018年全年完成销售收入为9600万元，但2018年全年纳税申报表上报税仅为340万元，咋这么少呀？张会计。"

张会计支吾半天也没说太清楚。大概意思是说有部分销售收入是现金收取，没有入账，也就没缴税。

对此，美丽认为有虚增销售收入进而虚增利润的嫌疑。

当看到3年财务利润对比表后，美丽问张会计："2018年的毛利有所下降，是什么原因造成的呢？"

张会计有点苦恼地说："2018年鲜叶价格大幅度上涨，造成原材料成本增加。考虑到市场销售情况，销售价格也没有调整，直到2019年3月底也还维持这个数据。"

"但是2018年应收账款减少了几百万，这方面做得还不错，你们是怎么做到的？"美丽边看报表边问张会计。

说到这个张会计则有一丝得意，"2018年公司加强了资金的管理，同时对应收账款清收力度制定了相关措施。这些措施立竿见影，2018年的应收账款回款率就提高了。"

美丽就这样跟张会计一问一答，同时查验了应收及预防款项、存货、待摊费用、递延资产、长期投资、固定资产及累计折旧、在建工程、无形资产、负债、所有者权益等数据。

第6站：财务室经理办——了解资金用途、担保情况、还款来源等

查完账后，大雄跟美丽到了财务经理李兰的办公室，刘春花和曾总也在这里。

美丽对曾总说:"曾总,其他地方我们都看过了,现在我们想听听贵公司这次申请贷款的资金用途、还款来源以及担保情况。"

曾总边招呼大家喝茶边说:"唉,我这次主要是流动资金不足,因为公司今年将大量进行出口茶叶加工,增加黑茶和药茶出口品种。其中黑茶需储备鲜叶400吨,饮料茶储备鲜叶550吨,合计需要资金800万元。还款来源当然是销售收入。另外,A担保公司愿意为我们提供全额担保,同时我们也愿意提供'商标注册权证'质押,所以说资金肯定安全。"

然后又对刘春花说:"你们也去参观了生产线,看了茶叶种植基地,我们自己都投入了这么多,现在县政府又特别支持我们,你们放心,到时候肯定按期归还。你说我说得对不对,其他不说,但我知道做人最起码就是诚信……"

等曾大千说得差不多的时候,刘春花乐呵呵地说:"好啊,不管怎么样,我们一定会审慎对待每笔贷款业务的。回去后,我们会尽快把所了解到的信息资料整理出来。在调查分析报告出来之前,资料不全的地方,可能还需要你们积极协助。"

曾大千满口答应,又极力挽留大家吃了午饭再走,但被刘春花婉言谢绝了。

耳闻不如眼见,全面分析更重要

回去的路上,大家你一言我一语地发表对这家企业的初步印象:

"我觉得很好啊,这家企业在种植各类茶树、企业建设中投入了那么多资金,老板憨厚、诚实,企业又大气又漂亮,我觉得不错。"

"但是树木成长需要很长时间,效益在短时间内难见成效,又容易受到灾害影响,后期的建成还要投入大量资金,我认为风险还是比较大。"

"我在查账的时候,觉得这家企业财务管理还行,不过财务报表有粉饰的嫌疑。但这家企业的老板我觉得是一个很诚信的人,以前在我们行取得贷款后,从没有拖欠过利息,而且都是按时归还借款的,同时他个人还获得了县里'十佳优秀企业家'的称号。"

……

刘春花对美丽和大雄说:"大家千万注意,初步印象带有太多的主观意识,但在信贷工作中,不能凭主观印象来确定客户的信贷风险程度、信用状况。回去后,把今天搜集的资料重新整理一下,要从各个方面来全面分析企业的发展前景、偿债能力及盈利能力。"

第3章
教你阅读财务报表

此前,大雄只做过一些事务性的工作,写一些不痛不痒的稿子,帮同事整理一些资料等。但这次从企业回来后,大雄渴望学到更多的东西,尤其是财务方面的,因为这方面他以前从没接触过。

财务报告的组成部分

大雄找到美丽,希望美丽在财务方面能给自己指点迷津。

美丽先给大雄讲了财务报告组成部分(如图3-1所示)。

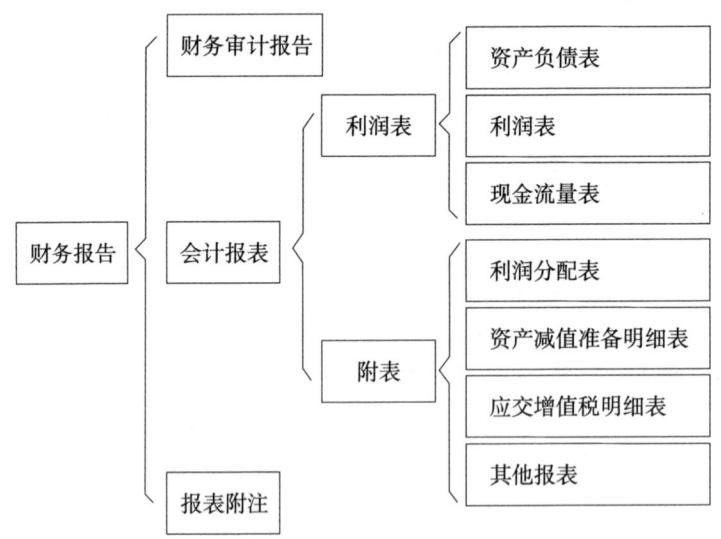

图3-1 财务报告的结构图

通常情况下，将会计报表、报表附注及财务审计报告统称为财务报告。信贷调查中最重要的一环就是审核企业的财务报告，因为银行信贷员最基本的一个素质就是鉴别企业财务报告的真实性。

财务审计报告是对会计报表的财务情况的说明。审计报告常常出具四种结论意见：无保留意见、保留意见、无法表达意见、拒绝表示意见。

例如，信贷人员在研读审计报告时，要着重看审计报告明细，从明细中找出企业存在的问题，同时将审计后的会计报表和审计前的报表进行对比，分析存在差别的原因。对审计报告给出后面两种意见的企业，有必要谨慎贷款。

报表附注包括企业的会计政策、重大事项及其他需要说明的事项，隐含着大量的经济活动信息。通过阅读报表附注，即使一个非会计专业的信贷人员，也能对会计报表里抽象的财务数据进行正确的理解。

例如，通过了解报表附注上固定资产的折旧方式，信贷人员就可以快速地算出固定资产实际价值，以此对比会计报表固定资产净值数据是否合理。

折旧方式的不同，对利润的结果和税款的缴纳都有一定影响，同时影响现金流量，进而影响企业的偿债能力。通过报表附注了解企业折旧计算方法的合理性，来判断企业是否有虚增利润的嫌疑。再通过报表附注，我们就能了解固定资产包含的具体内容及各原始价值，进而判断固定资产投资的合理性。

财务分析犹如会说话的大眼睛

财务报表分析是信贷业务分析最关键最重要的内容之一。

美丽指着图（如图3-2所示）笑着说："你看，财务分析在信贷分析中是不是像会说话的眼睛？"

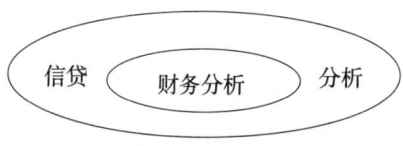

图3-2　财务分析在信贷中的作用

大雄一看，还真像一只炯炯有神的大眼睛。

美丽对大雄说："在信贷调查过程中，通过财务分析，我们就能掌握企业经营实况、企业的资产情况、负债情况等信息，分析出借款人的偿债能力，预测企业的盈利水平和未来的偿债能力，并据此来决定贷与不贷。"

同时，在贷后的监管过程中，财务报表的分析也同样重要。要像经营者一样查看企业财务状况，以分析借款企业是否到期能还本付息，如果企业出现财务恶化情况，也好及时采取监管措施。

资产＝负债＋所有者权益

美丽拿过来一张资产负债表（如图3-3所示），指着表说："你看看，这就是资产负债表，主要包括三大部分。"

$$资产 = 负债 + 所有者权益$$

图 3-3　资产负债表结构

资产负债表好比一个人某时刻的身体状况，反映的是企业整体的生产经营状况、资金情况、负债、所有者权益等情况，客观反映了企业财务现状和发展趋势。通过对它的分析，可以了解企业偿债能力并预测财务前景。

例如，如果发现企业的流动负债大于流动资产，意味着该企业不注重资产结构和质量。

银行建立风险预警分析系统，最重要和最基础的数据依据是对资产负债表的分析。

利润表：财富增减一目了然

"大雄，你看看这张利润表的结构是怎样的？"

大雄接过来，心想肯定这里面也会像资产负债表一样有计算公式。想当初自己的数学成绩在班上也是数一数二的，而且这张报表的格式非常规范，很容易就看懂了。

"美丽姐，利润表的结构是这样的……"大雄一边说一边写起来（如图3-4所示）。

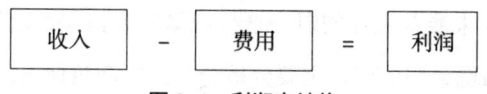

图 3-4　利润表结构

美丽点点头说:"利润表的表现就像一个减肥的人,为某期间所减的重量。所以说,利润表反映的是某期间赚了多少,赔了多少,收入多少等情况,揭示的是企业财富的增减状况。在信贷业务分析中,通过对利润表的分析,可以评价和预测借款企业的经营成果和获利的能力。"

比如,如果利润除以销售净收入的比率越大,说明企业对生产成本控制得越好。

同时,企业的偿债能力不仅取决于资产的流动性和资产结构分析,也取决于借款企业的获利能力分析,也就是对利润表的财务比率分析。

例如,获利能力弱的企业或亏损的企业,偿债能力就弱,银行在作信贷决策时一定要谨慎贷款;而那些利润率保持一定比例增长的借款企业对银行来说,风险则最小。

现金流量表:资金从哪儿来,到哪儿去

美丽又把现金流量表拿过来说:"你知道吗,要查看企业是否能够还款,就要看企业的还款来源(如图3-5所示)。"

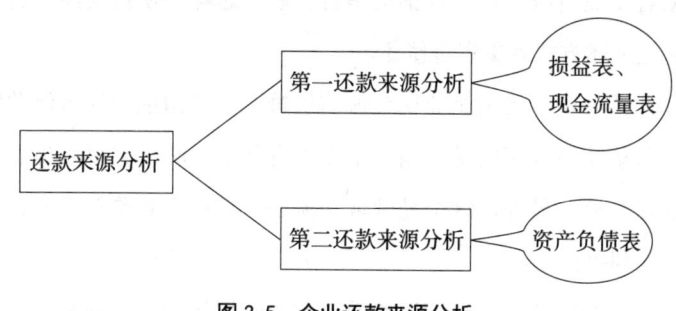

图 3-5　企业还款来源分析

企业的还款来源分为第一还款来源和第二还款来源。

◇第一还款来源是企业的现金和企业的财务状况,主要分析财务报表的损益表和现金流量表,查看企业的经营活动是否有充足的现金回笼,并足够偿还银行贷款;

◇第二还款来源是企业的财产抵押或第三方担保,而第三方担保又来源于企业自身的现金和资产,主要分析企业的资产负债表。

"那么,现金流量表又像人的什么呢?"大雄开玩笑似地问。

"现金流量表就好比人的血液循环透视图,通过这张图,可以看到血液流动的情况。信贷人员通过现金流量表分析,可以看到企业资金的流动情况——从哪儿来,到哪儿去。现金流量表揭示的是资金流入和流出的情况。"为了形象地把这三张表讲述清楚,美丽不得不用最形象的比喻来描述。

现金流量表结构如图3-6所示。

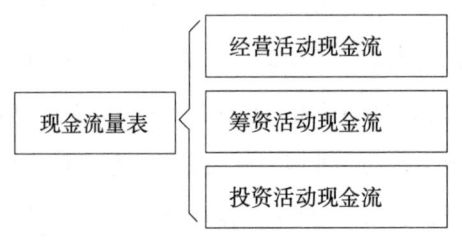

图3-6 现金流量表结构

◇投资活动现金流是查看企业对外投资情况,比如购买设备、股权等,这些投资会对银行还贷产生影响。

◇筹资活动现金流通常意味着第二还款来源,如股东的注资能力、代偿能力或者企业自身他行融资渠道是否畅通,这样即使自身经营还不了,还可以通过上述方式筹集资金偿还。

◇经营活动现金流是企业现金流的引擎。主要指生产经营活动所产生的现金流入量和现金流出量。当这个引擎有效工作时,它可以提供经营活动所需的现金流。另外,这个经营现金流的引擎还为必要的投资、偿还债务和支付股利提供现金。

当然,看经营活动现金流还要看企业的发展周期。一般来说,处于快速增长期或刚创建的新公司,此项一般为负数,这是因为它们的现金流量引擎还未运转起来,投资活动现金流此时也为负数,但贷款人会长期看好这类企业。

经过美丽一番讲述,大雄眼前一亮,原先只是初步想学财务,没想到

如何读懂资产负债表里的"家底儿"

把凤凰茶业有限公司的资产负债表摆在大雄面前,说:"在学习如何[读]报表的过程中,资产负债表是一个很好的起点,因为它反映的是企[业结]构和经营规模。但资产负债表只是一幅静态图,很难通过这一份资[料判]断财务状况的变化。现在,我来说说如何阅读资产负债表。"

[览]全貌,破解资产负债表迷局

[一、]整张表迷局

"[你]看,这是一张账户式资产负债表,资产及其明细科目列式在左[边,负债]及所有者权益和它们的明细科目在右边。"美丽指着报表(如表[3-1])说。

表 3-1 账户式资产负债表

	行次	金额(元)	负债及所有者权益	行次	金额(元)
		49,178,845.30	流动负债		36,429,460.38
		110,000.00	长期负债		5,000,000.00
		34,214,782.08	负债总计		41,429,460.38
		1,350,000.00	实收资本		8,000,000.00
			资本公积		9,342,000.00
			盈余公积		
			未分配利润		26,082,167.00
			所有者权益合计		43,424,167.00
[总计]		84,853,627.38	负债及所有者权益合计		84,853,627.38

"在整张资产负债表中,列示的各个项目都是用以说明企业经营状况[的。而]各个项目的排列是有规律可循的,这一规律一般被称为'流动性排[列',]即各个资产类项目由上到下按变现能力由强到弱进行排列;各个负[债类]项目由上到下按偿还期限由短到长进行排列;所有者权益排在最后。"

"噢,这里面还有这个学问哪!"大雄瞪大眼睛惊呼,"我拿到这张[表]就开始云里雾里。哈哈,原来这里藏着这么大的学问。"

"这算啥呀,里面的东西还多着呢,够你学的。"美丽将手里的报表通过了解财务分析在信贷业务中的作用……结构。

"美丽姐，这么说来，在信贷业务中……就可以获得企业的资金实力、负债情况、……息，然后我们信贷人员分析、筛选、评价……合偿债能力，就可以做出信贷的基本决策。"

美丽伸伸懒腰，回应道："但要注意，……表、损益表、现金流量表，还包括财务报……会计师查账验证报告以及其他一些资料。……外的信息后，才有可能全面了解借款人真实……

另外，美丽告诫大雄，接下来还要多找……

大雄回去后，就从行里借阅了一些关于……没夜地死啃。别说，这两天还真有成效，起码……科目是什么意思；加上美丽的一番简单讲解，……一定基础。但是，作为一名信贷人员，如何从……报表呢？大雄觉得有必要找个时间再继续请教……

一连两三天，美丽都忙着到企业去调查……了，还没有回来。

这天，美丽一回到办公室就大呼："唉……了。"

大雄回过头亲切问候："美丽姐，辛苦了！"

"是啊，累死了！"美丽笑着说。

过了一会儿，美丽说："这两天你要帮我把……填写一下。另外，你财务方面现在有啥问题吗？"

大雄把自己目前遇到的问题一一说给了美丽。

美丽说："那这样吧，我把我阅读财务报表的……可以参考一下。"

朝大雄的脑袋打过去,"我们再细看资产类的项目。"

破解资产类项目迷局

资产包括流动资产和非流动资产,流动资产包含着可以立即变现或在将来很短的时间(通常小于1年的时间)变现的资产,按照其流动性的强弱,通常包括以下几项(如表3-2所示)。

表3-2 流动资产包括的项目

流动资产	金额(元)
货币资金	7,404,867.3
应收票据	
应收账款	18,336,788.2
预付账款	
应收利息	
其他应收款	650,000.00
存货	17,557,189.8
一年内到期的非流动资产	

"货币资金"排在资产负债表的第一位,因为货币资金基本上等于现金,其变现能力最强。"应收账款"之所以能排在"存货"前面,也是因为其转化成现金的速度要超过存货。

"你知道这样排列对信贷财务分析有什么好处吗?"美丽问。

大雄的头摇得像拨浪鼓。

"按照这种方式排列后,在做信贷分析时,银行信贷人员很容易就可以看清楚左边的流动资产是否有能力保证债务的偿还,这是因为偿还流动负债的主要来源是流动资产。"美丽说。

"哦,也就是说资产就是企业的资源,有足够的钱和物后,就可以偿还债务了。美丽姐,继续。"大雄欢喜得不得了。

"你就是脑瓜聪明,改天你要教教我写文章!"美丽打趣说。

"没问题。美丽姐,你接着讲嘛,不要打岔。"大雄说。

"好,继续,免得你跟刘姐说我教得不认真。"美丽开玩笑似地说。

流动资产下面是非流动资产,是指流动资产以外不容易变现的资产,如长期投资、固定资产、无形资产、递延资产、其他资产等。

这类资产一般使用多年，又叫长期资产。它的目的不是为了偿还债务而变现，除非一些特殊情况，如遭遇资金链断接、急需资金等。

阅读资产类这列项目时，脑袋里要有一些存量：如看到流动资产，就要想到它是一年内能够变成钱的；看到长期投资，就要想到它要等一年后才能产生投资回报；看到固定资产，就要想到机器、设备、房屋等；看到在建工程就要想到是固定资产新建工程、房屋改建工程以及正在进行的大型设备安装工程等；看到无形资产就要想到专利、土地使用权等；看到长期待摊费用就要想到低值易耗品、开办费等。

"阅读报表时，如果发现长期资产比重过大，那么信贷的时候就要谨慎，因为越大，变现能力就显得越弱。"美丽说。

破解负债类项目迷局

接着看负债类项目，负债包括流动负债和长期负债。通俗地讲，负债就是企业欠别人的钱。

流动负债（如表3-3所示）是企业在一年之内必须偿还的债务，排在流动资产最前面的项目是偿还债务时间最短的项目。

"如短期借款是偿还期最短的项目，而较长时间才能偿还的债务列示在负债类项目之后。"美丽指着报表给大雄解释。

表3-3　流动负债包括的项目

流动负债	金额（元）
短期借款	17,600,000.00
应付票据	
应付账款	4,030,000.00
预收账款	
应付工资	7,230,000.00
应交税费	269,460.38
应付利息	
其他应付款	5,300,000.00
一年内到期的非流动负债	

大雄觉得这些表里面的规律几乎差不多，"噢，那这个好理解，跟资产一样，一眼就可以了解近期的债务情况，结合前面流动资产情况，就可以判断企业的短期偿债能力了。"

美丽觉得大雄还真是一点就透！开始怀疑自己是不是讲得太多了，于是试探性地问大雄："那它们分别指的是什么呀？"

"我前两天看了一下，知道短期借款就是企业要在一年内归还的借款；应付账款就是买了人家的东西，没有付但应该支付的款项；预收账款就是收了人家的钱而没给商品；应付职工薪酬就是应该支付给员工而未支付的工资、福利款项；应交税费就是获得收入后，应该向国家缴纳的税费。美丽姐，你说我说得对不对？"大雄说。

"可以呀，很到位，那你再说说长期负债。"美丽又考大雄。

"长期负债包括长期借款、应付债券、长期应付款。这个就更好理解了，顾名思义，长期借款对应短期借款来理解；应付债券对应应付票据来理解；长期应付款对应应付账款来理解。"大雄流利地回答着。

"哦，我明白了，你以前为啥学习成绩那么好，原来你学东西有自己一整套方法。"

"但是，美丽姐，所有者权益太晦涩难懂了。"

"那好，我给你讲讲所有者权益。"

破解所有者权益迷局

"所有者权益又叫净资产，所有者权益在报表里最不好理解，我刚刚接触财务报表时，觉得这个科目非常抽象，非常难以理解。你是不是也有这样的感觉？"美丽问大雄。

大雄使劲地点头，表示十分同意美丽的说法。

美丽接着说："其实理解了也不难，下面举例说明：

我花120元买了一件衣服，其中20元是借你的钱，100元是我自己的钱。那么对应资产负债表：我拥有的资产就是120元，负债20元，所有者权益就是100元。"

美丽说完，歪着脑袋看着大雄。

大雄马上说:"明白了,所有者权益就是资产减去负债的余额,是企业股东真正拥有的财产。"

"当然,这个财产只是账面上的财产,所有者权益包含实收资本、资本公积、盈余公积、未分配利润等。"

美丽停顿了一下,她知道大雄此时一定非常想了解这几个科目是什么意思,有必要再简单讲讲。

美丽说:"实收资本是指投资者按照企业章程或合同、协议的约定,实际投入到企业的资本,可以是货币,也可以是财物、技术等。在一般情况下无需偿还,可长期周转使用。在账面上,实收资本等于注册资本。投入到企业中的资金数额如果大于注册资本的数额就叫资本公积,如果实收资本小于注册资本,就说明资本金没有到位。"

例如,张三和李四准备共同注册一家资本为50万元的小公司,张三出资现金30万元,李四技术入股,经过相关机构的评估,技术入股的价值为30万元,那么张三和李四共向这家公司投资60万元。60万元就是股东所有者权益,其中50万元就是实收资本,多出的10万元就叫资本公积。

盈余公积指企业按有关规定从净利润中提取的积累资金。其中法定公积按照《公司法》规定,按税后利润的10%提取。任意盈余公积,企业可以根据持续发展的需要,由企业股东会或类似机构决定提取的比例。

未分配利润就是未作分配的利润。

计算公式:

本期未分配利润 = 期初未分配利润 + 本期利润 − 已提盈余公积 − 已分配利润

美丽把资产负债表概貌介绍完后,问大雄:"整张表的概貌就是这样的,你现在还有啥疑问没有?"

大雄说:"资产负债表里各科目的来龙去脉我基本上明白了,现在有个问题就是拿到这张表后不知道从什么地方看起,以及到底看什么。"

美丽哈哈大笑着说:"那是因为你对报表不熟悉,同时也缺乏浏览资产负债表的方法和思路。"

经验 1：通览全表

拿到资产负债表后首先要观察各项总额的变化。资产负债表只有三个大类——资产、负债、所有者权益。这三个大类之间存在数量关系（如图3-7所示），资产是企业资源变化的一个结果，引起这种结果变化的根本原因主要有两方面：一是负债的变化；二是所有者权益的变化。

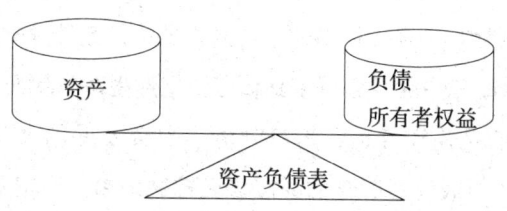

图3-7　资产与负债、所有者权益之间的关系

从凤凰茶业有限公司年初数据和3月对比数据可以发现，资产增加了约121万元。企业资产总量在增加，而负债基本持平，所有者权益在增加，初步判断为企业靠自身的盈利水平加大了企业的投资力度。根据报表附注，则可以进一步探究这种变化的原因。

总额变化观察的目的就是把握企业财务状况总体的发展方向。

大雄推断道："既然资产总量增加或减少只是个结果，那么信贷人员在阅读资产负债表时，就是要判断是负债变化引起的还是所有者权益变化引起的，同时结合报表附注和其他财务信息资料，了解是什么原因引起资产总量的增加或减少的。"

美丽说："你说对了。通过研究这三个数字的关系，信贷人员就可以基本上把握企业在某个经营时期有哪些重大的变化，进而可以摸清借款企业财务发展变化的基本方向。"

经验 2：核查财务报表的勾稽关系

按照资产负债表的三大项目——资产、负债、所有者权益，分别查看三大类别下的明细项目的合计金额是否等于各个大类项目金额，即资产=负债+所有者权益公式是否成立。

经验 3：深入探究可疑项目

据相关机构调查，80%以上的借款企业都存在粉饰报表的行为。所以，当我们阅读一张资产负债表时，按照报表的流动性排列顺序，从上往下，左右对比看。从上往下看是一个项目一个项目地观察，而左右对比就要看一看哪个数字变化最大，哪个数字变化的速度最快。那么变化最大、最快的那个项目就是可疑项目，然后针对可疑项目再深入探究。

信贷人员阅读报表时，关注重大问题，如果数额很小，不去关注它也不会出现重大问题，但面对巨额数字，必须要给予充分地关注和探究。

经验4：借助相关财务分析工具和方法来透视财务状况

常用的方法是比较分析、趋势分析、因素分析、比率分析。通过这些方法，可以将报表背后隐含的经济含义挖掘出来。当察觉有差异或异常时，就要通过该会计科目继续寻找造成差异或异常的原因。

"关于财务分析方法，后面再给你细讲。那么，你现在知道怎样通览全表了吧？"美丽也不想讲得太复杂，害怕给一个刚接触财务的人造成不必要的麻烦。

大雄笑嘻嘻地说："如果现在你拿给我一张资产负债表，我知道该从哪里开始阅读了。但是美丽姐，你能不能再给我讲讲具体科目如何来阅读呀。"他知道师姐一般不会拒绝这个请求的。

美丽只好说："好吧，但我今天只能给你讲讲一般信贷人员重点关注资产负债表里哪些科目及这些科目的阅读方法，因为今天我还要赶写报告。"

流动资产重点关注哪些科目

美丽从流动资产开始讲起。

流动资产项目很多，总体上是按下图这样分的。（如图3-8所示）

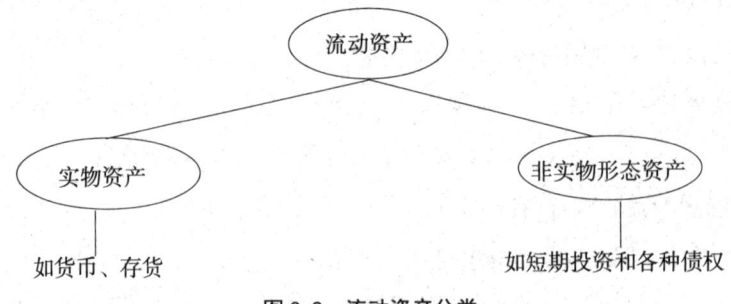

图3-8 流动资产分类

在流动资产中，信贷人员常常关注4个重点科目（如图3-9所示）。

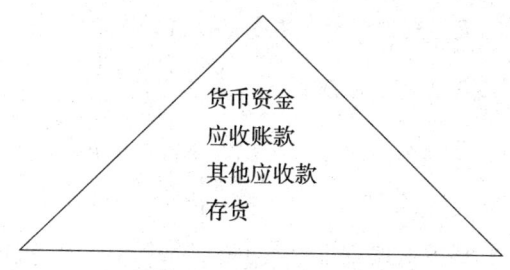

图 3-9　流动资产重点科目

货币资金

货币资金是由现金和银行存款构成的。在流动资产中，货币资金流动性最强，并且是唯一能够直接转化为其他任何资产形态的流动资产，是分析企业判断偿债能力和支付能力的重要指标。

为了正常生产运营，企业常常需要用流动资金支付原材料、工资、税金、利息、股利或进行投资。流动资金是不可缺少的周转资金，保证一定规模的流动资金对企业来说至关重要。

◎ **如何核实货币资金**

在核查货币资金时，常用三种手段：

◇通过企业每月的银行对账单，核查客户的结算账户开立情况；

◇通过银行账户回单与损益表销售收入，核查企业资金回笼情况；

◇通过银行账户的往来情况，核查企业的实际经营情况。

◎ **如何衡量货币资金**

判断货币资金是否合理的标准是考量企业的支付能力。企业支付能力指企业偿还债务的能力和购买原材料、半成品等的能力。判断支付能力，常常又要从两个方面分析：

◇急需的支付能力，包括人员工资、应缴纳的税金、水电费、支付的货款、到期的债务等，通常将期末的货币资金与急需的款项进行对比，查看当前的货币资金能否保证急需的款项支出。

◇近期的支付能力。通常会结合应收（应付）账款、其他应收（应付）账款逐一核查，将近期能收回的款项和当期的货币资金数额总和对比近期支付的数额,查看能否保证款项支出。

而衡量企业的支付能力的一个重要指标就是现金比率:

现金比率 = 现金 / 流动负债

现金比率越大,说明企业的支付能力越强,但也不完全是这样,通常合理的比率是0.3。

大雄认真听完美丽阅读货币资金项目的经验后,对美丽说:"我明白了,报表上的货币资金主要就是银行里的存款和保险柜的钱,企业要用这些钱来支付日常运营费用或偿付借款,货币资金越多,说明企业资金越充裕。"

美丽说:"对对,就是这样的。"

应收账款

下一个重要项目是应收账款,所谓应收账款指企业出售产品或提供服务后,还未收到款项,此时,企业就会产生应收账款。应收账款指应该收到而实际未收到的资金,被其客户所占用,是企业的债权性资产。

◎应收账款特点是什么

应收账款的特点是退出了本企业的经营运作,而参与到了其他企业的经营中。

我们在阅读这个科目时,如果企业提供的报表,应收账款/流动资产>10%,那么我们就要特别重点关注和细查。

◎如何核查分析应收账款

常采用的方法就是核查企业应收账款的明细账(如表3-4所示),同时分析出应收账款的账龄,收回的比率有多大?该项的资产风险状况是怎样的?确定什么时候能收回这些款项,参与到企业经营周转里,保证企业资金供给稳定,生产经营正常。同时对账龄较长的应收账款,要预计可能存在坏账损失的风险。

表 3-4　应收账款分析表

截止××年××月应收账款明细分析				
债务人名称	金　额	占　比	账　龄	回收风险分析
合　计				

◎**应收账款的重要意义是什么**

应收账款尽管不能随时变现，且变现能力低于短期投资，但却强于其他资产。如果应收账款收回，就完成了资金循环运动的终极目标，形成货币资金，然后，企业又可用这笔资金再投入到生产运营之中。

企业保持一定比例的应收账款会增加企业未来的支付能力，但若比例过大，长期压在其债务人那里，不能为企业带来经济效益，那就可能会影响企业的正常运营，造成资金周转困难；丧失其他取得收益的机会，造成过高的机会成本。

大雄文绉绉地笑着说："原来阅读应收账款的重点在于其明细、账龄，我明白了。"

其他应收账款

美丽没理会大雄的调皮，继续说："其他应收账款与应收账款就像两兄弟，只不过，其他应收账款包含的内容不同而已。其他应收账款（如图3-10所示）是指企业发生的非购销活动的应收债权。"

赔款、备用金、罚款、保证金、押金、应向职工收取的各种垫付款项、企业之间的往来款项、临时周转暂用借款

图 3-10　其他应收账款构成

核查其他应收账款是否合理，同应收账款一样，常核查其他应收账款明细账，进行账龄分析，核实资产风险状况。如果报表中其他应收账款/流动资产＞10%，就需重点分析，重点核查股东或关联人是否有抽逃注册资金的嫌疑。

存货

美丽看到大雄没再说什么,就开始解读下一个项目。存货(如图3-11所示)是指企业持有以备出售的产品或商品,或者是为了出售仍然处在生产过程中的半成品,或者将在生产过程中或提供劳务过程中耗用的原材料等。

原材料、半成品、产品等

图3-11 存货构成

作为一名信贷人员,在分析企业的流动性时,要重点关注存货的质量和数量。存货在流动资产中处于一个十分重要的地位,直接影响企业的短期偿债能力。存货的质量直接通过接触原材料、半成品、产品等来了解。存货的数量和计价方式是信贷人员重视的地方,企业常通过一些手法(滥用会计准则的存货计价方式),让报表的各项指标表现得很出彩。

大雄问:"那存货的计价方式应该是我们要重点关注的内容了。企业中存货都有哪些计价方式?各种计价方式在报表中又是怎样反映的呢?"

◎**不同的存货计价方式对报表的影响**

美丽说:"不同的计价方式会产生不同的存货价值。发出存货的计价方式通常包括下面几项(如图3-12所示)。"

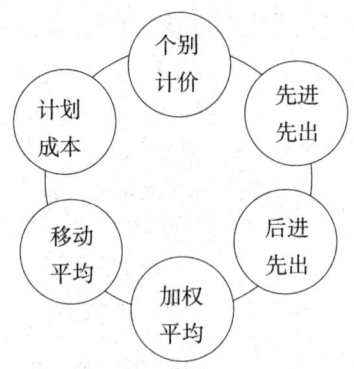

图3-12 存货计价方式

说话之间,美丽已经写好了一个算式。

商品的销售成本 = 期初存货成本 + 购入存货成本 − 期末存货成本

美丽写完算式后，对大雄说："从这个算式中可以看出，存货的价值影响销售成本，影响当期的利润。那么计价方式是如何影响销售成本的呢？"给你看一个例子。

比如，一家企业，期初结存20件，单价18元，总金额360元。本期第一批购进商品100件，单价20元，总金额是2000元，第二批购进商品110件，单价15元，总金额是1650元，本期共销售200件，结存30件。

先进先出法：销售成本 =20×18+100×20+80×15=360+2000+1200=3560元

期末存货成本 =30×15=450元

后进先出法：销售成本 =110×18+90×20=3780元

期末存货成本 =30×18=540元

加权平均法：加权平均出库单价 =（360+2000+1650）/（20+100+110）=17.44元/台

销售成本 =200×17.44=3488元

期末存货成本 =360+2000+1650−3488=522元

美丽把这几种常见的存货计价方式分别演算出来后，问大雄："从这个例子中，你看存货的计价方式到底存在什么样的奥秘？"

大雄一看，"这不是跟销售成本挂钩的嘛，期末存货成本的数额大小直接影响本期的净利润大小。"

美丽点了点头说："是啊，发出存货计价方法不同，销售成本金额就不同，对利润的影响就不同，在商品持续上涨的情况下，先进先出法计算的销售成本最小，利润也就最高，期末存货成本也最高。这三者的关系如下：

◇期末存货成本大，销售成本就小，本期净利润大；

◇期末存货成本小，销售成本就大，本期净利润小。"

◎**如何核实存货的真实价值**

"既然存货如此重要，那怎样来核查呢？"大雄心里想，这个问题一定要弄清楚，才能在以后核查存货这个科目时不至于疏漏。

"核查存货科目的时候，信贷人员首先要给自己提出以下四个问题，然后针对这些问题寻找答案。"

◇市价是多少？

◇状况如何？

◇数字可靠吗？

◇采用何种期末计价原则？

"方法呢？"大雄显得有些迫不及待。

美丽说："我们常常使用的方法是通过核查存货明细账、实地盘点等方式核查存货的真实性和大概的存货数量。"

◇如果报表中存货/流动资产＞20%，就应该特别重点核查这个科目，查看是否有购销虚假、成本虚假。

◇如果企业申请的是流动资金贷款，一般流动资金贷款用途是购买原材料或商品，一旦款贷出后，在监管过程中，重点检查这个科目数额的变化。

经美丽这样一说，大雄就完全明白了："哦，核查存货真实价值的方法就是到企业去核查明细账和实地盘点。"

美丽在讲完流动资产重点科目的阅读后，又补充道："当然，除了这四个项目外，其他的科目也要审查，特别是对于那些数字较大、变动较大的项目。"

非流动资产有什么特点

美丽指着下一类资产项目说："看完流动资产，我们再看看非流动资产。非流动资产是相对于流动资产的一个概念。从凤凰茶业有限公司2019年3月份财务报表你就能看出，非流动资产的比例是怎样的了。"

大雄说："这家茶业有限公司非流动资产占了总资产的42%，相比2019年年初，比重有所增加。"

美丽夸奖道："不错啊，一下子就看出了非流动资产的趋势了。那你再想想，这些资产还有什么特点？"

大雄把报表又仔细看了一下说："这些非流动资产类的科目都是些固定资产、长期投资、无形资产等，它们共同点就是年限很长。像这家公司的苦荞茶生产线的机器设备至少能使用5年以上吧？"

美丽点头说:"是呀,所以说,非流动资产虽然不能直接带来经济效益,但却会长时间影响各个期间的财务状况,影响企业经营成果。"

在信贷实务中,非流动资产一般重点关注固定资产和在建工程这两类科目(如图3-13所示)。

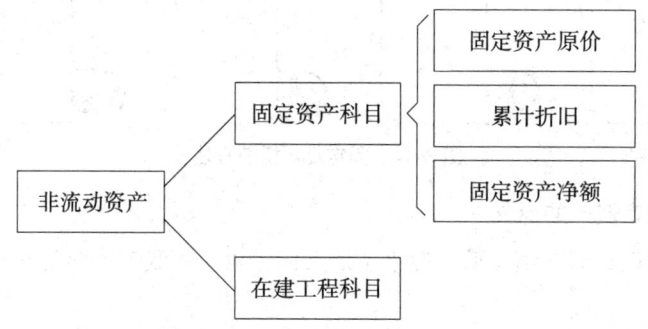

图3-13 非流动资产重点关注科目

固定资产科目

在资产负债表中,固定资产科目表现为固定资产原价和固定资产净额,而累计折旧是指固定资产在生产经营过程中的损耗价值。它们三者的关系是:

固定资产净额 = 固定资产原价 - 累计折旧

举个例子,你就明白固定资产是如何计价的了。假如凤凰茶业有限公司购入一套机器设备,支付相关费用后投入使用。该设备价值50000元,支付运输费1000元,安装费500元,设备调试费300元。

美丽问大雄:"那么,如果反映到资产负债表中,固定资产原值是多少?"

"当然是50000元啊。"大雄不假思索就答道,觉得美丽问的太弱智了。

美丽噗哧一笑,"哼哼,给你一个大×。固定资产原值应该是50000+1000+500+300=51800元。"

大雄汗颜。一直以为固定资产原值就是当时买入的价格,今天又长进了。

◎固定资产折旧方法

美丽接着说:"那么,固定资产在取得后,就要开始计提折旧了。"

折旧方法有四种(如图3-14所示)。每一种折旧方法都有它的好处,也有它的不足，但不管如何，折旧方法一旦选定，就不得任意变更。如需变更，应在会计报表附注中给予说明。

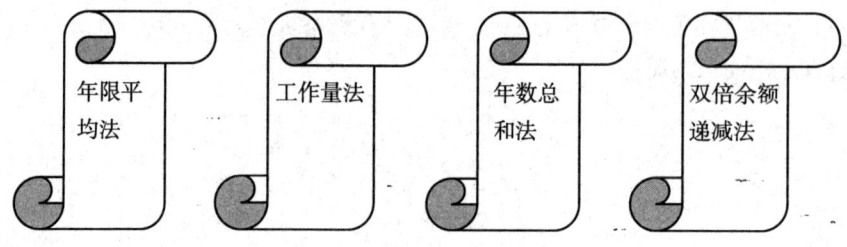

图 3-14　固定资产折旧方法

◎**固定资产的意义**

美丽把折旧介绍完后，冷不丁地又问大雄："我们为啥这么关注固定资产呢？"

大雄想了一下说："通过了解固定资产的价值，就可以掌握固定资产的规模大小，而固定资产的规模情况关系着企业发展潜力。"

美丽俏皮地说："回答正确，加10分！"

说完后，二人同时大笑起来。

美丽又接着说："你想想，如果一家企业没有固定资产或有极少的固定资产，会是怎样的一个公司。皮包公司？骗子公司？这个时候，我们在信贷调查中就要留意了。"

◎**不同方式的折旧对报表的影响**

话题又回到折旧上。美丽说："另外，正确计提折旧，对确定产品生产成本和企业收益都有很重要的作用。折旧也是一种费用，只不过计提这种费用在计提期间没支付我们看得见的货币资金，而是随着固定资产价值的转移，以折旧的形式在产品销售收入中获得了补偿，并转化成了货币资金。"

有部分企业为了获得银行贷款，提供的财务报表常采用不合理的手段来虚增利润，比如少提折旧。

◎**固定资产阅读重点**

美丽说了这么多后，大雄对固定资产多少也了解了。在阅读固定资产这类项目时，主要关注：

◇固定资产变现价值是多少？

◇折旧计提方式是什么？

◇中间有没有变更？

◇有没有附注说明？

在建工程科目

美丽看到大雄对固定资产了解差不多了，就说道："那我们再说说在建工程科目。账面上，这个科目的数据是如何来的？我们对刚才那个例子稍作修改。"

凤凰茶业有限公司购入一套机器设备，支付相关费用后没投入使用。该设备价值50000元，支付运输费1000元，安装费500元，设备调试费300元。

那么设备费用加其他运输费、安装费和调试费共计51800元就表现在"在建工程"科目中了。当安装完成并交付使用时，在建工程科目的金额才会转入到固定资产中。

经美丽用实例一讲解，大雄就弄明白会计科目中的在建工程是怎么得来的了，说道："哦，其实在建工程反映的就是企业各项未完工程的实际支出，那这个科目重点关注什么呢？"

◎**在建工程重点关注什么**

美丽答道："在建工程在工程建造期间可能会发生减值，所以，在信贷调查过程中，就要关注以下两点：

◇在建工程是否减值？

◇如果已证明发生了减值，是否计提在建工程减值准备？"

大雄对着报表看了看说："从报表中很显然看出，在建工程是否减值直接影响企业的整个资产规模。我明白了，以后在关注在建工程时，重点应该查看它是否减值。"

其他非流动资产科目

美丽把这两个相对来说重要的科目介绍完后，又说道："非流动资产除了关注这两个科目外，还要关注其他科目（如表3-5所示）。"

表 3-5 非流动资产关注的其他科目

关注科目	关注内容
长期投资	预期能收回多少资金
无形资产	处置无形资产后,能否收回资金
其他资产	有多少其他资产

美丽从上到下把资产类的科目都讲了一遍,最后总结说:"总体来说,阅读分析资产类的科目,就是分析企业的资产质量,分析资产质量就是分析资产负债表中的'含金量'实际是多少。"

资产项目阅读的重点都基本介绍完毕后,美丽就想,如果大雄能快速上手的话,自己以后也多了一个帮手。一想到这里,感觉还是有些惬意。

大雄看到美丽没再说话,才发现美丽说了半天都还没喝口水,赶紧说:"哎呀,美丽姐,对不起,我都忘了给你倒杯水,我马上去。"

大雄赶紧端着美丽的杯子接水去了。

欠了钱,迟早是要还的

趁大雄倒水的时候,美丽画了一幅图。(如图3-15所示)

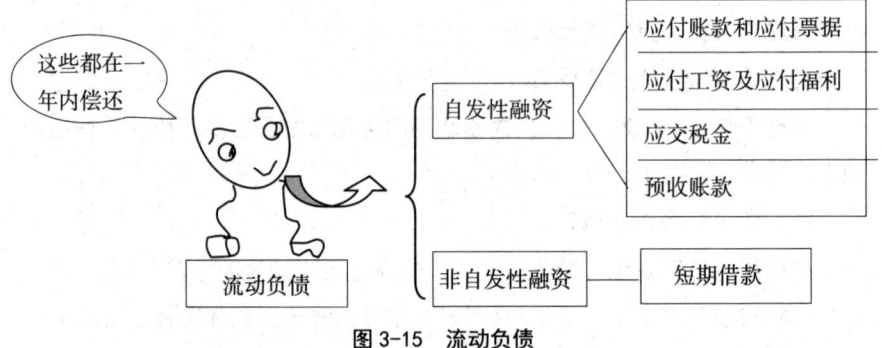

图 3-15 流动负债

大雄回来后,美丽就把自己的杰作得意地给大雄展示,"哈哈,画得不赖吧!"

大雄很惊喜,"很好啊,要不我来解释这幅图,你看我说得对不对?"

看着美丽点了点头,大雄就开始讲这幅图包含的内容:"这个图说的是流动负债。流动负债包括自发性融资和非自发性融资，而自发性融资包括应付账款等几项，非自发性融资包括短期借款这项，所有这些项目都要在一年内偿还。怎么样，说对了吗？"

"对对对！"美丽一连说了三个对，对自己的作品还是很满意的。

"但是，美丽姐，什么是自发性融资和非自发性融资呢？"

"那些在运营上自然产生的企业付款义务，大多数情况不需要额外支付利息的科目就属于自发性融资；而那些与企业营业活动无关，属于外部融资，比如银行借款的，需要支付利息的就属于非自发性融资。"

"哦，明白了。"

美丽看大雄明白了，就开始讲流动负债的科目。"流动负债这么多科目，我们通常重点关注短期借款、应付账款和其他应付款这几个科目（如图3-16所示）。"

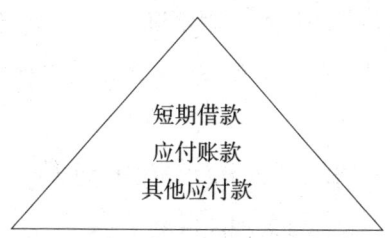

图3-16　流动负债重点关注科目

短期借款反映的是借款本金

美丽指着短期借款说："企业在经营过程中，不仅靠自筹资金，而且也需要通过其他的融资渠道取得货币资金，保障企业的正常运营。其中借款就是一个非常重要的来源。"

资产负债表上的短期借款是指企业向银行或其他非银行金融机构等借入的资金，借款所发生的利息归入利润表中的财务费用里，所以，报表上的短期借款科目反映的是借款本金。

大雄一下回想到美丽在凤凰茶业有限公司财务室的情景，"哦，我想起我们前两天到凤凰茶业有限公司的时候，你曾挨个核对过短期借款是哪个银行，借款期是多久。"

◎ **如何分析短期借款的构成**

美丽笑了笑说:"你这才晓得呀。一般在看到'短期借款'这个科目的时候,我会从三个方面去分析短期借款的构成。"

◇ 借款种类。一般按流动资金借款、票据贴现借款、短期外汇借款等来划分。

◇ 借款银行及借款金额。

◇ 借款期限。一般按3个月内、6个月内、1年内来划分。

◎ **如何核查短期借款**

同时,为了防范信贷风险,还应关注这些方面:

◇ 财务报表附注关于短期借款明细情况的说明,包括是否在其他银行有授信业务。

◇ 企业的征信记录里是否有不良记录。

◇ 通过检查存货、应付账款、固定资产等,查看借款的用途是否与真实情况匹配,防止企业将短期借款挪作他用,或者利用短期借款构建固定资产。

◇ 企业借款时是否用本企业的资产作抵押或质押和对外担保情况。

◇ 短期借款是否存在连续展期的情况。

◇ 对比短期借款的期初数和期末数,如果数字增幅过大,企业负担的利息将会加重,可能导致财务风险增大;但是,如果在这种情况下企业仍然有较好的盈利水平,那就说明企业的产品盈利能力较强,经营能力较佳,管理者经营风险意识较强、魄力较大。

大雄听到这里,回应道:"我明白了,在阅读短期借款科目的时候,一是要知道里面的来龙去脉,二是要对比期初数和期末数的变化来分析。"

美丽知道大雄已经基本了解了短期借款,说道:"是啊,不仅短期借款是这样,其他科目的阅读也都是这样的。我们再来看看应付账款。"

应付账款是一把"双刃剑"

大雄回想刚才美丽已经说了应付账款,为节省时间,对美丽说:"美丽姐,你刚才不是说得很明白嘛,'应付账款就是买了人家的东西,没有付应该支付的款项'，意思就是买卖双方在购销活动中由于取得货物与支付货款在时间上不一致而产生的负债。"

美丽拍了拍自己的脑袋，"哦，说了吗？"

"说了。不过，美丽姐，应付账款的数字是大好，还是小好？"大雄开始对数字关心起来了。

美丽答道："太大不好，太小也不好。应付账款是企业商业信用的标志，是一把'双刃剑'。合理的应付账款，能对企业产生积极作用，使企业拥有更多的主动权，而不正常的应付账款将会给企业带来负面消极的影响。"

大雄冷不丁地一下子提了两个问题："那企业是怎样形成应付账款的呢？供应商又凭什么赊账给企业？"

"你很想知道吗，那你要请客哦。"美丽想调节一下说话气氛，就说点其他的。

"请！"大雄一拍胸脯，他知道美丽最喜欢唱歌，"我们今晚去KTV，把王二和李四叫上，我们一起去High。"

（备注：王二和李四也是科里的信贷员。）

美丽一听说要去唱歌，高兴得直拍巴掌。

"等你讲完后，你忙你的，我到网上去团购。好不好？"

美丽当然明白大雄的意思，希望她能抓紧时间继续讲下去。"好吧，那我接着讲就是了。"

◎应付账款是如何形成的

企业应付账款的形成，主要是企业自身的资金管理和国家政策等因素的影响而形成的。具体形成的原因如下。

◇市场竞争的原因。企业在生产经营过程中，一是自身运转资金有限，二是部分应收账款还没收到，企业有限的资金过多积压在应收账款上，企业很难以现有资金支付购入货物的款项。而供应商为了提高销售收入，为了快速地占领市场份额，对那些盈利能力较强、信誉度较高的企业采取赊销政策，这样就形成了应付账款。

◇企业个人和管理的原因。企业在经济往来中，鼓励采购人员以挂账的形式来采购商品,以缓解企业资金周转、节约企业成本,这样就形成了应付账款。也有的企业对应付账款的管理采用拖延、赖账等形式,造成应付账款不断增加。

◇银行信贷的原因。虽然说银行信贷是企业最重要的一个融资渠道,但要取得银行的贷款不仅手续繁琐、资金成本高,而且银行还会在贷款期内对企业的经营持续的监管,等等。这类情况,都是造成应付账款产生的原因。

如果企业不按期归还应付账款,企业将直接面临信用危机,甚至可能产生财务危机,还可能导致企业破产,所以应付账款的风险防范是十分重要的。

大雄听到美丽如此说后,就问道:"既然应付账款这么重要,那我们信贷人员在实际工作中,怎么做才能防范风险呢?"

◎如何核查应付账款

美丽回答说:"我的方法主要集中在以下几点。"

◇核查报表上数据的真实性。通过明细账和会计凭证,查看应付账款是否合理。

◇进行应付账款账龄分析,分析方法同应收账款账龄分析。在对应付账款分析时,常常结合存货进行分析,防范同时虚减存货和应付账款,以虚增流动比率和速动比率来粉饰财务报表。

◇审查应付账款中的预付款项的真实情况。

◇重点检查应付账款中发生金额较大或账面余额累计数较大的户头。

◇重点检查应付账款中账面余额长期不动的户头。

◇重点检查积欠很久但又突然结清了的户头,有无弄虚作假的行为。

美丽把应付账款说完后,问大雄:"关于应付账款这个科目基本就是这样来阅读分析的。怎么样,记住了吗?下次我们一起到企业去的时候,你就要这样来做。"

"好的,美丽姐讲的我都记下了。"大雄确实在笔记本上已经记了满满几页。

"我突然觉得，你下次可以写一篇《信贷人员如何阅读财务报表》，怎么样？"美丽饶有兴趣地问。

大雄一脸苦相，"美丽姐，我都还没入门呢。"

美丽笑了笑说："着什么急嘛，包你入门。不过，财务分析方面还是刘主任更厉害，到时候你找刘主任再给你讲讲。那我们现在接着讲其他应付款。"

其他应付款

其他应付款是指企业在商品交易业务意外发生的应付和暂收款项。比如租入固定资产的租金、收取客户的保证金、暂收的个人款项等。

◎如何核查其他应付款

一般情况下，这个科目数额不应该太大。在阅读的时候，重点从以下方面来关注：

◇某些投资人考虑税收问题，把原本应该在所有者权益中反映的投资款在其他应付款中反映，导致资产负债率虚高。那我们在信贷调查报告和报表中，可将这部分金额调至"资本公积"科目中反映。

◇而有些企业，为了获得银行更多授信额度，会把原本在"其他应付款"反映的内容调至"应付账款"中，以虚增"一般经营循环资金周转量"。那我们也会在信贷调查报告中调整财务报表，正确反映其他应付款科目。

其他应付款包含的内容繁杂，往往会混入某些不合法、不合规的经济业务，比如，许多借款企业把这个科目当成偷逃税收的工具，那么就会面临税务风险，就可能对信贷业务造成极大的偿还风险。

美丽举了一个例子：一家销售白酒的企业申请流动资金贷款，按理说白酒行业的利润是很高的，在核查该企业的财务报表时，发现该企业的利润率很低，经过反复追问，财务负责人才说出在外地建了几个销售点，销售的产品一直利用"其他应付款"来核算。

大雄听完美丽举的例子后，说道："这不就是利用'其他应付款'隐瞒收入，截留利润，存在税务风险，这样也肯定会给银行带来风险啊。"

美丽点了点头，对大雄说："流动负债主要科目的情况大致就是这样的，你还有没有其他问题？"

大雄回答说："这个暂时没啥问题。"

大雄心想，今天一下子学了这么多财务内容，接下来要慢慢消化。

长期借款

"长期借款就是期限长的借款吗？"大雄顾名思义地问道。

美丽瞪了大雄一眼说："长期借款跟短期借款的区别不只是期限不同，它们的用途也不同。长期借款一般用于固定资产投资、更新改造款、科技开发和新产品调试等。

"长期借款相对于短期借款，是指超过一年的借款。在长期负债科目里，长期借款是信贷业务重点关注的科目。阅读这个科目的方式也跟短期借款一样，重点了解借款期限有多长、借款金额多大、抵（质）押产品、还款方式等。

"我常常通过期初数和期末数的对比来了解它的增长幅度，如果增长幅度远远超出总资产的增长幅度，表明这家企业的筹资能力很强劲，同时偿债风险也在增加。"

听美丽讲了怎样来分析长期借款后，大雄惊奇地问道："就这么简单？"

美丽笑着说："简单吗？复杂的我还没讲呢，只是给你介绍了每个科目主要的阅读分析方向。而企业真正的潜在风险和债务，光看资产负债表上的数据是不行的，这个数据是否真实还需在相关的凭证里核查证实，真实具体的负债信息常反映在报表附注里和财务报告里。"

所有者权益包括哪几项

美丽对大雄说："下一个科目是所有者权益。关于所有者权益科目，一开始就已经给你讲得很清楚了，考考你，所有者权益包括哪几项？"

大雄想了想，答道："一共四项，实收资本、资本公积、盈余公积、未分配利润。"

美丽惊喜地发现大雄的超强记忆力，笑道："哈哈，看来我的讲解能力还不错嘛，你这么快就记住了，干脆我改行当老师算了。"

"美丽姐当老师肯定受学生欢迎。这个所有者权益项目我已经知道是怎么来的，但我不知道如何去阅读它？"大雄话锋一转，又把话题拉到正题上来。

"我们看看凤凰茶业有限公司的资产负债表，你就可以发现，这四个项目的年末数都比年初数增加了。实收资本和资本公积增加说明企业的投资者还在继续投入资金到企业里，而且还变更了注册资金，由原来的10万元提高到800万元……"

不等美丽说完，大雄就抢过话说："我来分析后面两项，你看对不对？盈余公积和未分配利润增加，说明企业在这个时点之前赚了钱，所以才能使这两项增加。"

听了大雄的分析后，美丽朝大雄竖起了大拇指："Good！我再补充一点，企业未分配利润如果是正数，代表企业赚了钱后没有进行分配，如果是负数，代表企业累计未能弥补过去这段时间的亏损。如果负数金额巨大，那么就说明这个企业存在的经营风险是非常高的。

"银行信贷审查时，要核查所有者权益明细来源、数据的真实性，关注股东有无通过资产评估增值形成的资本公积虚增资产、虚增所有者权益来粉饰报表。我画一个表，你就清楚了。"（如表3-6所示）

表3-6 所有者权益关注的项目及核查内容

项　目	关注内容	核查内容
实收资本	关注股东结构、注资比例等	其关联方的情况
资本公积	数额较大的	分析产生的原因
盈余公积	数额较大的	对比利润表来分析
未分配利润	数额的变化	结合利润表来分析

"2+2=4"吗

美丽把资产负债表从上到下，从左到右，给大雄作了一个全面的介绍。对于一个刚迈入信贷业务大门的新人，读懂财务报表是信贷分析的基础。

"关于对资产负债表的阅读基本就这些了。结合刚才讲过的，给你出一道题：2+2=？"

"答案跟刚才讲的有关吗？"大雄再次跟美丽确认了一下，心想这一定不是一个普通的答案。

"是啊。"美丽笑呵呵地说。如果大雄能回答正确，那他已经把今天的精髓学到手了。

大雄回想了一下刚才所讲的内容，美丽多次强调看财务报表要结合财务报表附注和其他信息资料来正确核实报表上的数据，那意思是不是……突然，大雄灵光一闪：

"2加2多数时候等于4，但有时候又等于5，有时候又等于3。"

"说一下理由！"美丽不得不佩服大雄的聪明。

大雄说："这不是一个简单的算式，而是在表达报表中所反映的项目的真实价值。

"比如，公司买了一辆车，花了20万元，报表上和账上也都反映为20万元，那就是2+2=4；一家房地产公司的存货账面上和报表上反映的都是500万元，但经过评估机构的正确评估，存货价值已经达到1000万元，那这时2+2＞4；相反，如果经过评估机构评估后，存货价值仅300万元，那就是2+2＜4。"

大雄说完后问美丽："我这样理解，不知道对不对？"

美丽回答："说得很对。这就是会计上非常著名的'2+2'法则。对于阅读分析报表的人，2+2多数时就是等于4，有时候又等于5，有时候又等于3。"

跟聪明人交流是一件让人很愉快的事。

美丽又接着说："从另一方面来说，阅读分析资产账面价值与实际价值之间的差异就是进行资产质量的分析。我阅读报表评估资产质量的时候，经验如下。"

◇ "2+2=4"的资产：货币资金。

◇ "2+2＞4"的资产：大部分存货；部分固定资产，如不动产；表外或账外的资产，如已折旧完的固定资产等。

◇ "2+2＜4"的资产：短期债权；部分短期投资；部分存货；部分固

定资产、部分无形资产;纯粹摊销性的资产。

"给你看一张表,这是一张理想的资产负债表状况分析表(如表3-7所示),可在信贷业务中作一个参考。"美丽从抽屉里拿了一张表出来。

表3-7 理想的资产负债表状况分析表

科目	比率	科目	比率
流动资产	60%	负债	50%
速动资产	30%	流动负债	30%
盘存资产	30%	长期负债	20%
固定资产	40%	所有者权益	50%
		实收资本	20%
		公积金	20%
		未分配利润	10%
资产总计	100%	负债和所有者权益总计	100%

大雄拿到这张表的第一感觉就是,以后自己做财务分析多了一个参考工具。

美丽提醒大雄说:"这只是参考,行业不同反映出来的比率也会不同。"

看到大雄在认真看这张表,就对大雄说:"好吧,今天就这些了。记得你等会儿上网去团购,然后把王二、李四叫上,晚上一起去K歌。我现在要赶着写报告了。"

大雄对美丽言听计从。把水给美丽续满后赶紧回到自己的座位上。

如何读懂利润表里的财富增减

大雄确实想尽快把这三张报表搞懂。昨晚跟美丽、王二、李四在KTV疯了几个小时回家后,还专门找了本财务方面的书狠钻了一把,结果当看到利润表这节的时候,书里面深奥的描述让大雄的脑袋晕沉沉的,怎么也看不进去。怎么办?闭眼!睡觉!明天去找美丽。

王二的"独门绝技":速览利润表

大雄来到办公室的时候,看到美丽跟王二、李四他们正在说昨晚KTV的趣事。大家惊讶大雄像打焉的茄子一样,不仅头发横七竖八,而且双眼也无神。

美丽打趣地说:"麦霸,怎么头发都竖起来了,没睡好啊?"

大雄嘴巴一歪,沮丧地说:"没劲儿,连个财务书都看不懂。"

"不要气馁嘛,我们大家都可以帮你啊,你们说是不是?"美丽看向王二、李四,王二、李四立马点头同意。

"美丽姐,你们说话算数啊。"

"当然算数啊,正好王二、李四在,我们可以一起来分享信贷人员是如何阅读财务报表的。"

"好啊,我马上去找张利润表来,你们来教我阅读。"大雄一下子来了精神,不一会儿把凤凰茶业有限公司的利润表拿来了。

"本来我想自学的,结果除了知道这张表的用途和一个会计等式外,其他的我越看越糊涂,还需要你们一步一步教一下。"大雄很焦虑地说。

"怎么讲才能算一步一步教你呢?要不还是按照昨天讲资产负债表那样从整体到局部来讲,好理解一些。"美丽想到昨天的效果还不错,今天又有王二、李四在这里。

王二插话说:"你的遭遇我深有体会。为了感谢行里对我的栽培,我决定贡献自己的绵薄之力。"

大家一阵嬉笑,不过王二还是很认真地讲起来:"利润表的格式有单步式和多步式两种,国家规定利润表的格式采用多步式。你手里拿的就是多步式结构的利润表。"

在利润表中的每个项目分别为"本月数"和"本年累计数"两栏分别用列,也可以列为其他会计期,例如"本季"或具体某年某月等。通过这个会计期,你就知道这张利润表反映的是某一会计期的经营活动成果,所以,利润表又称为动态报表。利润表就像在讲述一个人的减肥故事:吃了多少,消耗了多少,最终有多重。

大雄心里暗自发笑：看来把报表比喻成减肥故事已经成了经典教案了。

"我们一起来看这张表是怎么讲述它的故事的。"王二只管自顾自地讲，总共归纳了四步：

◇企业获得收入后，计入主营业务收入。从主营业务收入出发，减去主营业务成本，计算出了主营业务的毛利，这一步反映企业主营业务的获利能力。

◇从主营业务毛利中减去期间费用，就计算出了营业利润，这一步反映企业生产经营的获利能力。

◇在营业利润的基础上，加减营业外收支，加上投资收益和补贴收入，就计算出本期实现的利润或亏损总额，这一步反映了企业的综合获利能力。

◇企业产生利润后，就要缴纳企业所得税，扣除所得税后，就得到本期净利润，如果亏损了，就是净亏损，这一步反映了企业最终获利能力。

王二把自己的"独门绝技"讲完后，停了下来，环顾面前几位：除了大雄听得专心致志外，美丽跟李四都各自在玩电脑，正感觉有点儿失落时，不料大雄放下笔就说："鼓掌！"

美丽、李四这才意识到王二讲完了，也跟着鼓掌。

王二谦虚地看着美丽说："请美丽姐点评。"

李四详解利润表具体项目

美丽笑了笑说："讲得很好啊，就是这样的。"

说完她又看向李四："你肯定也有跟大家分享的秘诀吧。"

李四更拽，做了一个很绅士的鞠躬动作，清了清嗓门说道："大雄，你是不是不清楚利润表里具体项目的意思？"

看到大雄点了点头，李四很得意，"那我就给大雄讲讲利润表里具体项目内容。"

利润表里主要有收入和支出两大类。收入项目包括经常性收入和非经常性收入（如表3-8所示）。

表 3-8 利润表收入项目

经常性收入	主营业务收入
	其他业务收入
非经常性收入	投资收益
	营业外收入
	补贴收入

"主营业务收入"通俗点说就是企业从事经营范围内的收入,它是企业重要的且主要的经济来源。如生产制造业,就是销售产品的收入;商贸业,就是销售商品的收入。

"其他业务收入"指主营业务收入以外的其他销售或其他业务的收入。如无形资产转让、出租包装物租金、固定资产出租、废旧物资出售收入等。

"营业外收入"指与生产经营无直接关系的各项收入。如罚款净收入、固定资产盘盈、教育附加返还款等。

"投资收益"是指企业对外投资所取得利润、股利和债券利息等收入减去投资损失后的净收益,是企业资本运作的结果,如购买理财产品获得的投资收益等。

"补贴收入"是偶然性所得,如企业获得政策补贴等。

利润表中收入的特点有以下几点:

◇收入会导致资产增加或负债减少,或者两者都有;

◇收入会导致所有者权益增加;

◇收入是日常性的,包括经常性收入和非经常性收入。

李四把利润表中的收入项目说完后,问大雄:"关于收入这块,现在明白了吧?"

大雄抬起手给李四敬了一个礼,表示清楚了。

李四又接着讲:"关于支出项目(如表3-9所示),分为成本、费用和税三大项。"

表 3-9 利润表支出项目

成本	主营业务成本
	营业外支出
费用	营业费用
	管理费用
	财务费用
税	主营业务税金及附加
	企业所得税

"主营业务成本"与主营业务收入对应，反映经营主要业务发生的实际成本。比如销售商品，购买的原材料就是主营业务成本。

"营业外支出"与营业外收入对应，指与生产经营无直接关系的各项支出，如固定资产盘亏、债务重组等。

"营业费用""管理费用""财务费用"都是期间费用。

"营业费用"指在营销过程中产生的费用，如运费、广告费、营销人员工资及出差费用等。

"管理费用"指企业在管理过程中发生的费用，如办公费、折旧、管理人员工资及福利等。

"财务费用"指企业在融资理财过程中发生的费用，如借款利息、手续费等。

企业在经营活动中取得收入后，应负担相应的税金及附加税金，包括营业税、消费税、城市建设税、教育费附加税等。

如果企业盈利后，就按照一定比例缴纳"企业所得税"。

李四又绅士般敬了个礼，然后说道："我的讲解完毕，请笑纳。"

又是一阵鼓掌和嬉笑。

关注利润表盈利结构的合理性

大雄在对利润表有了一个全面了解后，就很想了解信贷人员又是如何关注这张表的。所以他又发问："那我们在信贷审查时，重点关注哪些点呢？"

王二、李四都把目光投向美丽，这方面还是美丽最有经验了。

美丽看着大家都把目光投向她,说道:"申请借款的企业大多数都会粉饰自己的财务报表——抬高收入、降低支出。而企业的利润由业务利润、投资收益、营业外收支净额组成(如图3-17所示),所以我一般首先关注利润表盈利结构的合理性。"

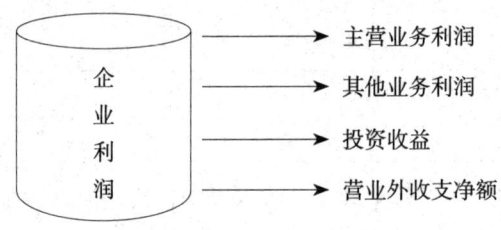

图 3-17　企业利润组成

企业的主要利润来源是主营业务利润。主营业务利润所占比例的稳定性状态,是企业盈利的稳定性和连续性标志。如果企业一直以主营业务利润为主,那说明企业盈利结构是稳定的、长期的;如果企业主营业务利润占的比重大,企业盈利结构的安全性就越大。

其他三项,虽然也和主营业务利润一样是企业的利润源泉,但是由于它们的不确定性、不经常性,造成它们产生利润的波动就很大,所以其稳定性也较主营业务利润差。假使企业的大部分利润来源是这三个方面,即使盈利水平很高,也会由于盈利稳定性较差,造成未来利润的预测无法确定。我这里有一张理想的利润表(如表3-10所示),供各位参考。

大雄心想看来她的抽屉里藏了不少宝贝。

表 3-10　理想利润表

项　目	比　例
主营业务收入	100%
减:主营业务成本(包括主营业务税金)	75%
毛利	25%
减:期间费用	13%
营业利润	12%
减:营业外净损失	1%
税前利润	11%

（续表）

项　目	比　例
减：企业所得税	3%
税后利润	8%

大雄凑过去一看，横竖都看不明白。"美丽姐，这张表应该怎样看呢？"

美丽拿着这张理想利润表讲解道："这是一张假设某企业销售的产品所在行业的毛利率为25%，那么它的主营业务成本则为75%。毛利中的13%用于期间费用，营业利润就变为12%。营业外收支净额一般都比较小，并且通常是支出大于收入，即按1%估测。考虑诸多因素，企业所得税按3%，这样，余下的税后利润就是8%。"

美丽看到大家听得津津有味，又接着讲："这仅仅是一张以百分比来表示的各个行业平均水平理想状态下的利润表。通常情况下，薄利多销的行业，如商品批发，毛利率就低，以销售量取胜；而那些商品周转慢的企业，如机器设备，毛利率通常比较高。所以，这个表只能在信贷业务中起一个参考作用。"

企业盈利结构与经营状况的8种关系

"铛铛铛！铛！"美丽又神秘地拉开抽屉，像变魔术一样取出一张表（如表3-11所示），边给大家展示边说："这张表反映了企业盈利结构与经营状况关系。"

表3-11　盈利结构与经营状况关系

项　目	A	B	C	D	E	F	G	H
主营业务利润	盈	盈	亏	亏	盈	盈	亏	亏
营业利润	盈	盈	盈	盈	亏	亏	亏	亏
利润总额	盈	亏	盈	亏	盈	亏	盈	亏
企业经营状况表现	正常	暂时不正常	需要考虑战略转变，若及时调整经营策略，还有希望持续		潜伏着经营危机，继续下去将会破产		接近破产	显现破产

这张表清楚地表明企业经营状况的表现跟企业的盈利结构是息息相关的：

◇状态A就用不着说了，企业处于一种非常良好的运作状态。

◇状态B中，造成利润总额亏损的原因可能是营业外损失过大，而不能弥补营业利润，如果能扭转营业外损失，那么企业所处这种状态将是暂时不正常。

◇状态C和状态D中，主营业务收入亏损，尽管通过其他业务带来了利润，但这种利润波动性较大，企业的经营状态不稳定，如果企业及时调整战略，也许会扭转乾坤。

◇状态E中，主营业务利润为盈，但可能是期间费用过大，造成营业利润为亏。最后，利润总额又盈，说明通过营业外收益或投资收益来弥补了营业利润，但这种利润也是不稳定的，这类企业潜伏着经营危机。

◇状态F中，出现这种情况，可能是主营业务利润盈得较少，或者期间费用过大，而投资又没有什么收益。表明这类企业风险较大。

◇状态G和H类的企业，企业濒临破产，银行一般不予放贷。如果放贷，也要及时作不良贷款处理。

大雄在心里暗骂自己太蠢了，为啥就看不懂财务书呢，人家美丽用几张图表就把这个恼人的利润表说得明明白白的。

王二用手肘顶了一下大雄说："大雄，你这下全部弄明白了吧？还不快点谢谢我们！"

"谢谢大家！谢谢大家！"大雄站起来边拱手边说。

利润表的局限性表现在哪些方面

美丽没管他们，继续说："我们刚才说了，利用利润表可以了解企业整体的盈利水平，了解企业利润的构成，了解企业缴纳税收情况，也可以用来预测企业未来的发展趋势，但其实利润表也是有局限性的。"

"啊！利润表有局限性啊？都表现在哪些方面呢？"大雄以为美丽讲完了，不曾想利润表还有局限性，有些惊讶。

美丽原本只是想提醒大家利润表有它的局限性，但却疏忽了大雄只是刚接触财务没几天的新手，所以只好把利润表的局限性一一解说一遍了。

◎会计核算的规则局限了利润报表信息的真实表现

美丽说:"企业会计核算的基础是权责发生制,它是确认和计量会计核算的重要原则,也是利润表产生的基础。"

大雄瞪大眼睛问:"美丽姐,什么是权责发生制?"

看来大雄缺乏会计基础知识,美丽不得不再讲详细点儿,"简单点说,所谓权责发生制,指凡是当期已经实现的收入和已经发生或应当负担的费用,不论款项是否收付,都应当作为当期的收入和费用;凡是不属于当期的收入和费用,即使款项已在当期收付,也不应当作为当期的收入和费用。"

例如,本月销售的产品,即使款未收到,但也应作为本月收入;预收的租金,虽然款已经收到,但是下月才发生的租金,应当作为下月收入;赊销的产品,是现在出售的产品,只不过没收到钱而已,应当作为现在收入。

听了美丽的解释后,大雄似乎有点明白了,说道:"噢,我明白了,权责发生制下的利润表只能反映企业当期的收入,而什么时候收的货款,不能在利润表中反映。"

美丽很欣慰地点了下头说:"是啊,权责发生制会计核算最终决定的是净利润而不是现金流量,因此不能准确地反映现金的流入和流出,常常形成的局面就是利润表上的盈利能力和企业实际的支付能力不匹配。"

◎利润表货币计量难以全面反映企业的经营状况

美丽接着说其他方面的局限性,"利润表只是用一组组数据来揭示的收支情况,但其实经营状况还会受到其他因素的影响,比如企业主要负责人的品德、能力、企业的发展规划、人才战略、营销计划等,而这些非数字的信息却是分析一个企业未来走向的重要因素。"

◎历史成本计价的方式难以预测企业未来的趋势

利润表只是反映过去某期间的财务状况,是动态财务报表。收入是当期的,成本是历史计价的,如果遇到通货膨胀,收入在增加,而过去低估的成本计价,有可能造成利润虚增、收入跟成本不配比等问题。

◎会计四大假设和会计政策的选择使得利润表具有一定主观性

会计工作中的任何一个环节都是以"四大假设"为立足点来展开进行的。

这时,美丽看到大雄准备举手打断自己的话,美丽就知道大雄一定不知道什么是会计中的"四大假设",所以她点头示意大雄,自己明白他的疑问。

美丽解释道:"我简单地说一下,会计中的四大假设(如表3-12所示)。"

表3-12 会计中的四大假设

会计主体假设	会计人员是为一个特定的服务对象进行会计核算的,那这个服务对象就是会计主体,服务对象有可能是法人企业,也可能是个体工商户或其他企业
持续经营假设	企业有可能破产、停止经营或持续经营,一般来说,更现实的假定认为一个会计主体能够正常地年复一年地长久经营下去
会计分期假设	会计分期,就是把连续的生产经营划分为一个个小的会计期间。比如一年的会计分期,作为一个债权人,就可以将企业近几年的财务状况进行对比分析。会计期间通常分为年度、中期、季度、月份等
货币计量假设	用货币来反映一切经济业务是会计核算的基本特征

因为四大假设的存在,报表反映的数据都带有一定的主观因素,有些项目的数据,比如固定资产的净残值率、无形资产的摊销年限等,都是靠会计人员的经验和实际情况估算出来的,导致报表反映的数据不完全准确。

另一方面,会计政策的选择也使得报表的数据具有一定的主观性,比如固定资产折旧方法的选择、存货发出的计价方法的选择。

◎趋利行为影响了报表的真实性

因为会计报表能给企业带来经济利益,部分企业利用自己所处信息资源优势,滥用会计政策的选择,粉饰财务报表,获取自己想要达到的经济目的。

美丽在讲完最后一个局限性时,旁边的李四深有感触地说道:"单独只看一张财务报表,仅能得出企业经营活动的一部分信息资料,不能反映企业的全部经营活动状况。在我们信贷业务中,不仅要验证它的真实性,而且还要搜集其他信息资料,才能更好地分析和预测企业全面的经营状况。"

美丽点了点头,"李四说得很对,我们不要为了阅读分析财务报表而阅读分析,而要明白我们分析的目的到底是为什么。我们阅读分析财务报表的目的就是为了降低信贷风险。"

王二在旁边插话:"美丽姐,再给大雄讲一下现金流量表吧,反正大家都在,正好都学习一下。"

看着大家学习财务知识的热情很高,美丽满口答应下来。

如何读懂现金流量表里的现金流动情况

美丽从文件夹里翻出凤凰茶业有限公司的现金流量表。拿着现金流量表,美丽说:"现金流量表跟资产负债表、利润表有很大的不同。顾名思义,现金流量表反映的是企业现金的流入、流出情况,而资产负债表和利润表反映的是企业财务状况。"

收付实现制与权责发生制

看到大家都在专心听,美丽又说:"还有另一个不同点。大家都清楚了,资产负债表和利润表是在权责发生制原则的基础下编制的,收入与费用配比的原则与现金实际流入、流出很多时候是不一致的。当负债到期需要现金或现金等价物来偿还的时候,需要通过这张表来判断是否有足够的现金来支付。现金流量表不同于其他两张表,是以收付实现制为基础来编制的(如图3-18所示)。"

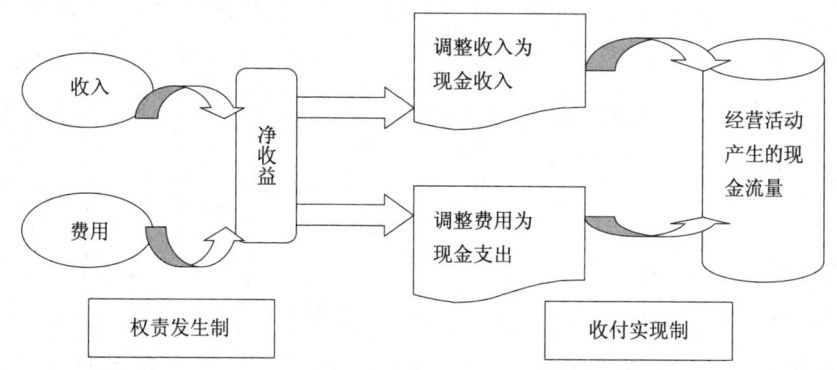

图3-18　权责发生制转变为收付实现制示意图

大雄第一次听说收付实现制，看了看两位师兄面色很坦然，不得不自己举手问美丽，什么是收付实现制。

这也是会计中的基础知识，美丽只好给大雄开小灶，解释道："收付实现制也称为现金收付制或现金制，是与权责发生制相对应的一种会计基础。它是以收到或支付的现金作为确认收入和费用的依据。在这种会计基础上，凡是在本期实际收到的现金的收入，无论是否归属本期，均应作为本期的收入；凡是在本期实际支出的现金，无论是否在本期收入中取得补偿，均作为本期的费用处理。"

比如，一家企业在 2019 年 10 月销售了一批货物，但在 12 月份才收到货款。按照权责发生制，应该在 10 月份就计入本期收入；而如果按照收付实现制，因为货款是 12 月份收到的，这笔收入应计入 12 月份。

大雄恍然大悟说："哦，我明白了，按照收付实现制，收入和费用的归属期间将与现金收支行为的发生与否紧密地联系在一起。"

现金流量表里的现金不只是"银子"

王二正在网上聊QQ，美丽看见后，对王二说："我们还是来看看现金流量表吧。王二，不要聊QQ了，你给大雄说说现金流量表。"

听见美丽叫自己，王二赶紧退出QQ。为了在小师弟面前显摆自己的博学，就引用了书上一句话。

现金流量是企业的脉搏，是企业生存的关键信号，现金流在现代企业管理中的重要性要胜过利润。企业管理是以财务管理为中心的，而财务管理的中心是资金管理，资金管理的中心则是现金流量的管理。

由此可见，现金流量表在企业中的重要性，有的人比喻它是企业的血液，贯穿整个企业经营的全过程。

大雄好奇地问："王师兄，你能不能详细讲解一下现金流量是如何贯穿整个经营过程的？"

王二说这个太容易了，画了一张图（如图3-19所示），并作了一番讲解。

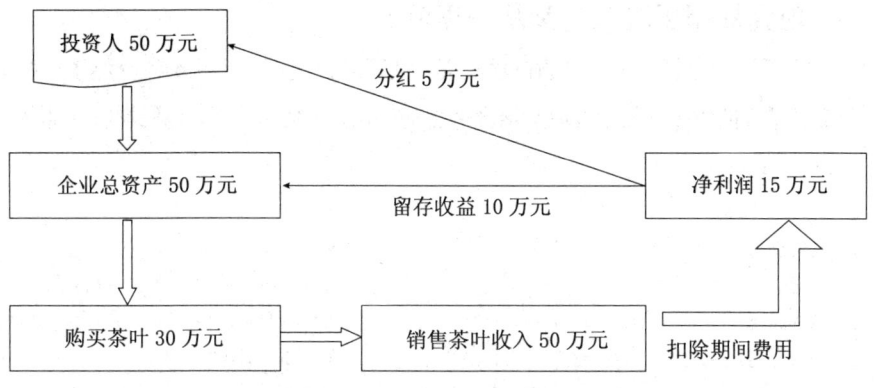

图 3-19　企业经营过程与现金流量关系

这是一家销售企业的资金流动图。最初由股东投资总资产为50万元的企业，经过企业的经营运转——采购、销售环节后，企业获得净利润15万元。经利润分配，一部分留存收益用作企业再循环发展，一部分向投资者分配利润。

那么，现金流量反映的就是一定会计期间内企业现金和现金等价物流入和流出的过程。现金流量表是以现金来编制的。而这里的现金是广义上的现金（如图3-20所示）。

王二的讲解让大雄心生佩服。他原来一直以为现金流量表里的现金就是白花花的"银子"。

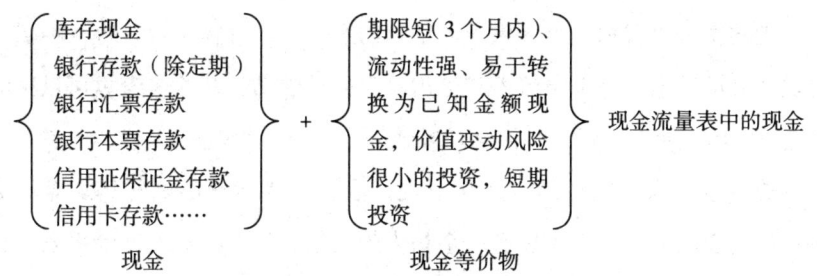

图 3-20　现金流量表中现金含义

王二看到大雄很仰慕自己的样子，心里也很是满足。"现在把我的独门绝技传给你。"嘴上也是越说越起劲。

现金从哪里流入，又从哪里流出

大雄这时也想展示自己的自学成果，插话道："美丽姐上次给我介绍了一些现金流量表的情况，我回去后又结合书上的介绍，归纳了一下，你们看看（如图3-21所示）。"

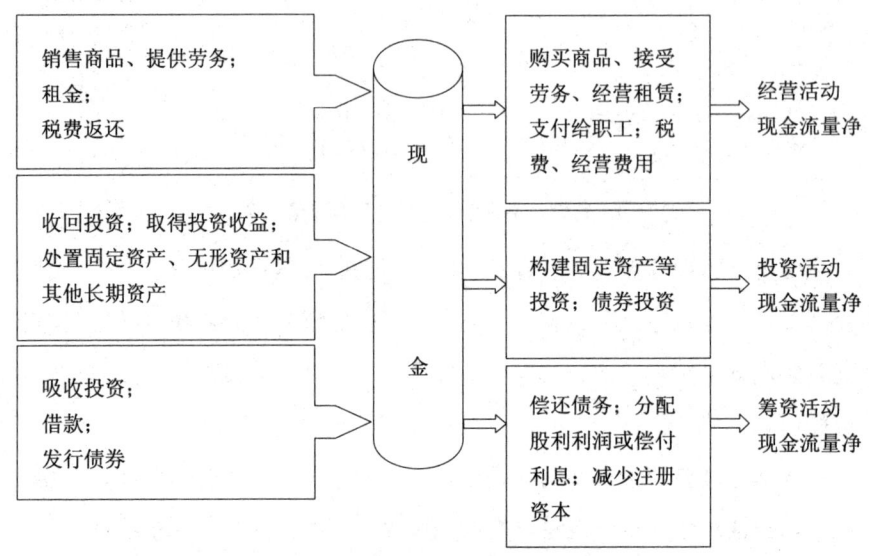

图 3-21 现金流量表结构

美丽他们凑过去一看，整齐的图表表明大雄在学习财务方面的知识还真是下了工夫的。

大雄说："我把现金流量表归纳总结了一下。总体来说，每一种活动的现金流量基本都是按照流入和流出总额来反映的。从这张表里可以很清晰地反映出，企业的每一种活动的现金从哪里来，到哪里去。"

美丽接上大雄的话道："所以说，企业日常运作的好与坏、健不健康，从现金流量表里就可以有一个初步的判断。如果再参阅其他报表，那对公司的了解就会更全面了。"

经营活动产生的现金流具有供血功能

王二忙着想分享他阅读现金流量表的心得，等美丽一说完，就立马指着凤凰茶业有限公司的现金流量表（如表3-13所示）说道："不能只知道钱从哪里来，到哪里去，把这张表看懂了才是真本事啊。"

表 3-13 凤凰茶业有限公司的现金流量表

项　　目	金额（元）
一、经营活动产生的现金流量：	
销售商品、提供劳务收到的现金	30,056,369.94
收到的税费返还	
收到的其他与经营活动有关的现金	
现金流入小计	30,056,369.94
购买商品、接受劳务支付的现金	26,311,207.41
支付给职工以及为职工支付的现金	1,620,120.00
支付的各项税费	579,953.10
支付的其他与经营活动有关的现金	483,271.40
现金流出小计	28,994,551.91
经营活动产生的现金流量净额	1,061,818.03
二、投资活动产生的现金流量：	
收回投资所收到的现金	
其中：出售子公司所收到的现金	
取得投资收益所收到的现金	
处置固定资产、无形资产和其他长期资产收回的现金净额	
收到的其他与投资活动有关的现金	
现金流入小计	
购建固定资产、无形资产和其他长期资产所支付的现金	1,014,164.13
投资所支付的现金	
其中：购买子公司所支付的现金	
支付的其他与投资活动有关的现金	
现金流出小计	1,014,164.13
投资活动产生的现金流量净额	-1,014,164.13
三、筹资活动产生的现金流量：	
吸收投资所收到的现金	

(续表)

项　　目	金额（元）
借款所收到的现金	
收到的其他与筹资活动有关的现金	
现金流入小计	
偿还债务所支付的现金	2,000,000.00
分配股利、利润或偿付利息所支付的现金	800,000.00
支付的其他与筹资活动有关的现金	
现金流出小计	2,800,000.00
筹资活动产生的现金流量净额	-2,800,000.00
四、汇率变动对现金的影响	
五、现金及现金等价物净增加额	-2,752,346.10

大雄恭恭敬敬地催王二说："王师兄，那你就直接把你的经验分享给大家呗。"

王二点头先讲了经营活动产生的现金流量的质量分析（如表3-14所示）。

表3-14　经营活动产生的现金流的质量分析

经营活动产生的现金净额	企业经营状况表现
<0	企业产品销售可能存在问题，回款能力较差，或者付现成本较高，现金流转存在入不敷出的状况
=0	经营过程中，出现收支平衡，短期风险不大，但长期企业难以维持
>0，但不能补偿当期的非现金支付成本	短期暂时没有风险
>0，补偿完当期的非现金支付成本后，无剩余	表明在现金流转上，企业维持着经营
>0，补偿完当期的非现金支付成本后，还有剩余	企业生产的产品有市场，有销路，能够及时收回货款，同时企业现金支付成本与费用都控制在一个合理的水平上，所产生的现金流量将会壮大企业的发展

王二讲完如何通过阅读经营活动产生的现金流量净额来初步分析企业的经营状况后，又补充道："经营活动产生的现金是企业现金流量的主要

来源，现在市场竞争激烈，企业就不能无限制地吸收投资或借款维持生产经营，必须得自己拥有资金的'供血机制'。只有拥有持续不断的现金流才能让企业健康发展。"

投资活动产生的现金流具有造血功能

李四这时也插话问道："经营活动产生的现金流具有供血功能，那投资活动产生的现金流具有哪方面的功能呢？"

"当然是造血功能了。我是这样理解的。"王二回答李四别有动机的拷问。

"为啥呢？"李四又追问。

"这个嘛，企业通过经营活动和筹资活动获得现金。投资活动，是为以后能有较高的盈利水平和稳定的现金流入打基础的。如果不流出，仅凭经营活动的收益，难以为企业带来较高的经济收益。"王二显得有点儿急，脸涨得红红的。

"好了，好了，就不为难你了，你继续。"李四看王二这样，笑嘻嘻地说，也不再为难王二了。

王二接着讲投资活动产生的现金流的阅读理解（如表3-15所示）。

表3-15 投资活动产生的现金流质量分析

投资活动产生的现金金额	企业经营状况的表现
＜0	通常属于正常现象。说明企业可能采取了扩大生产或参与了资本运作。但需关注投资的经济效益。如果投资决策事与愿违，可能会给企业带来毁灭性的灾难
≥0	通常属于非正常现象。此时，分析投资支出过少的原因，关注长期资产处置或变现、投资收益实现能力。如果是正常，则说明企业资本运作效果显著，取得了投资回报或变现部分投资

另外，我在阅读投资活动这项的时候，往往还关注企业投资活动的各项现金流出，一是可以了解企业的投资方向，二是可以看出企业负责人为发展企业所作的努力。

筹资活动产生的现金流具有输血功能

看到没有人提问,王二继续往下讲:"筹资活动产生的现金流,使得企业具有了输血功能。了解筹资活动这项有一个最大好处,可以帮助我们了解对企业未来还本付息现金支付的要求权有多大,同时也可以了解企业前期为筹资活动所付出的成本代价。"

"那你是怎么来阅读理解这一项的呢?"大雄问道。

这几个人中,大雄听得最认真,所以,即使只有一个忠实听众,王二也很满足,紧接着就把自己的阅读理解经验分享了(如表3-16所示)。

表3-16 筹资活动产生的现金流质量分析

筹资活动产生的现金净额	经营状况的表现
>0	表明企业通过金融机构及资本市场筹集到一定数量的资金,关注筹集资金的投资方向,与投资及经营规划是否一致
<0	有可能是企业自身资金周转进入良性循环,企业的债务已经减轻;也有可能是筹集资金出现了困难。关注企业是否丧失了新的投资发展机会?企业是否面临偿债压力而又没有新的筹资渠道

看王二讲得差不多的时候,李四突然使劲对着王二鼓起掌来,然后说道:"讲得好。我也来分享我的信贷财务分析经验。"尽管李四多数时候显得较为内向,但在这种场合,也迫不及待地想炫耀一下他的经验。

阅读现金流量表还应重点关注什么

李四说:"我一般在信贷业务中,拿到现金流量表除了阅读刚才王二说的那些内容外,还会重点关注另外几个方面。"

◇在经营活动中,关注商品销售和劳务方面的现金收入是否正常,是否能够支付到期的债务和利息。本期发生的销货退回而支付的现金是否从销售商品和提供劳务收入款中扣除?

◇在投资活动中,关注出售闲置的固定资产是出于什么目的?是提高固定资产的利用率,更新设备提高生产水平,还是资不抵债被迫出售?

◇投资固定资产的资金来源及比例。

◇如果融资是为了一个大的工程项目,那投资未来是否会带来收益,是否能还本付息?

◇出售有价证券是因为生产经营缺乏流动资金,还是因为投资的需要?

◇在筹资活动中,一般会关注借款收到的现金项目,借款的原因是跟业务的发展有关还是想填补财务恶化的窟窿?

大家正在你一言,我一语嘻嘻哈哈地跟大雄分享财务报表阅读方法时,美丽的眼睛尖,老远就看见刘春花风尘仆仆进入办公室,悄声跟大家说:"刘主任回来了。"

第4章
信用管理风险都在哪儿

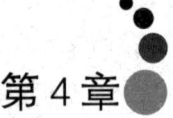

大雄等回头一看,刘春花提着一个包红光满面地正朝这个方向走来,老远就大嗓门问他们:"你们几个嘻嘻哈哈的,不认真上班,在干什么呢?"

"主任回来啦!"王二赶紧帮刘春花把包提过来,李四把椅子拉过来让刘春花坐,大雄把刘春花的水杯端过来。

美丽对刘春花说:"我们都在给大雄分享财务报表阅读的经验呢。王二、李四在大雄面前搞怪,惹得大家好笑。"

"哦,大雄,这么多师哥、师姐教你,学得怎么样了?"

"马马虎虎,师哥、师姐他们教了我很多阅读财务报表的方法和技巧,我都记下了,只是还有待实际操作时才能理论联系实际。"

"哈哈,看来大雄要成为我们信贷队伍中的生力军了。好吧,我也加入到你们中间来。因为凤凰茶业有限公司很快就要开评审会了,信贷调查分析报告要尽快拿出来,所以,明天我们就开始以凤凰茶业有限公司为例,实战演练一下信贷分析,怎么样?"

大家又是一阵噼里啪啦地鼓掌。

然后,刘春花对大雄说:"你有两件事,一是把这家企业的资料录入整理;二是准备写一篇《信贷人员如何阅读财务报表》,以引导信贷队伍合理、科学地阅读财务报表。这期间,美丽还有王二、李四,多协助大雄一下。"刘春花转过头来对美丽、王二、李四吩咐道。

美丽点头说没问题,同时又补充说:"我建议信贷分析实战演练从

'借款人信用管理风险的分析'开始。"

"好啊,就按照我们调查分析报告的步骤来实战演练。现在大家去忙自己的事,明天一上班我们就开始,花一天的时间来分析凤凰茶业有限公司。"

大家各自回到工位,开始努力工作。

经过一段时间的充电,大雄感觉自己像是游戏中的人物,现在已经进阶到了一个全新的高度。大雄在心里默默地给自己加油:"我要努力!我要闯关成功!"

夜已经很深了,大雄还捧着信贷实战手册在看,他已经弄清楚了借款人信用管理风险主要来自于哪几个方面(如图4-1所示)。

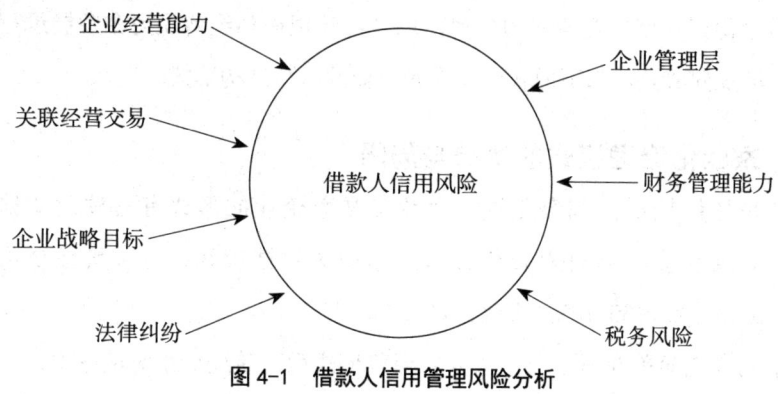

图4-1 借款人信用管理风险分析

开展企业经营能力分析

还没到上班时间,大雄他们就已经围坐在一起。

刘春花的PPT已经定位到第一部分:凤凰茶业有限公司信用管理风险的分析。看来刘春花为这次讲课做足了准备工作。

在讲解之前,刘春花提醒大家,银行的收益来自两方面:

◇利息;

◇借款人的还贷概率。

如果借款人都能按时归还贷款,那银行将会持续地生存下去,反之就可能会面临倒闭的风险。而对于借款人归还贷款的概率,银行会根据所掌握的信息来全面评估借款企业的还款能力。所以我们必须对企业从里到外根据所掌握的信息彻底地分析，才能降低银行的信贷风险。"

刘春花示意大雄把她准备的PPT翻到第一页：企业经营能力分析。

◇企业组织结构形式分析

◇企业治理架构分析

◇企业经营管理分析

刘春花看着幻灯片说："企业经营能力分析作为信贷分析的六大要素之一，主要分析企业的组织架构是否健全、生产经营能力能否满足企业自身的发展、管理制度是否有利于企业的运作、管理手段有无落后、财务状况是否稳健、市场竞争能力如何，以及经营规模和经营能力在发展过程是否逐渐走向成熟。那下面我们先看看企业的组织结构形式。"

家族化治理模式的优势与局限

稍作停顿后，刘春花说："我国私营企业的形式有三种，即独资企业、合伙企业和有限责任公司。据相关数据统计，有限责任公司占51.76%，独资占36.78%，合伙占11.46%。"

刘春花简单介绍了一下企业的经营形式后，转过头来对美丽说："美丽，你来说说凤凰茶业有限公司的组织形式是怎样的？"

美丽想了想，说道："凤凰茶业有限公司是一家有限责任公司，法定代表人是曾大千，同时任企业的总经理，其他股东及企业许多重要岗位的负责人都直接或间接跟曾大千有亲戚关系，所以，这是一家家族化治理模式下的有限责任公司。"

王二插话说："我接触的借款企业，很多也是家族化的。"

刘春花说："其实也不奇怪，中国的私营企业主要是家族化企业。这种治理模式有它的优势，也有它的局限性。王二，那你说一下你对这种治理模式有哪些认识？"

听见刘春花叫自己来介绍，王二心里别提有多高兴，这是领导对自己的信任。一想到这里，王二就说："依我这几年的信贷经验来分析，这种模式的优势表现在四个方面。"

◇有非常灵活的激励机制，能增强企业的活力和凝聚力；

◇在员工管理上，营造了家庭式的氛围，使得员工有一种家的归属感；

◇因为企业的利益与整个家族的利益联系在一起，企业特别重视人才，以人为本；

◇企业经营者较非家族化企业来说，道德风险发生率可能性较小。

听完王二说了家族化治理模式的优势后，刘春花说："这些优势，可以保证企业顺利发展。但同时这种治理模式下，也有它的局限性。"

◇家长化的治理模式，容易导致企业的发展受到限制，或者独断的决策，使企业处于非常危险的发展境况；

◇由于许多重要岗位都是家族中的人，企业所制定的规则制度难以贯彻执行；

◇部分有才能的人容易因为多种原因得不到赏识；

◇企业的发展全靠家族的再投入和企业产生的收益，这样就限制了企业的快速发展壮大。

凤凰茶业有限公司遵循法人治理结构的模式

大家你一句我一句说了对家族企业的看法后，美丽又说："凤凰茶业有限公司多多少少也存在这些问题，但为了防范这些问题，企业已制定了一些措施和政策。比如，在重大投资方面，成立了决策委员会，专门邀请行业专家配合分析决策；在人才培养方面，给员工创造更多的升迁机会，吸纳专业人才到重要岗位，同时对优秀的员工提供股份奖励计划等。"

美丽又补充了凤凰茶业有限公司的一些情况，让大家对其有一个更为全面的了解。

美丽说："凤凰茶业有限公司尽管是家族化治理模式，所有权、经营权、决策权高度统一，但仍然遵循法人治理结构的模式（如图4-2所示），各个部门相互协调、配合，职责分明，同时也形成了一个较为有效的制衡机制。"

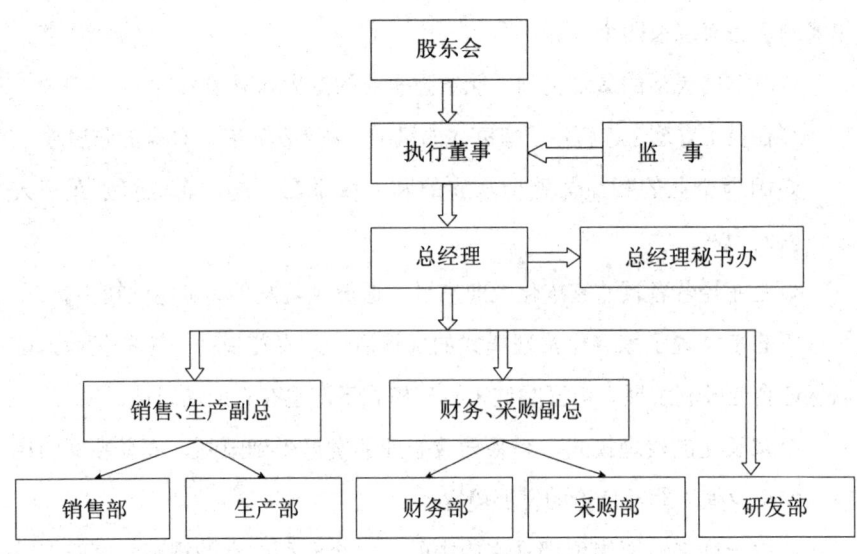

图4-2 借款人法人治理结构模式图

制度完善不等于没有风险

"看来这家企业的法人治理结构还是比较健全的。"刘春花认同美丽的介绍。

美丽继续补充道:"是的,总经理执行股东会的各项决议,组织领导企业的日常经营管理工作。凤凰茶业有限公司的管理部门分为5个部门,销售部、生产部、财务部、采购部、研发部。同时这家企业也提供了各个部门工作职责以及公司的规则制度。从这些材料来看,企业的各项管理制度是健全的。"

"美丽姐,销售部和生产部是曾小千负责的吧,他是曾大千的亲弟弟,财务部和采购部是由曾大千的侄儿媳妇李兰负责的,研发部门聘请专业技术人员做该部门的负责人,这样的一个经营架构,会给企业造成什么样的风险呢?"显然,大雄防范信贷风险的意识已增强了,才能问出这样的问题来。

美丽说:"这样的经营架构是存在一些风险的,如以下几项。"

◇企业利益不平衡的分配会给企业带来不稳定性。企业业主既是所有者又是经营者，权利的不均衡、经济收益的不均衡，常常影响企业的稳定发展。凤凰茶业有限公司也是从小到大通过自身的能力滚动发展起来的。经过最初的小作坊，现已发展成了一个集生产、销售、研发、旅游一体的规模企业，财务制度、组织架构、人员结构等日渐趋于成熟和稳定。

◇在市场营销管理方面，采用了"专卖店+经销商"的模式已初见成效，规模也在逐步扩大，已经创出了"凤凰"茶叶名优品牌。但激烈的市场竞争，企业应随时保持风险预警意识，顺应市场的需求，调整产品结构，研发部门尽早开发新的茶叶品种，提高产品质量，才能在市场竞争中处于不败之地。

◇在财务管理方面，该企业已经具备了一些财务分析、财务监督的能力，并能根据企业的发展需求，合理筹集资金，扩大经营规模，但如果不顾企业自身的资金周转能力，盲目扩张，将会使企业陷入泥潭。

美丽陈述了经营架构的风险后，心里还是有点儿忐忑，问刘春花："主任，不知道我说对没有？"

刘春花很满意地看着美丽。五年前，美丽就像现在的大雄，只能瞪着眼睛羡慕地听其他信贷员侃侃而谈，如今经过磨炼，她已经羽翼渐丰，分析起问题来头头是道。

刘春花笑着说道："美丽说的一点儿都不错，家族化的企业，由于其特殊性，企业的管理、财务、营销、战略规划等方面存在着风险。相比其他非家族化法人治理结构的企业，它的风险更多地体现在人的问题上，即企业拥有者又是企业经营者本身。所以，我们要重点分析企业的领导层。"

企业主要负责人信用分析

刘春花示意大雄把PPT翻到第二页：企业主要负责人信用分析。

◇经营理念和能力分析；

◇个人信用道德品质分析；

◇领导层的稳定性分析。

对企业领导层信用的分析，目的在于分析借款人的还款意愿、还款能力和对贷款使用的诚信态度，是企业信用分析六大要素中最重要的要素之一。

负责人的经营理念和能力决定企业生死

刘春花换了语气，接着说道："其中对企业管理层经营理念和能力的分析，则可判断企业能否建立一个切合自身实际并能贯彻渗透下去的经营理念，企业能否依据所制定的战略目标及实施的战术取得成功，进而判断企业持续发展的风险程度。"

刘春花说完后，又转过头来对大雄说："大雄，你把主要负责人的个人基本情况给大家介绍一下。"

大雄赶紧翻开笔记本，前几天通过多种渠道搜集到的信息都记在这个本上了。

企业业主曾大千，男，现年56岁，电大学历，1993年创办凤凰茶业有限公司。他长期从事企业的经营管理，尤其在茶叶行业摸爬滚打多年，具有丰富的实战经验和管理经验。虽然他只有电大学历，但聪明好学、与时俱进，敢于创新和探索，重视人才，重视产品质量，带领企业逐渐走向规模化发展之路。员工是这样评价曾大千的：诚实守信、敢作敢为。

曾总非常重视产品质量，常常对员工说产品质量是企业的生命。他也经常深入生产车间、库房抽查产品，若抽查到不合格的产品，那这批次茶叶都要重新返工检验。同时，与这批次茶叶相关的人员也要受到相应的惩罚，比如扣奖金，严重的还可能被辞退。

大雄怯怯地看了一眼刘春花，刘春花提醒道："继续讲啊。"

大雄紧张的心稍稍平复，继续汇报。

企业财务负责人，李兰，女，现年28岁，系曾大千的侄儿媳妇，大学本科，会计师，也是凤凰茶业有限公司的股东之一。她拥有多年的财务管理经验，曾经在一家外资企业任财务总监，于2016年加入凤凰茶业有限公司。在她的领导下，建立了一套完善的企业财务管理制度，同时通过资本的运作，筹集外来资金，合理调控资金，为企业的发展壮大奠定了基础。

"那这么说来,这家企业尽管是家族化企业,重要岗位控制在自己家族人手里,但企业较为科学的管理制度、现代化的经营思想、有效的激励机制还是能让企业在市场竞争中获得一席之地。"久未发言的李四也说了一下自己的见解。

"那我接着说一下企业的道德品质方面的情况。"大雄见其他人没发表意见,又接着说了说借款人个人信用方面的情况。

企业负责人的品德情况

大雄说:"从银行的征信记录来看,曾大千没有不良记录。在其办公室的奖章陈列柜里发现,曾大千在2018年获得县'十佳优秀企业家'奖章。经过网上查询,此为表彰曾大千在2018年带动当地农民种植茶叶共同富裕,在当地创立了远近闻名的'凤凰'茶叶品牌,特颁发的奖章。"

"这家企业以前在我们行曾经贷过款,没有出现违约的情况,如果出现贷款不能按时归还,需要展期,也是按正常程序进行申请的。"美丽补充说。

就在大雄和美丽对凤凰茶业主要负责人的道德品质进行分析的时候,刘春花已经在白板上画好了一个图(如图4-3所示)。

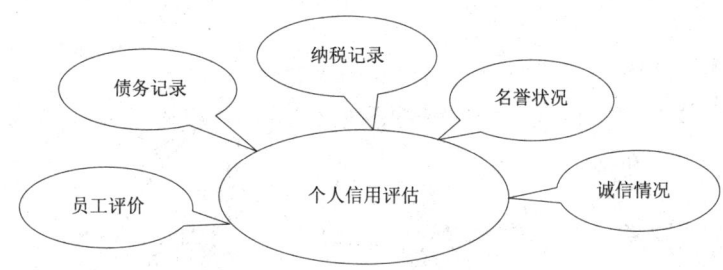

图4-3 借款人诚信状况

刘春花等大雄和美丽说完后,接着说:"我们评估借款人道德品质的目的是分析企业是否具有还款意愿。而一般会从五个方面来评估分析。"

◇员工是最直接的感受者,经过多年的共同工作,老板的言行举止,员工心里都清清楚楚。

◇银行的贷款记录,也能反映业主信用状况。

◇有无偷逃税行为，也是评估个人信用的指标。

◇在社会上，获得过的奖章、受到的表扬都是表明企业主个人的信用在某个时候得到社会认可。

◇与其他企业之间的往来，有无拖欠的行为、赖账的行为，诚信情况如何。

一旦企业曾经在某个时候出现上面行为中的一种，那我们在信贷决策的时候就要谨慎贷款。

领导层变动是企业的"地震"

刘春花讲完企业负责人的品德分析后，又说道："关于企业领导层的稳定性，大家在信贷调查的时候，也要特别关注。领导层的稳定就表明企业的稳定，有的人把领导层的变动比喻为企业的'地震'。所以，企业频繁更换'将领'，那这家企业的可持续发展将会受到质疑。"

刘春花再次提醒大家不要忽略稳定性的重要性，并让美丽讲一下凤凰茶业有限公司主要负责人稳定性的情况（如图4-4所示）。

图 4-4 借款人管理层稳定性

曾大千是该企业的发起人之一，在企业中拥有绝对的控制权，与其弟曾小千共同创业。由小规模经营模式到如今的规模化发展，共同走过十几年，彼此之间已经配合默契。李兰，财务负责人，2008年加入公司，拥有现代化的管理理念，认同公司经营模式及经营理念，同时李兰也在这个企业里找到了自身的价值和归属感。

"另一个比较重要的部门是研发部门吧？它的负责人情况如何？"王二想到刚才美丽说了还有研发部门，负责人是外聘的。

研发部门的负责人是2019年高薪引进的人才。根据我们跟他之间的谈话来看，他对目前的状况还是比较满意的——曾总对他很信任，还帮他解决了家人的安置问题。所以，现在一心想多开发出适合市场需求的新产品，以回报曾总对他的关怀。

总体来说，在曾大千的人文关怀下，员工队伍基本趋于稳定。但曾大千也是一个眼睛揉不进沙子的人，在企业中，拥有绝对的权威，无论员工是多近的亲戚，只要他发现违反管理制度，就会立马变脸。

听完美丽对曾大千和其他领导层的介绍后，刘春花笑了笑说："曾大千要不是这样，这个企业怎么会发展得这么顺利。好啦，各位，大家觉得这家企业的信用状况如何啊？"

"根据这几个方面来看，凤凰茶业有限公司的信用级别还是比较好的。"李四立刻发表自己的见解，在场的几位也觉得这家企业的业主信用状况不错。

"那行，大雄，你去给大家续点水，大家说了半天了，口都说干了。"刘春花认为对企业的评估分析可告一段落，让大家休息一下。大雄则领命给各位添茶倒水。

什么是SMART家族

PPT上显示：企业战略目标分析——SMART家族成员介绍。

大雄好奇地问："刘姐，什么是SMART家族成员？"

刘春花看着大雄笑着说："别着急，听我慢慢给你们讲啊。"

SMART 各自代表的含义

SMART是制定和衡量企业战略目标的五大"黄金准则",分别由Specific(具体的)、Measurable(可衡量的)、Attainable(能实现的)、Relevant(相关联的)、Time-bound(有时限的)五个单词的首字母组成。这五个单词,我就把它们称为SMART家族(如图4-5所示)。

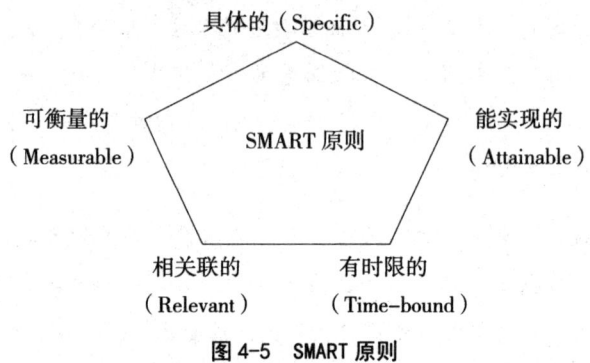

图4-5 SMART 原则

看到徒弟们都已经坐好,刘春花开始讲述SMART各自代表的含义。

具体的(Specific)

目标清楚、易明白。战略目标能用具体的语言清楚地说明要达成的行为标准,而不是夸夸其谈虚无缥缈的东西。

"大雄,你的目标是什么?"

"我的目标当然是做一名优秀的信贷员。"大雄一说完,美丽她们一阵窃笑。

刘春花示意大家不要笑,对大雄说:"你的想法很好,但这只是大致的方向,怎么才能称得上'优秀'?所以你还需要一个可具体实施而又能达成的明确目标,比如,我要在两周内学会信贷分析,这才是一个具体的目标。明白了吧?"

大雄红着脸点头。

刘春花又接着说:"另外,目标有多种层次,要用'多树杈'的办法分解企业的战略目标(如图4-6所示)。这样,员工也能明白组织希望自己做什么。"

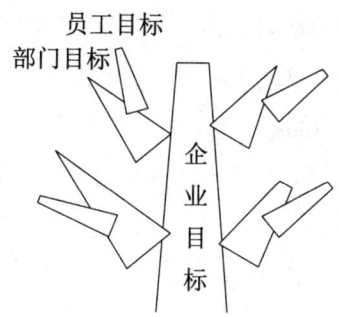

图 4-6　战略目标的"多树权"法

比如，某银行今年的目标是实现贷款 1 亿，为了实现行里的目标，信贷部门今年下达的贷款目标是 7000 万元，落实到每个员工就是 1000 万元。

可衡量的（Measurable）

由一组数据或程度、状态、对象、时间等准确客观地表达，作为衡量是否达成目标的依据。衡量的方法不应是主观判断而应是客观评价。

比如，大雄说"我要从现在开始起学习信贷业务"，这句话就不可衡量，而应该说"在 3 个月内，我能独立对借款企业进行信贷调查分析"。

能实现的（Attainable）

最佳的战略目标不是最有价值的那个，而是最有可能实现的那个。目标要尽可能高而且合理。过高或过低都会影响目标的作用：过高的目标会诱发人的不自信因素，而过低的目标体现不了目标的价值。在制定目标的时候，既要考虑自身的条件，又要努力去突破它。

比如，大雄说"我要当银行行长"，这不是不可以，但这不是近期目标。近期目标要根据自身的条件，先做好本职工作，比如先把信贷业务的宣传做好，学习信贷业务知识等目标达成之后，再努力朝更高的目标迈进。

相关联的（Relevant）

团队中任何个人的目标都不能孤立于企业组织，任何组织的目标也脱离不了个人的使命与职责。企业在制定战略目标时，必须与组织宗旨和远景相连，必须与员工的职责相连，使组织的目标成为员工日常工作的一部分。

如果一个员工按照自己的意愿脱离组织设定一个目标，那最终结果就是劳而无功。如果一个组织设立目标不与员工的职责相连,没有员工的支持,犹如海市蜃楼。

有时限的(Time-bound)

企业的战略目标必须有起点、终点和固定的时间段。正如有人说的有实现时限的才可能叫目标,没有时限的只能称为梦想。一项没有时间限制的目标,将会以各种借口被拖延,变成一个"烂尾工程"。一般固定时间段设为四个层次(如图4-7所示)。

图4-7 战略目标是有时限的

通过这四个时间段,可以检验目标达成情况。如果落后或超前,分析其原因,是否需要重新修订新的目标时间段。

如何正确选择信贷目标客户

刘春花把SMART讲完后说:"美丽,你们几个说说,导致劣质贷款的最重要且最常见的因素是什么?"

"客户的品质、诚信""客户的财务结构""客户的战略目标"……大家你一言我一语地回答着刘春花的提问。

看到大家讨论这么热烈,刘春花笑着说:"你们说得很对,总体来说就是目标客户选择的不恰当。正确选择目标客户市场是保护信贷资产质量的基础。目标市场的定义标准通常可按行业、规模、销售水平来确定。每个市场的固有风险是选择客户目标市场时需要考虑的关键因素。"

银行在选择客户或接受客户借款申请的时候,首先,第一关就是判断所选择的目标客户是否适合银行,而企业的战略目标分析是评价是否是目标客户重要标准之一。

刘春花说完后，转过头来问美丽："美丽，凤凰茶业有限公司的战略目标是什么？"

"上次到企业调查时，看到企业总的战略目标是'三至五年内建成集茶叶种植、加工、销售、研发，以及茶博物馆于一体的综合性农业旅游基地'。"美丽想了一会儿回答道。

"那你来说说，依据凤凰茶业有限公司的战略目标，它是我们银行扶持的对象吗？"刘春花又问。

"单从企业的战略目标来看，凤凰茶业有限公司正逐步走向农业产业规模化发展的道路，不仅企业自身在发展，而且也能够促进当地农民致富，同时又符合国家产业政策的要求，像这类发展潜力较大的中小企业是银行重点支持的客户。"美丽回答道。

结合SMART原则，辨别战略目标的合理性

"关于凤凰茶业有限公司战略目标的合理性，结合SMART原则，我想听听大家的分析。美丽，还是你来说吧，你对这家企业的情况比较了解。"刘春花说。

美丽点点头，开始给大家讲起来：

总体战略目标分析

该企业自1990年手工作坊小规模加工生产开始，到如今，企业依据自身滚动资金的投入，逐渐扩大规模，在当地已经发展成了农业产业化龙头企业，成为当地政府、金融机构重点扶持的对象。在当地政府及金融机构的资金及政策扶持下，加上企业主要负责人的战略规划，企业的总体战略目标基本符合企业发展状况，是可行的。

部门经营战略目标分析

在部门经营战略方面，比如营销部门采用"专卖店+经销商"的模式，提高产品销售收入；采购部门采用公司加农户的形式，稳定产品的质量；财务部门提高应收账款的周转率等措施，以增强企业的资金运营能力。部

门的经营战略是遵从于组织的战略目标的。

员工战略目标分析

公司为每个岗位的员工制定了战略目标、岗位职责。建立激励机制，留住关键人才，让更多优秀的员工充分发挥自己的才能。在一些特殊且重要岗位，高薪引进人才，以满足企业的可持续发展。员工的岗位目标与企业的目标是紧密相连的。

美丽一番讲述，表明认同企业的发展战略目标。

"那么说来，这家企业的战略目标跟企业的发展状况是一致的，如果没有其他意外的话，在未来三五年的时间内是可实现的目标。"王二也认同道。

刘春花说："王二说得不错。从信贷人员的角度来看，企业战略目标的合理性分析，不是看它有多么宏伟、远大，而主要审视分析其是否符合企业当前的发展状况及其合理性，目标实现的可能性，进而分析出企业盈利能力水平高低。"

"哦，我明白了，当企业借款人在信贷人员面前夸夸其谈的时候，我们要保持清醒头脑，辨别其战略目标的合理性，才不至于在信贷决策的时候糊里糊涂。咦，刚才刘主任说企业战略目标只是评判目标客户标准之一，那其他还有哪些方面？"大雄已经听懂了企业战略目标的分析，很想知道其他方面。

"既然大家对企业战略目标分析的意义清楚了，接下来就了解一下企业的财务管理能力分析。企业财务管理能力分析也是评判目标客户标准之一。"刘春花示意大雄把PPT翻到"财务管理能力"这页上。

你不理财，财不理你

刘春花说："企业的财务管理贯穿企业的整个经营过程，财务管理能力水平关系到企业的生存与发展。对于银行信贷人员来说，分析企业的财务管理能力尤其重要：若企业的财务管理能力滞后于企业的发展，那企的经营发展将面临付出更多的成本代价,企业盈利能力不能提高,信贷风险将增加。"

"主任,在我国有没有一个较为成熟的评价企业财务管理能力的模型呢?"大雄认为应该有一个成熟的理论框架来评价财务管理能力,但又不确定。

刘春花答道:"对财务管理能力评价方面,我们更多的是借鉴国外的一种财务管理能力模型。"

"我们都想听听国外的财务管理模型是什么样的,是不是,王二?"美丽问王二、李四他们。

大家都纷纷点头,迫切地想了解。

企业财务管理模型是什么样的

刘春花笑着说:"我就知道你们都很想了解这部分,所以早已准备好了。"刘春花点了一下鼠标,PPT上出现了一幅图(如图4-8所示)。

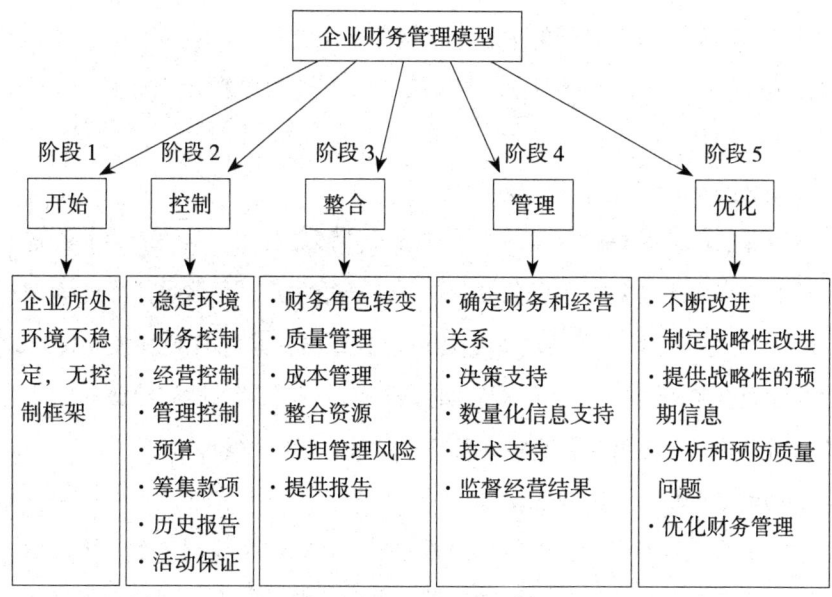

图4-8 企业财务管理模型分析

"这个财务管理模型是根据逐渐加强的财务管理能力需要而建立的,企业的财务管理能力渐进过程划分为五个阶段:开始、控制、整合、管理、优化。企业必须符合每个阶段的所有要求，才能说明它达到了该阶段的能力。"紧接着刘春花又把这五个阶段都详细讲解了一下。

◎第一个阶段：开始

在这个阶段，没有一个控制框架，企业所处的环境不稳定，企业目标的完成是依靠个人的独立作用。

◎第二个阶段：财务控制

这个阶段，企业已制定了包括财务、经营和管理等的内控制度框架，企业已处于稳定的经营环境。经营者已经具备了一定的财务管理能力，企业围绕财务系统进行管理，编制财务预算、筹集资金、出具财务报告，以保证经营活动按照预期目标运行。

◎第三个阶段：财务整合

在这个阶段，财务管理的角色由传统的记账员转化为支持企业经营的管理者。企业经营者重视财务管理，企业所有成员共同分担财务管理。对比同行业的其他企业，整合企业的财务、经营管理等数据、信息资源，链接财务和非财务数据之间的关系；协调各个职能部门，与其他经营者一起提供关于成本、生产进度安排，供决策者使用的成本-效益分析报告；评价产品质量和服务质量。

◎第四个阶段：财务管理

企业的战略目标能否实现，由该阶段的管理财务行为的能力所决定。企业财务报告上的数据信息与经营管理之间的联系，是这种能力的体现。在这个阶段，财务管理活动有：运用财务数据信息来管理和控制经营过程；为经营管理者提供技术支持；监督评估分析预期的战略决策和行为不符的结果；充分运用财务数据信息报告来表达企业的发展水平。

◎第五个阶段：财务优化

这个阶段重点在于不断优化财务管理。在这个阶段，财务管理已趋于成熟，随着企业战略目标的不断突破，企业的财务管理能力需借鉴其他企业的先进管理经验，调整优化财务管理。财务管理活动主要有：制定战略性的财务管理措施、能为组织提供战略性的预期信息、同时能分析和预防企业风险。

"面对着这五个阶段,大家认为凤凰茶业有限公司的财务管理能力处于哪个阶段?"刘春花问在座的各位。

合理评价企业,规避信贷风险

大家看着财务管理模型图在沉思。

过了一会儿,美丽说:"根据这个模型,每个阶段的所有要求都达到了,才能说明该企业处于这个阶段。我分析了一下,凤凰茶业有限公司的财务管理能力只能处于第二阶段。因为企业在整合财务数据和经营信息方面及评价各个阶段收集的数据信息方面还没达到能力要求。并且企业的经营管理者只能达到基本的财务管理能力,对财务管理的深层次理解还差点儿火候。"

美丽说完后,刘春花点评道:"不足为奇,我国中小企业的财务管理能力多数都缺乏应有的理论认识和研究,没有真正理解财务管理在企业经营中的地位,造成财务管理能力水平跟不上企业发展需要。"

"那谁能告诉我,我们信贷人员在有了现代财务管理评价模型后,有哪些启示?"刘春花扫视了大家一眼,其他人都把目光投向美丽。毕竟人家美丽在信贷业务里摸爬滚打好多年了。

美丽略微思考了一下说道:"我认为有以下两点:

"第一,传统的调查分析方法注重资料机械地收集、整理,而通过财务管理模型,信贷人员可以整合财务和非财务因素综合进行评价,得出的结论更科学,更全面,降低了信贷调查风险;

"第二,传统的评价方法更多依据企业的财务报表数据,而现代化的财务管理已经发展成了一个战略性的财务支持系统,银行信贷人员就不得不开始重视自身的知识积累。对借款企业的评价,不仅看表面的现象,更要细致追究分析产生这些现象的原因,才能达到调查分析目的。"

"说得不错,要评价一个企业处于哪个财务管理发展阶段,一是依据这个模型,二要靠我们信贷人员丰富的理论知识和实践经验,不仅要懂财务、金融,还要懂管理、懂经营,才能合理评价企业,规避信贷风险。大家给美丽鼓掌,鼓励鼓励。"刘春花满意地笑着说。

其实用不着刘春花说,大雄心里早就开始鼓掌了。

不容忽视的其他信用风险

企业其他信用调查风险分析包括:

◇关联企业信贷调查分析;

◇法律纠纷和重大事项信贷调查分析;

◇税务诚信及造假行为信贷调查分析。

关联企业的"多米诺骨牌效应"

刘春花说:"在信贷业务实践中,关联企业的风险给银行带来的风险不亚于借款企业自身所带来的风险,一旦关联企业某一环节的资金链条断裂,就会引起'多米诺骨牌效应',导致信贷资金损失,给银行带来巨大风险。"

听到这里,一丝略显兴奋的神情从李四的眼中闪现,他搓了搓双手,狠狠地说道:"我去年就遇到一家借款企业,由于我当时没有搜集到集团下其他关联公司的经营情况,这家企业就利用关联企业的复杂股权关系,利用关联交易的隐蔽性想最大限度从银行套取信贷资金为其他公司所用。幸好刘主任对这家集团的其他关联公司的经营情况比较了解,才避免了一场'灾难'。"

刘春花哈哈大笑,"关联企业制度之所以能给银行信贷带来风险,一个最大的原因就是银行与关联企业的信息不对称,原因有三点。"

◇集团下所建立起来的关联企业众多,关联企业之间的内部结构复杂、财务管理混乱,使得银行很难掌握关联企业的真实财务状况和经营状况。在这种情况下,所做出的信贷决策将会使银行面临巨大风险。

◇集团公司控制众多的关联企业,通过调整财务指标,虚增资本、资产和利润,利用具备融资能力的企业套取银行贷款,挪用贷款资金,加大银行信贷人员对企业财务状况做出准确判断的难度。一旦某一家企业出现风险，就会波及另一家关联企业，风险就呈现联动效应。

◇银行过于集中的信贷模式。各个银行为争夺集体客户，不仅忽略对集团客户的全面审查，并且银行之间也不提供信息交流。

大雄沮丧地摸摸头对美丽说："唉，我一家企业都还搞不明白，现在又冒出这么多的关联企业，叫我如何是好。"

美丽笑着安慰说："没事的，有我们大家帮你把关呢。掌握关联企业信贷风险分析是必须的。"

刘春花点点头说："美丽说得一点都不错。作为信贷人员，努力做好信贷尽职调查工作，通过各种途径、渠道，运用多种手段和方法搜集了解关联企业的信息，理清关联企业的关联关系，争取最大限度地降低信息不对称的风险。在此基础上，我们还需要对集团企业总体的经营状况、财务状况有所了解，并分析其他关联企业对借款企业还贷能力的影响。"

法律纠纷也能引起信贷风险

刘春花看到大家对关联企业分析得差不多后，就开始法律纠纷和其他重大事项的分析。"借款企业在经营活动中，免不了会发生一些法律纠纷，比如产权纠纷、人事纠纷、债务纠纷、商标纠纷、经济纠纷等。"

大雄深有感触地说："这个我比较清楚，我舅舅开了家房地产公司，公司就常年聘有法律顾问，为的是解决各种矛盾纠纷。我听律师说过，产生法律纠纷一般有两种原因：第一，由于客观上的原因，不能履行义务；第二，当事人故意不按协议规定办事，或双方都有履行不适当行为。"

"是呀，那么企业中的法律纠纷和其他重大事项会对银行信贷造成什么样的影响呢？"刘春花故意问大家。

"严重的话，会直接造成贷款的损失。"美丽说道，"我前年遇到的一个借款企业，在其生产过程中使用了别人的专利技术，后被该专利技术的拥有者发现并告上了法庭。幸好我们在监管过程中早已经关注到这点，并已经做好了信贷资金保全措施，才没造成银行信贷资金的损失。"

刘春花点点头说:"那笔业务的经验教训确实很深刻,所以,对于借款企业的法律纠纷,信贷人员要充分调查分析,可重点关注三点。"

◇法律纠纷对企业的经营影响程度;

◇借款企业是否能尽快解决法律纠纷;

◇产生法律纠纷的原因及类别。

只有完全掌握并分析了企业的法律纠纷和其他重大事项的全部资料后,才能准确地做出信贷决策和信贷管理。

还存在什么信用风险

"大家想一下,企业在发展过程中,还存在什么信用风险?"刘春花看着大家问。

"我认为有税务风险。"美丽说道,"我这次在凤凰茶业有限公司的尽职调查过程中发现,这家企业所申报税的额度与提供给我们的收入额度不相符,问他们财务,也支支吾吾说不清,我认为存在税务风险的可能性比较大。"

刘春花说:"这是一个很现实的例子。在现有的竞争机制中,大多数企业为了能获得更多的利益,都有逃避纳税的倾向:有的企业通过积极的手段来合理避税,有的企业通过采用造假手段偷逃漏税。在纳税申报时,一般存在以下两种情况:

◇增大销售成本,减少利润,从而减少税收;

◇降低资本的回报率。"

"有些知名企业,由于税收的原因,使企业遭受了经营和声誉双重损失,银行的信贷资金也面临风险。"李四想起了前段时间的一篇报道。

"对呀,这就是在信贷工作中,除了我们经常说的财务风险和经营风险外,还要注重企业税务风险防范。"看着大家都很投入,刘春花又郑重地告诫大家要注意的事项:

◇收集企业有关的纳税凭证,以检验财务报告的真实性;

◇多渠道、多方法收集企业的纳税信息,查看企业是否有偷、逃、避、漏等行为；

◇充分关注企业管理者及财务人员的税务素质，是否具备防范税务风险的能力。

听到这里，大雄忍不住悄悄对美丽说："美丽姐，我现在才发现信贷人员是十八般武艺要样样精通。我才刚刚把财务报表弄懂了一点儿，现在又冒出税务了，要学的东西好多啊。"

美丽正准备回答，这时门外一阵碗儿的敲打声，随即有人探头进来："同志们，该吃饭啦！"

"几点了？"刘春花问道。

"过1点了！"有人说。

"哎呀，这么晚啦，大家快去吃饭，吃完饭回来再继续。"刘春花赶紧招呼大家吃午饭去了。

第5章
为何先分析行业风险

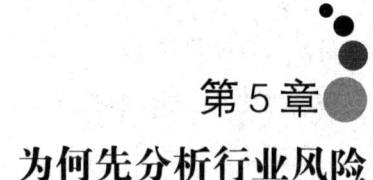

大家运筷如风,三下五除二就把饭给吃了。

大雄一边擦着油嘴,一边问美丽:"为何先分析行业风险而不先分析财务报表呢?"

美丽哈哈大笑道:"你现在是不是很想学财务啊?我们会留一天的时间来进行财务分析的,到时候有得你学。"

不要小瞧行业分析

美丽看大雄没开腔,又接着说:"你不要小瞧行业分析所起的作用哦,行业风险分析的意义重大。"

◇ 行业风险分析可以帮助我们了解借款人所处的经营环境可能会发生什么样的风险。这个环境由借款人和放贷人无法控制的政治、经济、市场、政策等因素决定;

◇ 行业分析将帮助我们识别在该行业内有哪些主要风险是所有公司都要面对的,并对该行业未来及其银行客户可能产生的影响进行合理猜测;

◇ 行业风险分析可以帮助我们识别企业的经营战略是否能在经营环境中获得竞争优势;

◇ 行业风险分析可以帮助我们更客观地了解企业财务报表的分析结果,进一步评价企业的偿债能力;

◇ 了解一个行业的风险和机会对判断是否有必要建立信贷关系很重

要,也是影响贷款额度、利率和结构的主要因素。如果我们了解公司所在行业的基本趋势,那么这就为我们分析单个公司的贷款提供了背景资料。

"哦,这么说我就明白了。对一个行业的分析就像研究一类动物,种群中的每个个体都有一定的特点,但所有个体都可以被认作是一类,对该类的分析为个体研究提供了一个参考框架。"大雄说。

"是啊,如果不晓得企业所处的大背景是怎样的,光把报表分析去分析来,就会陷进数字迷宫里,就不能正确评价企业的财务数据。"美丽说。

"那一般都从哪些方面来分析借款客户的行业风险控制能力呢?"大雄又问。

"一般情况,你可以根据一个行业的相关信息,从七个关键方面来评价客户的管理层控制行业风险的能力。"

◇行业成本结构;

◇行业成熟度;

◇行业周期性;

◇行业盈利能力;

◇行业依赖性;

◇对替代产品的脆弱程度;

◇监管环境。

大雄和美丽一边走一边说话,路过一小摊顺便买了一袋爆米花带到办公室,那是刘春花的最爱。

行业成本结构分析

王二和李四两人也你一言我一语地正在办公室里闲聊。

不一会儿,刘春花也大踏步地走进办公室,一眼就看见爆米花,抓了一把放进嘴里,高兴地嚷道:"谁买的?好香哦。"大雄笑着指了指美丽。

"大家想吃就自己拿。我们还是抓紧时间讲信贷分析,刚才行里又在过问凤凰茶业有限公司的贷前调查情况了。大雄,你帮我把PPT定位到'行业成本结构分析'那一页。"

大雄立刻行动去调PPT。

行业成本结构特性：各个行业内企业的固定成本和可变成本都表现为较稳定的成本比例特征。

◇了解什么是可变成本；

◇了解什么是固定成本；

◇了解什么是高、低经营杠杆；

◇行业成本结构分析在信贷分析中的作用；

◇了解如何分析行业成本结构。

可变成本PK固定成本

刘春花笑容可掬地问："你们谁知道成本结构的含义？"

见大家都谦虚地不说话，王二沉不住气了说："地球人都知道啊，就是企业在运营过程中产生的各种成本费用，如劳动力成本、原材料、机器设备折旧费、广告宣传、资金占用利息、水电费等，这些成本费用所占总成本的比重，就是产品成本结构。"

"不错，王二，那你把对成本结构的了解给大家讲讲吧。"

王二是个比较喜欢显摆的人，给点阳光就会灿烂。

"谢谢刘姐给我这个机会。那我就显摆一下。"王二嘿嘿一笑就开讲了。

各种行业中企业的成本结构（如图5-1所示）都有一定的特征。从各种费用占有的比例来看，有的企业需要投入大量的劳动力，有的企业要耗用大量的原材料，有的企业需要投入大量的机器设备等，在这些企业生产产品的过程中，有的成本费用是固定成本，有的是可变成本。

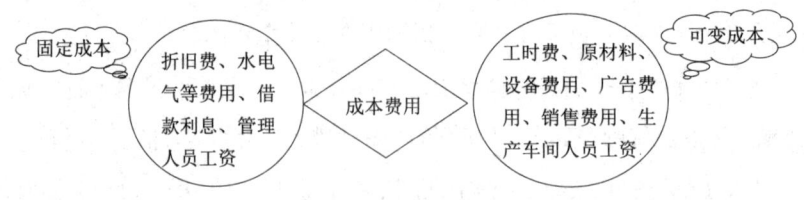

图5-1 成本结构分析

◇固定成本，从理论上讲是不与产量一同变动的成本。固定成本包括折旧费、维持工厂运转的水电气等费用、借款利息等，还可以包括管理人员和公司员工的工资。

◇可变成本，是与产量一同变动的成本。最明显的变动成本是工时费、原材料、与生产流程有关的设备费用、广告费用、销售费用。随着生产的增加，公司需要购买更多的原材料、雇用更多的工人等。

行业成本结构分析的作用

刘春花接着王二的话说："产品成本结构基本情况也就这些。大家谈谈，作为信贷人员，行业成本结构分析的作用是什么呢？"

美丽脑袋一晃说："我认为在企业的经营过程中，成本结构对其行业风险度、利润和行业内的竞争力都有重大影响。某种成本因素占企业总成本的比重越高的话，那这种成本因素就是企业发展过程中主要风险，这种风险也是信贷调查的风险。而且通过产品成本结构的分析，我们还可以分析出企业哪些方面花的钱多，哪些方面花的钱少。"

美丽说完后，刘春花转过头来问大雄："关于产品成本结构，现在基本清楚了吧？"

大雄做了一个OK的手势。

高、低经营杠杆揭示了什么

刘春花喝了一口水，继续说道："那我们就讲一下产品成本结构是如何分析的。在分析之前，我先讲一下'经营杠杆'。经营杠杆指在企业生产经营中由于存在固定成本而使利润变动率大于产销量变动率的规律。在某一固定成本比重的作用下，销售量变动对利润产生的作用。"

大雄紧锁着眉头，对刘春花说："没能理解。"

刘春花解释说："由于经营杠杆能预测企业未来的业绩，反映企业的经营状况，较为全面揭示经营风险，因此常常被用来衡量企业经营风险的大小。一般来说，固定成本相比可变成本高的行业就是高经营杠杆行业，而可变成本相比固定成本高的行业就是低经营杠杆行业。"

比如，如果一个公司的可变成本比例较高，而固定成本所占比例较低，我们就说它经营杠杆低。在产量下降时这类公司就有优势，因为它很容易降低可变成本。

相反，如果一个公司的固定成本在总成本中占的比例较高，而可变成本占的比例较低，我们就说它经营杠杆高。那么，当产量较高时，它的盈利比例就比产量较低时高许多。（如图5-2所示）

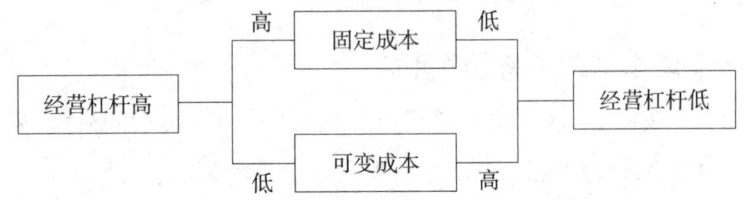

图5-2　固定成本、可变成本与经营杠杆

如果一个行业的经营杠杆高（其成本的大部分是固定的），随着产量的增长，平均生产成本下降的幅度大。生产能力的初始成本将分摊到大量的产品中，产生规模经济。

许久没说话的李四听刘春花这么说后，想起了自己以前接触过的案例。

汽车行业就是规模经济的好例子。由于其研发和生产设备的高投入，相对于人工和原材料来说，固定成本较高。产量越大时，平均单位成本越低，价格越低。对于这类行业，需要有强烈的激励因素来提高产量、降低价格、增加利润，特别是当竞争对手不能降低成本时，效果就越发明显。

◎什么是规模经济

大雄越听越迷惑，他还从来没听说过"规模经济"。

刘春花说："规模经济也就是规模效益，企业大规模生产导致的经济效益就是规模经济。在经营的许多方面都存在有规模经济，包括生产、研发、采购、销售和营销、分销和客户服务。美丽，你说一下凤凰茶业有限公司的情况。"

刘春花让美丽来分析一下情况，自己在一边画图。

美丽开始陈述凤凰茶业有限公司的成本结构，"在凤凰茶业有限公司中，主要固定成本是折旧费、水电费、借款利息、管理人员和公司员工的工资；主要可变成本是鲜茶叶的收购成本、加工成本和采茶工的工资。

从整个茶行业来看，人力成本很高，造成可变成本比例较高，经营杠杆偏低。但凤凰茶业有限公司的生产、采购、销售走出了一条规模经济的路子，已形成了规模经济，相对于小规模的加工作坊，该公司在行业中的经营杠杆高于其他小规模的加工作坊。"

◎收入、边际贡献、利润与固定成本和变动成本有什么关系

刘春花听完美丽介绍凤凰茶业有限公司的成本结构分析后说："企业要在行业中站稳市场地位，就必须发展规模经济。"

接着她又指着刚画的图（如图5-3所示）说："这是一个收入、边际贡献、利润与固定成本和变动成本关系图。"

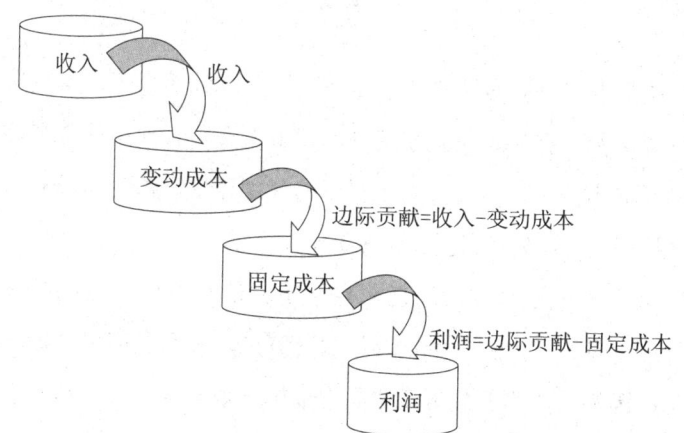

图5-3 收入、边际贡献、利润与固定成本和变动成本的关系

经营杠杆和规模经济将影响一个行业和单个公司的盈利。经营杠杆高的公司在达到盈亏平衡点后将产生较高的边际利润，为股东在固定资产投资时所承担风险提供回报。不过，如果产销量下降，在产销量低于盈亏平衡点后，这些公司的损失将大大超过经营杠杆较低的公司。

听刘春花讲了经营杠杆和规模经济对行业的影响后，王二想起过去接触过的一家小房地产公司的贷款客户就是这方面的一个典型案例。

有一家房地产公司，规模不是很大，主要开发高层电梯公寓，属于典型的高经营杠杆企业。当全国出现炒房浪潮的时候，这家企业赚了不少钱。

2008年汶川地震灾害后，人们恐惧高层楼房，楼房滞销，资金链出现问题，后续的工程难以继续，最后搞成了烂尾楼房，亏损巨大。

大雄"哇"了一声，明白了高杠杆经营的风险性。

刘春花也正色道："所以说，假定所有其他风险相同，当销售量波动较大且难以预测时，经营杠杆高的公司比经营杠杆低的公司更具风险。比如，房地产行业、建筑行业、汽车行业。"

"为什么会这样呢？"大雄正在吃爆米花还不忘发问。

刘春花答道："当行业经营杠杆高时，公司将在业务量上激烈竞争，因为销售的上升会带来平均成本的下降，而成本低的公司比成本高的公司有竞争优势，所以，为了获得高产销量和低成本，公司愿意降低价格来吸引客户。"

听了刘春花的解答后，大雄点了点头说："我明白了，像凤凰茶业有限公司这类高经营杠杆企业要在这种环境下生存，管理层就必须要有成本意识，削减成本费用，同时要制定有效的营销计划。那变动成本占比高的低经营杠杆行业，比如商品批发、服装加工业等，又是怎样的呢？"

王二从大雄手里抢过爆米花，也吃了一口，然后说道："对于低经营杠杆行业来说，生产销售规模的扩大对其成本和盈利能力的影响不是很明显，这是因为它的可变成本相比固定成本来说较高，生产销售规模的扩大，平均成本下降不是很明显。"

◎经营杠杆与贷款风险存在什么样的联系

"大家都说得不错，在贷款方面，企业的贷款结构受其行业成本结构的影响较大。相比低经营杠杆，高经营杠杆行业的企业对中长期的贷款通常需求较大，而低经营杠杆对短期的流动资金贷款需求较大。美丽，你是不是有啥对大家说的？"刘春花看到美丽似乎想说什么。

美丽说："是的，我就是想给大家说一下我的信贷实践经验。高经营杠杆行业的企业贷款风险，尤其是中长期的贷款，对行业风险的关联度较高，平时，我们在审查、分析这类客户贷款时，就要对其所处的行业风险进行重点分析。"

美丽说完后，刘春花说道："所以说，研究分析经营杠杆，对防范信贷风险具有重要意义。为此，对一个行业成熟度的分析也就显得尤为重要。"

行业成熟度决定企业的发展前景

刘春花喝了口水后，接着说道："大家都知道，企业是否有发展前景，不仅与其经营能力有关，更重要的是与这个企业所处的行业本身的性质有关。行业成熟度决定了企业的生存空间和盈利能力，决定了企业的发展前景。"

行业成熟度三个主要阶段

大雄看到刘春花水杯的水已经喝完了，就接过刘春花的杯子，边倒水边问："刘姐，行业成熟度就是行业在发展过程中各个阶段的成熟程度吗？"

"是的，大部分的行业都会经历几个发展阶段。所谓成熟程度就是指处于哪个阶段。我们对客户所处的行业成熟度的看法很重要，因为我们的客户在不同的行业阶段会遇到不同的困难。当我们对成熟度有了一定了解后，就可以预测客户遇到什么样的挑战以及给他们提供贷款会遇到什么样的风险。"

听完刘春花的解答后，大雄回到位置上追问道："哦，那一般都要经过哪些阶段呢？"

王二接过话说道："你动脑筋想一下啊，上次你还说现在新生了一个很火的代驾行业，像这类行业就是新兴行业；而那些耳熟能详的行业如茶行业、家电行业就属于成熟行业；已经或即将退市的行业如传统的加工制造业就是衰退行业。所以说，行业成熟度会经历三个主要阶段，即新兴、成熟和衰退（如图5-4所示）。"

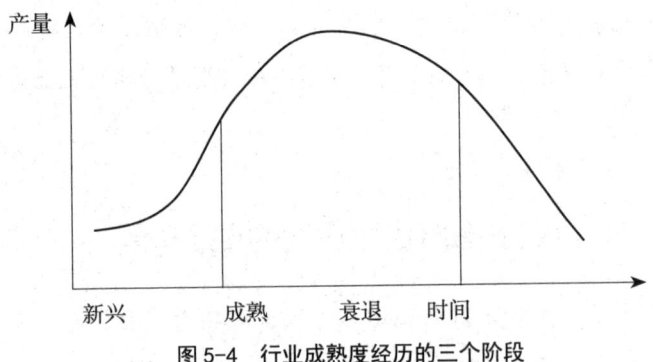

图 5-4 行业成熟度经历的三个阶段

"我来补充一下。"刘春花笑呵呵地说。

◇新兴行业是新形成的行业或因技术革新、消费者的需求、生产成本、营销成本变动或其他因素的变化而带来的新的业务变化或旧的业务复苏。例如,个人电脑和电子游戏的发展很大程度上是芯片技术进步和芯片制造成本下降的结果。新兴行业成长速度迅速,可以每年20%～100%的速度增长,似乎每天都会变化。

◇成熟行业成长较慢,可能每年不超过15%,不像新生行业那样爆炸性成长。在成熟行业,如油漆制作业,产品和服务更标准化,新产品的开发速度不快。成熟行业可能许多年都处于成熟期,它们可能复苏,也可能衰退。

◇衰退行业在一段长的时间内经历持续的衰退。如传统的加工制造业,随着高科技自动化的发展,传统的加工行业已没有了竞争优势。

银行对不同行业阶段企业贷款的考量

大雄心想师哥、师姐都在给自己传经授道,自己一定要多用心一点,才不辜负大家的期望。于是就问道:"那我们会为处于这三个行业阶段的企业提供贷款吗?特别是衰退行业。"

刘春花看到大雄积极学习的态度,很是满意,回答道:"一般情况是这样的。根据行业和企业的不同,处于各个行业阶段的企业的借款需求和放贷风险不同。"

◇成熟行业风险最低;

◇新兴行业和衰退行业风险较高。

"通常情况下，银行的信贷政策偏重于成熟行业。如果行业分析结果是健康的、安全的、正走向成熟的阶段，那就可以进行下一步的信贷调查分析。"刘春花稍微回想了一下又说，"像我们行里，80%信贷支持的都是成熟行业。"

◇最成熟行业处于行业发展的中间阶段，是从新生阶段发展过来的，已经具备较为完善的管理体系；

◇由于已经发展了较长的时间，因而可以查到详尽的数据文字记录；

◇产品已形成品牌并已标准化，可能打破行业格局的意外事件很少；

◇由于行业仍在繁荣成长，我们能合理地相信未来几年它将持续发展，出现重大问题的机会不大。

"哦，看来成熟行业的风险相比起来，确实有它低的理由。那新兴行业呢？"大雄丢了一颗爆米花到嘴里说。

刘春花继续回答道："新兴行业的风险通常较高。"

◇由于是刚刚兴起的行业，没有历史的企业发展记录；

◇处于该行业的企业有的生有的死，每天都在变化，每天都有新产品推出，也有可能出现繁荣的景象，也有可能产品还没推出就已经死去。行业未来前景常常叫人捉摸不透。

对投资者来说，这样的行业风险和机遇并存。相比其他行业，投资者更倾向于新兴行业；但对银行来说，新兴行业的风险指数则很高，即使要给新兴行业中的企业放贷，也要有充分的抵押担保。

大雄心中疑问，那银行会不会对衰退行业进行信贷支持呢？

不料，刘春花喝完水后接着说："衰退行业中的企业，因为时代的进步、科技的创新使得行业内原有的主导技术逐渐过时，从而导致市场需求日益减少，企业自身拥有的资产也在逐步缩水，企业面临战略转移或退出。对于银行来说，通常情况是很少有信贷支持这类企业的。"

"所以说嘛，当我们在收到借款申请人提交的资料时，信贷人员就必须从媒体、邻里口碑或者客户资料中，了解借款人处于行业的哪个阶段，这是很重要的。"李四一边嚼着爆米花一边说道。

大雄说:"即使还不能确定企业未来的发展前景,但作为信贷人员,应该很清楚该行业的整体发展情况。"

"不止这样,信贷人员还要根据自己对银行政策的把握,了解所在的银行是否有限制贷款给这个行业或者预警某特殊行业的政策,才能降低信贷风险。"刘春花补充说。

如何判断企业处于哪个行业阶段

"刘姐,我想问一下,了解企业所在行业处于哪个阶段,是通过PPT上显示的这两点来了解吗?"大雄看着PPT问。

刘春花点点头。

了解企业处于哪个行业阶段,需把握两个关键要点:

◇ 行业销售增长率是多少?

◇ 企业可能退出该行业的比率是多少?

"我们还是先看一下茶行业的情况,美丽,你把情况给大伙说说。"

美丽正在本上记录刘春花讲的一些内容,听到刘春花叫自己,赶紧放下笔,略微思考了一下,开始介绍。

《2019年中国茶行业发展报告》指出,2018年我国茶叶出口30.24万吨,内销110万吨。据行业内部人士讲,我国茶叶的主要市场仍在国内。2018年我国茶叶种植面积197万公顷,居世界第一位;茶叶产量147.5万吨,居世界第一位;茶叶农业产值530亿元,居世界第一位;茶叶出口30.24万吨,居世界第二位,出口金额7.84亿美元,居世界第二位。

从国际需求和国内销售情况来看,我国茶业的销售量一直保持稳定增长态势,销售增长维持在10%~20%,行业利润率也是逐渐稳步增长,近期维持在10%左右。

本例中的凤凰茶业有限公司,2018年,凤凰茶业被评为"名优产品",这些都说明本企业在该行业中保持了一定竞争力。它的竞争优势为纯天然、无污染、健康环保,已经形成了规模生产、销售一条龙,销售增长率维持在10%左右,处于行业中新兴到成熟的过渡期,单从该公司现有状况来分析,退出比率极小,行业风险较小。

刘春花听美丽讲完凤凰茶业有限公司及其行业分析况后说:"茶行业在我国一直保持稳定发展的态势,像这类企业,由于其行业发展的稳定,风险分析的重点就在于企业间的竞争、替代产品等。即使暂时处于稳定发展的行业,也应该对其行业生命周期进行分析。"

行业也有生命周期

刘春花稍停了一会儿,又说道:"分析行业生命周期,有助于从行业整体了解企业的前景,为信贷决策提供依据。如果对一个企业所处行业生命周期不了解,盲目地投放信贷资金,那么,信贷资金的安全将会面临巨大的风险。"

行业周期和经济周期

刘春花接着说:"但在讲行业周期之前,大家先要了解经济周期。经济周期是国民总产出、总收入和总就业的波动,是国民收入和总体经济活动扩张与紧缩的交替或周期性波动起伏变化。"

"刘姐,要不还是画一个图来说明一下,更直观一些,不容易忘。"大雄以前上学时就喜欢用图来加强记忆。

"好吧,画图也不是一个难事。"刘春花很快就画好了(如图5-5所示)。

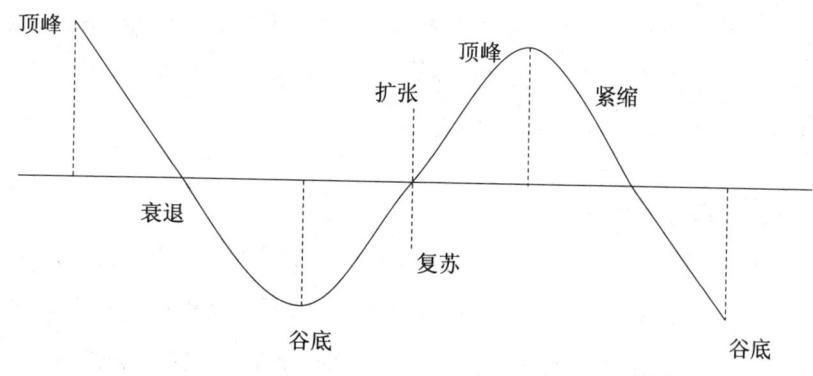

图5-5 经济周期的四个阶段

刘春花说："一般把经济周期分为四个阶段，即衰退、谷底、扩张和顶峰，经济周期处于上升时，通常称作繁荣或扩张，也是经济逐渐复苏过程；经济周期处于下降时，通常称作衰退或萧条。一个完整的经济周期就是一个顶峰或谷底到另一个顶峰或谷底。"

大雄看了经济周期的波动图后，顿时明白所谓经济周期波动规律，"哦，经济周期原来就是这样波动变化的。那行业周期应该也有一个起伏变化的过程吧？"

"那是当然。行业周期是指一个行业或行业内部的某个部分都要经历一个由成长到衰退的发展演变过程，一般会遵循四个发展阶段，即导入期、成长期、成熟期和衰退期。这个我就不画图了，波动图大致都差不多。"刘春花笑着说道。

大雄连忙说道："我们关注经济周期，难道是因为行业周期与经济周期有什么关系吗？"

"关注经济的周期性是因为我们关心行业对经济周期性变化的反应。如果行业本身的周期性与经济的周期性是一致的，那么该行业就会在经济繁荣期上升，在经济萧条期下降。如果行业周期是反经济周期的，那么在经济衰退期的业务好于经济繁荣期的业务。而如果是无周期性行业，则几乎不受经济周期影响。"刘春花说完后，又举了个例子。

比如汽车修理和配件行业就是反经济周期性的例子。因为在经济衰退期，人们倾向修理汽车而不是买新车。还有些行业没有明显周期性，其业务不大受经济周期繁荣、衰退的影响。无周期性的行业大多是绝对必需品行业，如食品行业、日常用品行业等。

美丽的经验分享

"在信贷业务中，我有个诀窍，借款人申请借款时，我一般问的第一个问题是'你们的行业周期性程度如何？'企业这时会根据他所了解的情况把行业当期的情况介绍给信贷人员。"美丽毫不吝啬地分享自己的经验。

大雄瞪大眼睛问："行业周期分析在信贷分析中有很重要的作用

吗？"

美丽答道："当然啦，有三点原因。"

◇我们需要确定这个行业可能的繁荣和萧条程度。

◇在相同的宏观经济背景下，我们需要了解该企业与同行业的其他企业销售和利润的起伏程度是否相同。

◇行业的波动幅度是否会大到引起行业的倒闭。

"波动幅度大的话，对银行来说，是不是信贷风险指标就高啊？"大雄问道。

"以我的经验，行业波动幅度大的话，对银行来说就是一个考验。而如果行业的繁荣和萧条的周期性比经济的周期性小，那对银行来说，该行业的企业风险就较小。"美丽说道。

听到美丽对行业周期的分析后，刘春花进一步给予补充："在经济繁荣期，周期性行业的经营业绩要好于非周期性行业。这个时候，银行多数情况下会把周期性行业的企业作为信贷投放目标。而在萧条期，非周期性行业经济的影响相对较小。这个时候，银行开始逐步把非周期性行业作为信贷投放目标，增加其在信贷资源配置中的比例。"

美丽好像想起了什么，笑着说："一旦通过各种渠道了解了客户受经济周期影响的程度，我们就可以通过审查其财务报表来判断它是否成功应付了前次繁荣和衰退的周期影响，从而进一步了解企业的经营管理能力。"

王二、李四笑着感叹道："人才啊！"

经济周期与信贷风险关系

刘春花提醒："大家记住一条，对我们银行来说，贷款风险最小的行业是那些不受经济周期影响的行业。风险最高的行业是对经济周期很敏感，以致于在萧条期会导致广泛破产的行业，如房地产中介行业。"

"那么，怎样来判断经济周期对行业的影响程度呢？"大雄问道。

美丽说："这个对你来说不是个难事，主要通过两点。"

◇借助于与借款人交谈；

◇通过网络及其他报刊杂志等渠道研读与此行业相关的资料信息。

不过，最困难的是预测经济周期性，这时候必须查阅相关专家的经济分析报告。

大雄问："那经济周期对茶行业的影响情况呢？"

美丽回答说："你不是查阅了相关资料，中国的茶叶70%都是内销，即使在金融危机时，茶叶出口有所下降，但在国内的销售仍然处于一个稳定的态势。一是因为政府的大力扶持，二是因为中国人已经把喝茶当成了一种习惯，茶已成为了生活中不可缺少的饮品。"

"也不见得，经济危机一旦蔓延，茶行业也会面临难以避免的冲击。此时，银行要注意风险的控制，对那些没形成规模的茶企业谨慎放贷，或预警监控已放贷的企业。"刘春花提醒大家对于非周期性行业的信贷不能太乐观。

不可缺少的行业其他分析

"好吧，下面我们再探讨一下行业的其他分析。"刘春花看大家对行业周期的讨论也差不多了，就建议开始下一步的分析。

"是啊，我是很想了解行业的盈利能力、依赖性是怎样的？替代产品情况和政策环境情况是怎样的？"大雄一条一条在勾画自己所学的内容，关于行业方面，还想进一步了解。

刘春花笑着看了大雄一眼，然后对大家说："当我们通过多种渠道了解了行业的周期程度、行业的产品结构等情况后，随着越来越多地收集了一个行业的信息并更加熟悉该行业的环境，另外几点也很值得分析。"

◇对其他行业的依赖性；

◇对替代产品的脆弱程度；

◇政策环境的影响；

◇盈利能力。

同行业中，多数企业都能盈利吗

刘春花接着说："众所周知，要维持公司的经营，就必须有盈利。长期不盈利的公司将倒闭，原因很简单，如果费用长期超过收入，最后会导致公司失去经济存活能力，整个行业也可能如此。"

"那是当然。如果一个行业中多数公司都入不敷出，行业的可持续发展能力就有问题。从银行的角度应该尽可能避免介入这类行业。"王二插了一句话。

"那纵观整个行业，每个行业都有一个独特的模式。对银行来说，一个普遍都不盈利的行业风险最大，是吧？"大雄问道。

"普遍都不盈利的话，那说明该行业已经开始处于衰退期了。处于这类行业中的企业盈利能力很弱，银行一般都不会把它作为信贷对象。"李四好心地提醒大雄。

"在繁荣和萧条期都持续大量盈利的行业对银行来说风险最小。甚至在衰退期，该行业可能下降一些，但这些公司仍然可以调整企业内部战略来获得大量利润。"王二补充说道。

大雄说："这些都好理解，关键是我们还要对行业进行盈利能力分析吗？那要花好多时间啊。"

美丽告诉大雄："通常情况下不用，一些出版物和行业报刊杂志都会对行业有一些分析，还有一些投资经理也会对行业进行详尽跟踪分析，所以我们也就不需要再进行行业盈利能力分析了。"

"那不是应了那句话，'他山之石，可以攻玉'。哈哈！"大雄幽默了一下。

"就是这个意思。通过行业专家为我们提供的行业盈利能力分析的结果，我们就可以了解行业的状况究竟如何，进而判断是否可以在该行业放贷，放贷后的风险如何监控等。"刘春花笑呵呵地说道。

如何分析对其他行业的依赖性

"另外，在评估、分析依赖性时，我们需要判断借款人所处的行业受其他行业的影响程度。如果依赖性较严重，就要分析借款人所处的行业和其依赖的行业。"

大雄对行业依赖程度分析完全不了解，听刘春花这么一说就问道："一般情况下，如何分析依赖程度？"

刘春花回答说："在对其他行业的依赖性分析时，主要考虑三个方面的分析。"

◇要全面考虑供给方面和需求方面的依赖关系；
◇对严重依赖供货商的行业，要多分析供给方面；
◇对严重依赖特定客户运气的行业，要多分析需求方面。

例如，当房地产产业下降时，水泥、建材业就会面临危险；钢铁、玻璃、轮胎业也存在明显的依赖性，因为它们为汽车业供货，当汽车不景气时，这些行业就会面临危险。

"对其他行业依赖性分析时，我的经验就是，如果借款人对一个或两个行业的依赖程度较集中，则信贷风险较大；行业的供应商和客户群越分散，风险就越小。"美丽拨弄了一下头发说道。

怎样衡量替代产品的脆弱程度

"我们再来说说替代产品。替代产品是与所述的行业提供的产品有同样功能或能满足同样需求的产品。由于替代产品与所述行业提供的产品有着相似的功能，使得被替代的产品无形中存在一种持续生存的压力。因为这些替代产品一般是高盈利的企业提供，而且又具有更强的功能或更大的价格优势，因而，很容易就取代行业中的产品，使所述产品脆弱程度增大。"

李四问："刘主任，我对这个替代产品的脆弱程度没弄明白，能否再详细地讲一下？"

"好啊，其实也好理解。为准确地衡量替代产品的脆弱程度，我们就要把替代产品风险的分析拓宽一些。"然后，刘春花就简略地举了个例子。

如果将养鸡场主、小麦种植者和咖啡进口商看作同一行业即食品行业的组成部分，我们就可以肯定地说这个行业对替代产品没有脆弱性，没有东西能够替代这个行业；若服装业和家具业也看成同一行业，则也是没有东西可替代。

所以，在考察替代产品的脆弱程度时，我们既要看整个大行业，又要看各个大行业中的小行业，因为大行业内的小行业也存在竞争。例如，当牛肉价格上涨时，消费者会转而购买鸡肉。

"我明白了，小行业间也有竞争。在一个行业产品与其替代品的价格差太大时，消费者通常转向替代品。当油价上涨时，消费者更多选择公共交通工具，或者尽可能多地待在家里。"李四说道。

王二笑着说："常听人说，替代品在平时限制了利润，在繁荣期减少了暴富。"

"那如果借款人所处的大行业或小行业很容易被替代，替代产品的脆弱性增大，那么信贷的风险将高于被替代可能性较低的行业了？"大雄问道。

"那是当然啦，所谓'长江后浪推前浪'就是这个意思。"王二悠悠地说道。

大雄听到弦外之音，赶紧拍王二的马屁说："嘿嘿，王师兄永远是我尊敬的师哥！"

"言归正传，如果没有替代品，行业更容易控制成本价格差。如果有容易的替代品，则难以控制成本和价格，其涨价的可能要看替代品的表现。"美丽说道。

对于茶行业来说，品种多样化，有红茶、铁观音、普洱茶、乌龙茶、素茶、花茶等。同时，作为一种大众消费的饮品，又会受到咖啡及其他饮料的冲击。但有机茶叶，在市场中仍然占一席之地，特别是当人们的生活水平、生活追求越来越高的时候，拥有纯天然、无污染等品质的有机茶成了不可替代的重要饮品，同时，它也是赠送亲朋好友不错的礼品。

政策环境指哪些

刘春花看到大家对替代产品的脆弱程度理解得差不多了，就说："对一个行业或行业中的企业来说，不仅受产品替代的影响，而且还会受政策环境的影响。"

"哦，行业的竞争环境还是挺复杂的嘛。我们所说的政策环境一般都指哪些政策？"大雄感慨行业就如人生一样不容易。

刘春花笑着说："在信贷分析时，要把行业中的企业竞争地位结合行业政策风险来综合考虑。政策环境有行业政策、区域政策、信贷政策、经济调控政策等（如图5-6所示）。政策的制定目的是为了鼓励、扶持、禁止或限制一些产品、技术和某些产业的发展，合理优化产业结构调整，更好地促进国民经济的发展。"

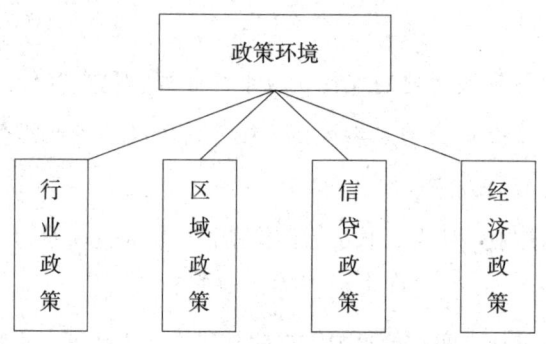

图5-6　政策环境中的四种政策

"那这几种政策方向应该有所不同吧？"尽管大雄之前的工作多数时候都是在做政策宣传，但他还想从刘春花那里了解更多。

刘春花说："是啊，行业政策和区域政策是政府为实现行业或区域目标而制定的各种政策的总和，而信贷政策和经济调控政策是实现行业政策和区域政策的重要手段和方法。政府制定相关制度可能是笼统的或者相当具体的。例如，控制污染的相关规定、水质的监管、产品质量或产品特征监管、保护性关税和产品定价。"

大雄回想起自己参加过的行里的几次会议，在制定信贷政策时，都要学习行业政策和区域政策，为的是正确安排信贷资金的投向和结构。通常情况下，对于国家重点支持的产业，重点支持的区域，信贷政策就倾向投入；而对于国家明文限制和禁止的行业或产品、技术，银行在制定信贷政策时就慎贷或不贷。

这时，只听王二激动地说："我认为，政府的监管政策可能有助于行业的发展，如对茶行业监管，可能使得茶行业实现稳定而又持续地发展，但同时也可能最终导致行业失去商业操作的可行性。"

等王二说完后，美丽也说了自己的想法："但不管怎么说，在衡量行业风险时，应该考虑行业的健康是否依赖于某些政策，以及即将出台的政策是否会极大地改变行业的经济状况。举两个政策的例子。"

一项要求所有燃煤、燃油电厂安装空气净化器的政策规定将会给电厂带来额外的成本负担。信贷人员为面临这类负担的企业作行业分析时，应密切关注。

环保政策的出台会影响许多行业。这些政策对一个行业内各公司的影响可小到只要符合环保标准就行，或大到需要支付昂贵的成本代价来承担清理环境的责任，这种行业所承担的环保责任风险甚至会波及材料的分销商、运输者以及存储者。因此也应密切注意。

"我给大家再补充一点，即使某行业能为本地财政增加税收，但在其生产流程中会产生大量有毒废物，在现在的大环境下，国家是不会过多扶持的，反而会出台各种政策整改或限制这类企业的发展，这类行业是高风险行业。"刘春花对面前的几个徒弟很是满意。

一张参考表总结风险评估

"通过前面几点行业特征的阐述，信贷风险分析评价时，要反映出借款人受行业政策影响的程度。接下来，根据实际工作案例，将行业风险分析评估内容和判断标准整理在一个表格中（如表5-1所示）。"刘春花拿出一张表给大雄看。然后她又接着说："在以后的信贷工作中，就可以参考这张表对行业进行风险评估。"

表 5-1 行业特征在各风险阶段的表现

行业特征	低风险	适度风险	较高风险	高风险
成本结构	低杠杆经营；低固定成本；高变动成本	固定成本与变动成本相当	固定成本高于变动成本	高杠杆经营；高固定成本；低变动成本
成熟度	成熟行业 销售收入和利润以合理的比率增长	成熟行业 解决了大部分增长的问题和弱小竞争者的竞争	新兴行业 仍在快速增长；弱小竞争者开始退出 高度成熟行业 正处于衰退的边缘	新兴行业 以爆炸性的速度增长 衰退行业 销售收入和利润都在下降
行业周期	不受经济周期的影响	销售随经济的扩张和衰退轻微上升或下降	销售受扩张和衰退的影响	具有高度的周期性或反周期性
盈利性	在经济扩张和衰退期都能保持一定的盈利能力	在衰退期的盈利能力稍微下降	扩张期能够保持盈利，衰退期有轻微的亏损	在扩张期和衰退期都不盈利
依赖程度	高度多样化的客户和供应商基础	客户和供应商限于若干行业；没有一个超过其购买或销售的10%	客户和供应商限于少数行业；有些超过其购买或销售的20%～30%，过于集中	对一到两个其他行业或消费群体有很高的依赖性
替代产品	没有替代产品	有极少数替代产品或很高的转化成本，替代成本很高	有多种替代产品或适度的转化成本	有很多可轻易获得的替代产品，没有转化成本，很轻易被替代
政策环境	具备一个友好的，有助于保护行业健康的法律政策环境，环境的改变是可预知的	不受或受极少的政策限制；政策法规改变的可能性很小或可预知	政策法规对收益或成本具有值得关注的负面影响，这种影响可预知且可管理	政策法规对行业的发展有显著且长期的负面影响；法规可能会突然变化
环境责任	行业不产生或能处理有规定的废弃物	行业产生受规定但不含毒性的废弃物	行业产生或处理任何有毒物品	行业日常产生或处理对环境存在潜在的严重影响的物品

哪些风险预警信号值得我们注意

"学了行业风险分析后,我们来梳理一下,有哪些风险预警信号值得我们注意。"刘春花用鼓励的眼神看着大雄笑着说,"大雄,要不,你来说说?"

大雄一副跃跃欲试的神态,早就有点儿按捺不住了,"噌"的一下从凳子上跳起来,又拍了拍胸脯说:"好,大家且听我慢慢道来。"

◇行业整体衰退,销售收入和利润逐年减少;

◇刚起步的新兴行业,尽管已经取得相关资质认证或技术认证,但市场还没完全认知和接受;

◇在经济的增长期和萧条期始终不能盈利的行业;

◇对其他行业或群体依赖性很高的行业,一旦所依赖的行业或群体发生了一系列变化,都会对行业构成风险;

◇经济环境的变化对行业的影响,比如出现经济危机或萧条时,周期性的行业面临很高的风险;

◇国家政策限制或禁止的行业,或行业政策及经济政策发生调整变化,对行业的发展产生影响;

◇行业中出现的重大技术变革,对行业、产品和技术的影响,特别对转化成本高的行业的影响;

◇与行业有关的法律法规的变化对行业的影响。

"我能想到的就这些了。"大雄笑眯眯看着刘春花,恭恭敬敬地等候刘春花的点评。

刘春花笑呵呵地说:"不错,差不多就是这些。在实际工作中,还有许多风险预警信号,你们平时就要多搜集和积累这方面的信息。大家给大雄一点儿掌声。"

大家热烈地鼓起掌来,李四还吹了声口哨。

第 6 章
寻找经营风险

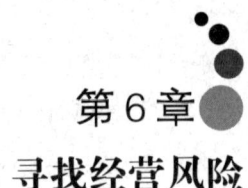

稍作休息后,刘春花拉回话题:"对借款人所在行业的风险和优势有所了解后,我们就可以结合行业环境来分析这个具体的借款人的经营情况。提醒大家一下,作为银行信贷工作人员,在对中小企业授信的时候,要用更多的时间和精力来进行行业风险分析和企业生产经营风险分析,再结合财务报表的分析,争取最大程度地降低银行的信贷风险。"

大雄说:"那我们从哪些问题入手,才能了解企业的经营风险程度呢?"

刘春花回答道:"每个企业在发展过程中,都会表现出不同的生产经营特征,都会遇到这样那样的经营风险问题。评价企业经营风险时,一般通过以下几个问题就可以寻找出企业经营风险的答案。"

◇我们所分析的这家企业经营中存在什么样的风险特征?

◇企业对未来有何战略规划?这些战略规划可能会给企业带来什么样的风险、盈利、融资需求及偿债能力?

◇企业会采取什么手段和方法来降低行业中已经存在的风险?

"大家知道企业在什么时候经营风险最高吗?"刘春花询问大家。

"当一个企业经营业绩处于极度不稳定的时候,公司的经营风险就较高。这种不稳定的因素有可能来自企业的外部环境,也有可能是企业内部的经营环境所造成的。"美丽回答说。

美丽回答后,刘春花继续说:"所以说,我们要关注企业生产经营过程中各个环节所有可能造成的风险。"

讨论生产经营风险的步骤是这样的：

◇企业业务的总体运营状况：公司经营年限、公司结构、产品特征、市场状况等，这几个方面在行业中的整体表现。

◇关注在生产营运循环中每个环节存在的风险。这步要深入到企业了解采购供应、生产流程及市场营销等情况。

◇我们将结合公司在管理方面存在的风险，对风险总体情况进行总结。

生产经营风险分析方法是：

◇需要整合借款人在运作过程中的产、供、销以及盈利模式、经营历史、管理风险等方方面面的信息，对企业的经营风险进行全面的分析。

◇需要评估管理层在应付行业风险方面的能力。

通过一系列对借款人经营情况进行分析评估之后，我们就可以得出关于借款人未来经营状况的结论：

◇企业的经营业绩是否能持续维持？

◇未来的经营成果可否预见？

◇公司是否有足够的收入偿还贷款？

大雄听完刘春花的讲述后，对刘春花说："刘姐，能得出对借款人未来偿还能力的预估是基于对公司经营计划及所面临的风险有了充分了解后所作出的推算和预测吧？这不是个简单的事，像我这种对企业生产经营一窍不通的人，学得会怎样以信贷人员的眼光去分析企业的经营风险吗？"

"只要你肯学，当然没问题。经营风险分析是做出信贷决策的基础。对借款企业的经营活动数据信息的收集贯穿了整个信贷分析的过程，比如，搜集借款人信息资料、与借款人的谈话、通过现场参观及一些企业的相关报道。你会发现在每一个信贷工作环节中，其实你都在进行信贷分析。"

企业的经营六要素

刘春花开始讲解企业的经营六要素："在评价分析企业的经营风险

时，将企业置于其行业背景之下，需要考虑分析企业的六个基本要素（如图6-1所示），即规模、成熟度、多样性、经营目标、策略及生产经营循环。"

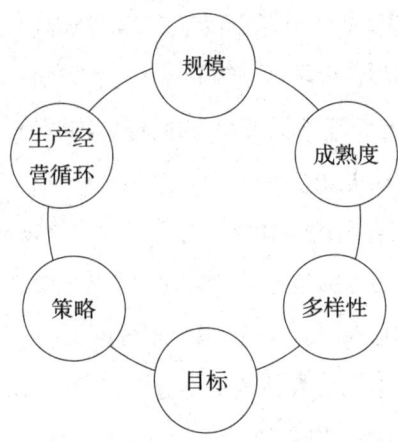

图6-1　经营风险分析六要素

产销规模是否与企业实际相符

刘春花刚准备继续讲述时，王二站了起来，哈着腰，点着头，满脸愧疚地对刘春花说："刘主任，不好意思，有家借款企业今天约好过来面谈，他现在来了，我和李四出去接待一下。"

刘春花很关切地说："那快去接待吧。"

王二和李四走后，刘春花又接着开始讲述："我们先来了解企业的产销规模情况。一旦掌握和了解了企业的产销规模后，预示我们就掌握了企业产品市场份额及企业的稳定性状况。"

大雄转过头来问美丽："市场份额指的是什么呀？"

美丽抬起头说道："市场份额是指在市场总销售中该企业销售收入所占比例。市场份额是衡量企业稳定性的有效尺度。"

假如你的借款人占有很高的市场份额，威胁企业经营业绩的风险就会较小，你就可以推断这家企业不会在一年或三到四年内退出行业。如果他的利润表显示有收益，那么说明企业对生产经营循环的管理是成功的有效的，是可以持续稳定发展的。

假如你的借款人只占有较小的市场份额，风险程度就较大。竞争力强的企业可能会淘汰掉竞争力弱小的企业。市场份额小的企业与市场份额大的企业相比缺乏足够资源以支持市场竞争。

刘春花听了美丽的讲述后，笑了笑说道："市场份额小的企业也不见得会在市场的竞争中被淘汰掉，市场份额与产销规模并非绝对的风险指标。许多市场份额小的公司比市场份额大的公司有着更好的管理和盈利状况。我们在信贷工作调查中发现，一些产销规模小的公司成功地着眼于市场空白点，这些市场空白点是大公司因为成本较高而无法关注的地方。"

刘春花说到这里，喝了口水后，深有感触地接着往下说。

凤凰茶业有限公司就是个活生生的例子。十多年前，它还是个小作坊，低成本运作；经过多年的苦心经营，现在已经在本地算是茶行业的龙头企业了。在这种情况下，小公司只要保持其特色，集中人力、物力、财力就能获取丰厚的利润，而且不会受到竞争的冲击。

刘春花见证了凤凰茶业有限公司的发展。说完后，想了想又补充说："当然，这种例子较少，绝大多数市场份额小的弱势中小企业都倒在了行业的激烈竞争中。"

大雄问美丽："那凤凰茶业有限公司产销规模情况具体是怎样的？"

凤凰茶业有限公司自2009年从国外引进两条自动化生产线后，产销规模大幅度得到提升，当年就实现销售收入7400多万元，净利润440万元。2018年，销售收入增长为9600万元，净利润690万元。通过电视广告等的宣传和推广，其产销规模处于同行业平均水平之上，并还在持续增长中。

大雄开玩笑说："我只喜欢喝铁观音，凤凰茶业有限公司什么时候能生产铁观音，那它的产品市场触角就可以延伸到我这类群体了，市场份额由此也会增加。"

美丽扁了扁嘴，对大雄说："净想好事。你以为多生产一种产品，不需要成本哪，盲目扩大市场，会给企业带来巨大风险的。"

企业发展也有三个阶段

"美丽说得很对,企业的产销规模要与企业的实际情况相符,否则将会面临资金链断裂的风险。在了解了企业产销规模后,我们现在开始了解企业的发展阶段(如图6-2所示)。"刘春花说。

刘春花发现大雄紧锁着眉头,问大雄:"怎么啦?"

大雄说:"前面刚讲了行业发展阶段,现在又是企业的发展阶段,有点乱。"

刘春花笑呵呵地说:"在企业经营风险分析中,我们对企业所处的发展阶段描述与其在行业风险分析中的定义是相同的。"

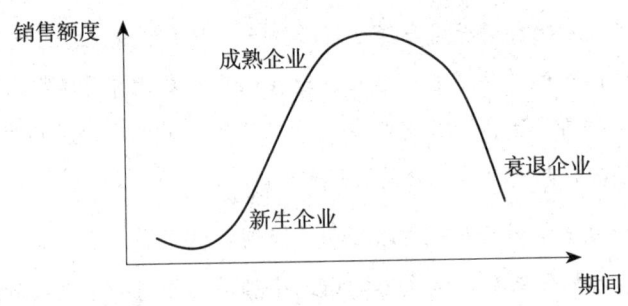

图6-2 企业的发展阶段

◇新生企业指因新产品的诞生或老产品应市场需要转形而得到较快发展的企业。

◇一个成熟的企业是指发展速度适中的企业,其每年的销售额增长在5%～15%之间,其产品销售也已在市场中持续了一段时间。

◇衰退企业是指收入和资产状况在一定期间中持续下降的企业。

经刘春花这么一说,大雄想起刚才刘主任在行业风险分析里是这样来分析的,脸上的疑虑一下子烟消云散,高兴地说:"哦,那我就清楚了。新生企业和衰退企业都代表着较高的风险:新生企业的风险在于其不可预见;衰退企业在于其明显的有被淘汰的趋势。较成熟企业因为其完整的成长记录提供了有价值的历史记录,对银行来说风险较低。"

"哈哈,现在不就很清楚了吗?如果一家企业曾经有能力度过经济周期的萧条期,它通常比没有经历过考验的企业更能经风雨。"刘春花笑呵呵地说。

大雄转过头来用乞求的眼神看着美丽说:"美丽姐,你是怎么分析凤凰茶业有限公司所处发展阶段的?"

美丽对着大雄假装扇了两耳光,笑着说:"不要装作可怜兮兮的样儿,我说就是了。"

凤凰茶业有限公司的现阶段发展状况是这样的:

◇销售方面,企业经过十来年的发展,产品销售收入持续增长,增长幅度维持在15%左右,在2018年,由于引进了先进技术,销售增长幅度比2008年增加了32%;

◇组织架构方面,目前已经建立了较为成熟的法人治理结构,组织架构清晰,分工职责明确;

◇在企业管理制度方面,建立了一套较为完善的生产、销售及企业管理制度;

◇在组织战略方面,企业管理层对企业的发展方向也有一个切实可行的战略规划。

主要通过这些方面的分析,基本可以判断出凤凰茶业有限公司属于一个成熟型的企业。

产品单一风险大

刘春花笑着对大雄说:"现在你知道了如何评估分析企业的发展阶段,下面就该分析一下企业产品的多样化程度了。"

"刘姐,问一个弱智的问题,产品多样化是指企业生产的产品种类多少吗?"大雄弱弱地问刘春花。在刘春花和美丽面前,大雄更像一个小学生。

"可以这样理解。以一个信贷工作人员的眼光来看,如果借款人过分依赖于单一特定产品的销售或本身产品种类较单一,那么贷款的风险将变大。比较突出的一个案例就是消费习惯的改变将会给企业带来致命打击。"

刘春花喝了口水,接着说道:"如果企业生产、销售产品种类多,其产品可用于不同消费群体,购买者不会受到消费习惯改变的影响,企业则可通过多样性扩展业务降低经营风险。"

听了刘春花的一席讲解后,大雄心想凤凰茶业有限公司有几十个茶产品,即使饮茶习惯发生改变,对企业的影响也不是很大。当人们越来越重视保健的时候,企业所生产的保健茶叶更是迎合了大众的口味。其产品的多样化将会降低企业的经营风险。

怎样判断企业发展目标的合理性

刘春花看到大雄对多样化程度分析也理解得差不多了,说道:"好吧,现在你已经能将企业经营的基本情况放在行业背景中加以考虑,下一步则需了解企业的目标和策略。企业应有好的发展目标并且有具体的步骤和战略来支持目标的实现。企业制定发展目标常用目标树(如图6-3所示)分配每个层次的目标。

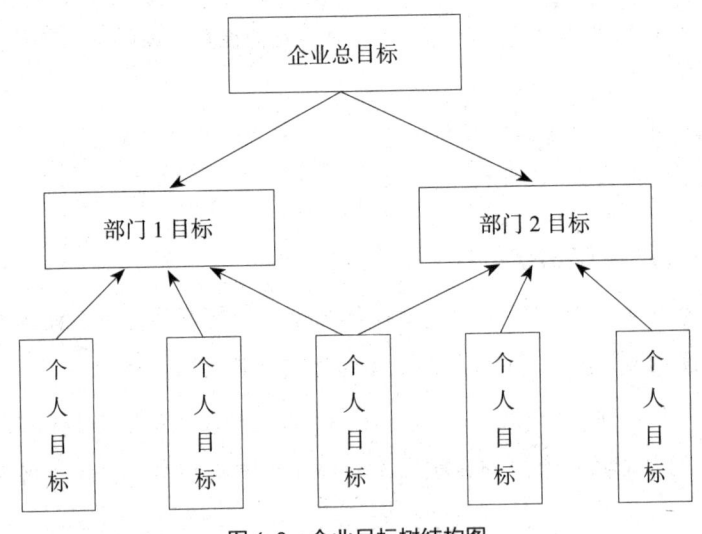

图6-3 企业目标树结构图

"从这个目标树结构图中可以看出,企业的目标特征是上层目标指导下层目标,下层目标保证上层目标的实现。"

听刘春花说到目标,大雄联想到眼前自己的目标就是以后能多写一些有关信贷的高质量文章。大雄正在神想,听到刘春花叫自己:"大雄,你说说银行经营的总体目标是啥？"

"赚钱呗！"大雄乐呵呵地回答。

刘春花听了大雄的回答差点笑喷，对大雄说："通俗点讲是这个意思。顺便给你们普及一下，《中华人民共和国商业银行法》中明确规定商业银行以安全性、效益性、流动性为经营原则。而效益性是商业银行经营目标的总的要求。

"我们回过头来，还是说说企业的目标吧。大家都知道，企业是以利润最大化为经营目标的。企业中的战略规划都是为保证目标顺利实现，如果你发现公司的策略和日常的决策与企业的目标不相符，那么就应关注管理层的能力。"

"那我们要怎样才能知道企业的发展目标是否靠谱呢？"大雄一边转手中的笔，一边好奇地问。

"这个美丽最有经验啦！"刘春花笑着说。

美丽看了一眼大雄后回答说："在信贷分析时，分析一个企业的目标和战略，通常情况是更多地着眼于具体的问题而非其中的细节（如表6-1所示）。"

表6-1　如何判断企业目标是否靠谱

向客户询问的问题	信贷员应考虑的问题
为什么要设定这个目标？	这个目标可行吗？
怎样去完成这个目标？	这个步骤合理吗？
有什么理由能证明你能完成这个目标？	这些理由值得相信吗？
在实现这个目标过程中的风险是什么？	我怎么能够确定你能控制这些风险？ 哪些信息给你将偏离目标线路的警示？

比如，对于凤凰茶业有限公司，企业已经制定了总的发展目标，那就可以从以下几个方面来分析企业发展目标的可行性：

◇了解企业管理层制定目标的背景情况。凤凰茶业有限公司经过多年的奋斗，走规模化的发展之路是必然的，在政府的扶持下，管理层同心协力的指引下，全体员工是否都朝着集团化的发展方向前进着。

◇企业发展过程中面临的问题分析。对凤凰茶业有限公司来说，资金的问题是企业所面临的最大问题,其次茶叶供货方面也给企业的盈利带来不小的影响。那么为实现企业目标,企业是如何克服和解决这些问题的。

◇企业实现这个目标必要条件的分析。对凤凰茶业有限公司来说,要实现企业目标,人是最主要的因素。管理层的素质决定企业目标的成功与否。

◇通过这些方面分析后,就可以判断企业目标是假、大、空,还是真实可行,银行的资金投入这里是否安全了。

企业战略规划书包括哪些内容

刘春花等美丽一说完,就接着说:"在询问企业这些问题后,如果我们基本可以确定该客户有可能成为银行信贷客户的时候,常常需要花很多时间去分析在战略上是什么因素驱动企业持续地朝着目标发展的。"刘春花说完顺势拿起手中的笔写下"企业战略规划"几个字。

然后又接着说:"战略规划是一个正式的过程和仪式,是制定企业的长期目标而付诸实施的。在企业中,一般是在董事会制定企业的战略规划。战略规划能使企业管理层从琐碎的日常工作中脱离出来,集中精力考虑战略问题。一份有效的战略规划也是与战略执行人或企业沟通的工具。"

"刘姐,通常情况下,企业战略规划书都包括哪些内容?"大雄很认真地问。

刘春花答道:"企业所制定的战略规划,通常都应包括以下内容。"

◇宗旨或目标综述;

◇企业行业分析;

◇企业目前及未来在竞争中的情况分析;

◇分析企业的竞争地位;

◇对着重保持或赢得竞争优势的战略给予明确的定义;

◇明确具体执行步骤,重点在于执行计划所需措施、手段和方法、团队及其他主要资源的分配。

刘春花说完后又提醒道:"还要注意,对于多种经营的企业应针对不同的经营种类分别制定战略计划。"

"如果我们了解且掌握了企业战略目标后，怎么去分析和了解客户的战略规划呢？美丽姐，把你的秘籍告诉我呗。"大雄嬉皮笑脸地跟美丽讨要"秘籍"。

"行啊，不过你先跑一趟，给我和刘主任倒点水，顺便再去给我们买两个冰激凌。"美丽和刘春花都笑了。

大雄果真去买冰激凌了。大家也趁机休息了一下。

休息一会儿后，美丽主动对大雄说："你刚才不是想了解怎么分析企业的战略规划吗？"

"嗯！嗯！美丽姐，你快说啊！"大雄满眼渴望。

美丽很老练地说："在分析的时候，以企业的战略规划作为前提，对假定条件提出疑问，一般情况我是这样来做的（如表6-2所示）。"

表6-2 企业战略规划分析

对企业市场战略的分析	为什么企业能够维持原客户并吸引新的客户 企业的竞争优势是什么 怎样才能增强企业的竞争优势
对企业财务目标的分析	采取什么样的财务战略才能使企业达到预期战略目标 这种财务战略是否合理
对于管理层的分析	在企业中规则制度是如何产生的 企业的管理层将来是否也用同样的程序来作出决定 企业是愿意承担风险还是反对承担风险 管理层的灵活性如何 对市场变化的应变能力如何

美丽把战略规划分析讲完后，又对大雄说："经过这样一番了解后，我们就可以全面了解下面的内容了。"

◇ 了解企业自身存在的优势和劣势；

◇ 了解企业在行业中的地位；

◇ 了解整个行业的发展状况；

◇ 了解企业的竞争能力；

◇ 了解企业的目标，企业管理层及员工是否同心协力朝着这个目标努力奋斗，以及管理层执行战略规划的能力；

◇了解企业的战略规划是否与企业的实际情况相符，以及距离实现这个战略目标还有多远。

大雄接着又追问道："凤凰茶业有限公司的战略规划情况分析是怎样的呢？"

凤凰茶业有限公司为了实现集生产、销售、旅游一条龙的目标和发展方向，公司实施了品牌战略、营销战略、企业文化战略和人力资源战略，并有相应的流程标准、内控制度等保障战略规划的实施。

核心产品如何与市场需求匹配

刘春花吃完冰激凌，擦了擦手后接着说："现在你们已经对企业的一般特征，包括企业目标和战略规划有了一个大概了解，那我们再来看看企业的产品。如果客户的产品不能满足市场的需要，则可以肯定其销售将会下降，利润将会消失。如果与一个不能持续生产、销售市场所需要产品的企业信贷合作，银行将会面临极大的风险。"

大雄听刘春花要开始讲产品与市场的分析了，赶紧集中精神。

刘春花说："我们在评价分析产品与市场的配合情况时，常常要关注以下几个主要问题。"

◇产品满足市场需要的程度如何？

◇市场及需求是否会保持不变？

◇产品策略环境是否能跟上市场的变化？

对于这几个问题下面展开来讲。

供不应求，还是供大于求

刘春花特别强调说："企业生产的产品不仅要在当前，而且未来也必须真正满足市场的需求。对于这一点，着重分析企业的产品是供大于求，还是供不应求，或者供求相当，以期望确保在贷款期间企业的产品市场保持平稳。"

比如，我们准备为凤凰茶业有限公司提供贷款，那我们就希望在（贷款）期数年内凤凰茶业的产品市场能持续稳定，且企业在市场中的地位经过企业的经营循环能保证银行贷款的偿还。那么这时就要分析产品满足市场需求程度。从企业的销售增长趋势来看，茶叶市场的需求一直处于稳定增长，随着人们越来越关注健康，有机茶更受爱喝茶人的喜欢。

市场需求的变与不变

大雄笑呵呵说："说到市场需求是否会保持不变，我是这么理解的。如果企业的产品有一个稳定且盈利的市场，消费习惯和技术都没有太大的变化，而且企业的客户没有满意的替代产品可以选择，那么我们银行的信贷风险就较低。"

"是啊，这个时候，企业的产品市场的发展完全可以预见且逐年平稳。"刘春花说，"对银行来说，如果企业的产品市场变化无常，而企业的营销战略难以作出合适的反应，那么银行的信贷风险是很高的。"

大雄说："我觉得茶叶市场需求逐年的热点是在变化中的，今年热销减肥茶、明年热销苦荞茶，如果企业适应不了，那情况就不妙了。"

"所以说，产品单一、作坊式的茶企业的生存空间是有限的，而像凤凰茶业这类规模化的企业，拥有多样化的茶叶品种，面对大众消费口味变化的市场，能快速调整产品重心，适应市场需求。"刘春花说。

关注产品策略环境

"除了关注上面几点外，产品策略环境也应给予特别关注。"刘春花继续说道。

大雄好奇地问美丽，什么是产品策略环境。往往这类问题，大雄还是愿意请教美丽的，毕竟大家年龄相当，问答起来容易些。

"产品策略环境一般指主营产品在市场中的重要性、差异性、替代性所面临的风险和竞争的策略。"

"那怎样发现产品存在的风险呢？"大雄继续追问美丽。

"在理想情况下，通过比较分析，可以发现企业产品存在的弱点或风险。我们还是继续听刘主任讲吧。"美丽被问得有些焦虑了。

刘春花呵呵笑着说:"那么,现在我们先来考虑企业产品风险存在的问题(如表6-3所示)。"

表6-3　企业产品策略环境风险分析

产品环境	风　　险
产品重要性	生产高成本产品的企业面临由于消费类型彻底改变而带来的风险要大于生产食品、服装、居住产品等永久需求品的企业。这是因为前者成本高又不是必需品,而后者是生活中长期不可缺少的很重要的物品
产品的差异性	一个企业的产品差异性越大则表示能与这种企业相当的替补企业越少,企业的产品转向竞争者的产品成本将十分高,由此,产品的风险越低。如果产品具有完全差异性,则客户忽然转用其他新产品或竞争产品的可能性将降低
产品的替代性	一个以销售生活日常用品、盐类、奶制品等一些以基础价格和产品实用性定价的产品对于银行则表现为高风险。此类产品很容易产生替代产品。从事此类行业的企业几乎完全依赖于成本竞争

刘春花问大雄听懂没,看到大雄点了点头,她又接着说:"那么接下来,我们就来说说竞争策略。企业可以采用广泛的竞争策略,以适应市场需求并且在竞争中脱颖而出。"

◇价格;

◇提供给客户的信用方式;

◇服务方面,企业应提供卓越的支持及服务以使自己优于竞争者;

◇在产品质量方面超越对手;

◇品牌形象方面,通过媒体、图片等方式宣传产品;

◇充足的产品和方便取得的程度,企业应保证其分销途径,使得产品在所有可能的条件下随时都能保证供应;

◇领先的技术,企业希望自己的产品能够被公认为技术上的领导者,因而在公众心目中建立起良好产品形象。

大雄问美丽:"我知道,这些竞争策略如果运用得好的话,会让企业获得更多收益。但作为信贷人员,认识这些竞争策略,对我们的信贷分析有什么用呢?"

美丽笑着说:"企业如何选择竞争策略直接影响着企业的资产周转情况和财务报表上所反映的数字,因而对竞争策略的认识可以帮助预测财务报表的大体趋势(如表6-4所示)。"

表6-4 企业产品策略对财务报表影响

策　略	对财务报表的影响
低价格	伴有低边际贡献的销售量,低产品成本,高固定资产利用率
优惠的信用方式	高于通常的应收账款回收期
更好的服务	较高的客户服务人力及设备支出
产品质量	较高的边际贡献,较高的质量控制成本,低退回率
品牌形象	大量的广告成本支持
产品的充足和方便获取	高分销成本
领先的技术	高研发成本,较高的固定资产周转率

我们再看看凤凰茶业有限公司的产品策略:公司目前生产的产品有绿茶、黑茶、苦荞茶、桑叶茶四大有机茶系列,几十个品种。有机茶系列属于高档产品,针对产品的特性,企业采用了专卖店加经销商、零售加团购、国内和国外相结合的模式,并利用品牌的形象开拓市场,在产品质量方面,力求符合国家标准,取得相关资格认证。这些都表明,该企业的产品策略环境已经趋于成熟,市场竞争有较强的优势。

周而复始的经营循环风险

这时,刘春花到会议室外面接电话去了,办公室只剩下大雄和美丽。

大雄转头对美丽说:"通过这么一讲,我感觉我对凤凰茶业有限公司的认识也更专业、更全面了。茶叶对咱们中国人来说不可或缺,尽管茶行业存在差异性较小,又有一些替代品,但凤凰茶业有限公司确实创造了自己的品牌,在产品策略方面我觉得做得很到位。"

"还行吧,在我们这个县,比起其他公司还是具有一定的竞争优势,但同国内其他茶业公司相比还是有很大差距的。"

大雄也同意美丽的说法,想了想问美丽:"下面我们会讲到什么内容?"

"应该开始进行企业的经营循环分析了吧。企业的运行循环包括取得劳动力、原材料及各种供给,生产产品或提供劳务。"美丽说,"客户的运行循环越是连续并可预测,风险就越低。通过经营循环风险分析,你会发现两点。"

◇反映企业是否与其目标、战略和竞争策略相一致的初步的一些具体的指标。

◇你还需要找出可能导致无法预测的损失或危及还款的风险所在。

关于企业的运行循环,我们还是多听听刘主任讲的吧,我在这方面的认识也是比较肤浅的。

这时刘春花接完电话回来了,欢快地说:"美丽,明天××企业来还款,你帮他把手续办了。"

"好啊!"美丽高兴地答道,"这家企业由于进货渠道有点问题,价格比其他同类企业偏高,我正担心能否按时还款呢,现在好了,可以放心了!"

货源在哪里

刘春花安排好后,又精神百倍地开始说道:"刚才已经讲了产品市场及产品策略环境,那现在我们讲一讲企业运行循环供给方面的分析。对客户的供给线的分析应着重三点。"

◇企业从何处取得必要的劳动力和原材料?

◇企业可以在多大程度上控制劳动力及原材料的价格,获取途径?

◇企业用什么方式确保持续以能获利的价格获得劳动力和原材料?

可以把上述分析压缩为三个变量:议价能力、可取得途径及采购。

议价能力

如果客户能够影响其供应商提出的价格,说明其拥有良好的成本及获利的控制能力,其风险便低于那些完全由供应商控制价格的客户。

大雄说:"哈哈,这点我比较有感触。我家旁边那个水果摊,生意火得不得了。我曾去问过,水果批发商都喜欢跟他合作,价格方面也相对要低一点儿,关键是有的时候还可以赊销。"

美丽调侃说:"你还搞社会调查呀。"

大雄不以为然,嘿嘿笑着说:"我也就好奇罢了。"

刘春花赞赏地对大雄说:"作为一个经济工作者,就要时刻关注身边所发生的这些事情。总体来说,企业为降低其供应商的影响力与依赖性可从四个方面入手。"

◇分散采购以降低依赖性。银行经常运用10%原则,即如果客户10%以上的采购来自于同一供应商应被视为高风险。

◇避免转换成本。例如,产品设计时可使其零件能够从数家厂商取得,使得改变供应商不会对产品产生影响。

◇寻找其他供应源,或帮助新供应商进入市场。

◇在供应行业中推广标准化的产品。如果每个厂家都能做出所需的零件,就不会出现只有一家供应商单独占有优势的情况了。

"为了一个更理想的进货价,原来还有这么多诀窍和方法啊。"大雄自言自语道。

可取得供货途径

"在信贷分析时,我们需要关注企业在供货途径发生变化时的生存及获利能力。这主要取决于企业的议价能力及供应渠道,供应渠道越多,风险就越低。"

等刘春花说了供应渠道后,美丽补充说了一下凤凰茶业有限公司的情况。

凤凰茶业有限公司以前大量依赖于从外面采购茶叶,造成收购茶叶的成本很高。现在,尽管有自己的茶叶种植基地,但茶叶的收获期也要等两三年,所以企业原材料供应方面仍然需要采购,这就是该企业目前面临的高成本风险。

采购

刘春花又接着美丽的话说:"嗯,不错,现在凤凰茶业有限公司的原材料供给方面的成本太高。另外,我们在采购分析时还需关注一个长期的问题,即供应不足或供应过量,这暗示企业生产计划存在缺陷或者采购部门的工作不力。"

"那如何来检查分析这些风险呢？"大雄现在最关心存在的风险了，因为他已经明白企业的风险无处不在。

美丽说："与供给相关联的风险会在财务报表上有所反映。在资产负债表上，我们可以看到其对存货账户的影响。供应量过量会使存货积压，供应不足则相反。而价格或议价能力经常反映于销货成本：如果客户控制着采购价格，则销货成本会平稳甚至以销售额的一定百分比下降；而供应商控制着供货价格则会使销货成本不稳定或上升。"

不懂生产经营，如何判断风险

听美丽这么一说，大雄就全明白了。"哦，我大概明白信贷分析时，可以通过哪些问题来评测、分析企业的采购风险所在。那像我这样不懂生产经营的人，又怎样通过企业的生产活动评判其风险所在呢？"

"想当初"，美丽直了直身子说道，"我也是一个初出茅庐的大学生，对企业的运作也是一窍不通，后来在刘主任的耐心帮助下，走访了数家企业后，才明白在信贷分析时，我们不必成为各行各业的生产运营专家，对企业的生产活动的了解可以只侧重于重点的问题。通常情况下，关注四个问题即可。"

◇企业是否能持续地生产出质量合格、数量充足、供货及时的产品？

◇生产程序是否按照成本最低化，甚至低于竞争对手的方式来组织设计？

◇生产程序是否能够抵抗自然灾害或适应技术变化？

◇企业是否与雇员保持良好工作关系，特别是与那些能代表大多数人意见的雇员保持良好关系？

"大雄，你要记住，关注相关问题的过程，其实就是一个信贷分析的过程。美丽说的这些分析可用两个词来表述——生产成本及生产持续性。"刘春花担心大雄陷入为关注问题而只关注问题，从而忽略了关注问题的实质意义。

"刘姐，我记住了。放在以前我可能不知道为啥要关注这些问题，现在我知道了,在信贷中,所关注的问题其实就是通过这些问题来揭示企业经营细节的来龙去脉,分析出其风险真正所在。"

刘春花眼睛一亮,说道:"哦,那我担心是多余的了,我们接着讲下去。你帮我把那张'企业生产经营风险分析要素'的PPT找出来(如图6-4所示)。"

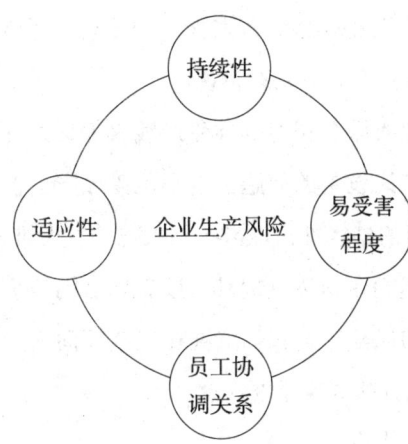

图6-4　生产经营风险分析要素

评价企业的生产风险需要关注:

◇生产经营的持续性;

◇生产企业对新技术变化的适应性;

◇对灾害的易受害程度;

◇员工协调关系。

持续性

刘春花等大雄把PPT放好后,就开始讲起来:"持续性对所有企业都很重要。客户希望企业能提供准时到货及可靠的质量,而银行希望企业能持续经营下去,不仅企业自身能通过持续的运转获得收益,最后也能归还银行的贷款。持续性是企业生产最基本的条件。"

美丽插话说:"持续性对于保持低生产成本也很重要——长时间停工或打断日常工作会导致单位成本的增加。因为在这期间,生产虽然暂停,但仍然要支付日常管理基本费用,如人员工资、水电物管费等,造成单位成本的增加。我遇到过短期不能持续的企业，如果在比较长的时期内仍然不能恢复生产，将给银行带来很大风险。"

"那一般什么样的企业容易停产呢？"大雄除了真正见过凤凰茶业的企业运作外，还不曾了解其他企业是怎样运作的。

"通常情况下，越复杂的生产程序，操作的步骤就越多，需要解决的问题也越多，所需的机器就越精密完善，一旦某个环节出现问题，就随时有可能造成企业全面停产。"刘春花说。

"哦，凤凰茶业有限公司有几条生产线来保证茶叶的生产，那看来也有可能因为某条生产线设备的问题出现小范围停产，但这家企业还有其他购货途径，生产经营的持续性应该影响不大吧？"大雄说道。

"尽管如此，我们在信贷分析时，或者以后的信贷管理中，既然知道了企业会存在这样的风险，那我们就要在贷款期间内，时刻关注企业持续经营状况。"刘春花提醒大家不要大意。

对新技术变化的适应性

除了关注企业的持续性，还要关注企业对新技术变化的适应性。技术的变化对那些使用新技术以显著提高产量、降低成本的企业有很大影响。低成本的生产者必须经常更新其生产技术，技术更新越频繁，企业适应能力越强。因此，企业应该努力更新技术以生存。

刘春花喝了口水，继续说道："通常，在技术更新频繁的行业中，企业对于技术更新通常都不及时，因此其风险也就非常高；相反，在技术更新不频繁的行业，企业总是能及时更新，跟上时代，其风险相对很小。"

"没明白。"大雄皱着眉头摇了摇头，苦恼地说。

美丽看到大雄的样子，又解释道："比如，在今天的网络时代，电子技术更新换代频繁，如果跟不上潮流，产品性能不能适应新技术的变化，曾风靡一时的传呼机，现在在市场上已经找不到了，这类行业风险就非常高；相反，那些技术更新不频繁的行业，如生产日用品行业，包括茶叶生产行业，在这方面相对来说风险就较小。"

"嗯，美丽解释得对。这下应该明白了吧？"刘春花关切地问大雄。

大雄乐呵呵地点了点头。

对灾害的易受害程度

"现在，讲讲企业生产对灾害的易受害程度。"刘春花继续说。

"对灾害的易受害程度意思是评价分析企业对各种灾害容易遭受的风险程度吧？"大雄问道。

看到刘春花点了点头，大雄又继续问："通常情况下，企业生产可能会面临哪些灾害呢？"

"包括你所能想象到的各种灾害，比如恐怖事件、战争、罢工、火灾和水灾等，这些灾害都能对企业生产经营产生破坏性的影响。通常银行评估的是贷款期内对灾害的易受程度，那此时就要结合国际、国内形式及企业内部管理机制等来综合评估。"刘春花笑呵呵地说。

员工协调关系

大雄说："我知道，像员工罢工之类的事，就是管理层跟员工之间由于某种原因没协调好而发生的事故。"

"所以在企业生产经营风险分析中，还要关注企业中员工协调关系。我们对企业的员工协调关系风险应具体事件具体分析。不管怎么说，在处理与员工之间的协调关系时，企业的管理层应该尊重企业员工并且同时获得员工的尊重。"刘春花刚一说完，就看见王二和李四进来了。

听到刘主任在说员工协调关系，王二就玩笑似地说："哈哈，我们行里的员工与管理层就很融洽，像刘主任，哪个敢不尊重，我首先就不答应。"

美丽笑着答道："那你要24小时都保护刘主任哦。"

哈哈，大家嘻哈着缓解了一下高度集中的精神。

销售过程存在哪些风险

"笑够了吧，我们还是赶紧请刘主任给大家讲一讲业务循环的下一阶段：分销系统和销售吧。"美丽提醒大家。

其实，刘春花看到大家都很开心的样子，自己心里也很开心，所以也跟着大伙乐开了去。

大雄很快就反应道:"好!好!刘姐,赶紧给我们讲一下这节主要分析客户的哪些方面?"

刘春花知道,尽管今天主要是帮助大雄提高业务素质,但其他同事在工作中也存在这样那样的不足,所以也想趁这个机会给大家梳理一下业务。

"好吧,我们抓紧时间讲。"刘春花笑着说,"在这里,我们需要掌握公司能否确认其客户,进行销售,并将商品发出。我们先讲分销系统。"刘春花说完就开始自己在电脑上放映这页的PPT。

"分销系统?"大雄正在记笔记,听刘春花说的这个词挺新鲜的,习惯性地问美丽。

美丽说:"每一个分销过程其实也就是一个销售过程。分销系统主要包括分销渠道及分销策略。"

大雄"哦"了一声,笑眯眯地悄悄谢了美丽。

分销系统分析

刘春花弄好PPT后,开始对大伙说:"我们将从三个方面分析分销风险——范围、控制和应变能力。换句话说,我们主要分析分销系统能否在合理的成本内,在不失控且能免受外界环境影响的条件下满足自己的客户。"

"那如何定义产品分销系统的起止点呢?"王二也加入了讨论。

刘春花说:"在此为便于讨论,定义分销系统是从产品离开车间或经培训的人员可以提供服务时开始,在产品被消费者购买时截止。"(如图6-5所示)

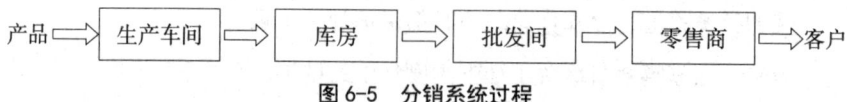

图6-5 分销系统过程

PPT上显示企业产品分销的过程包括以下几种活动:
◇存储已准备好可以发往买方的产品;
◇将产品运至买方的地点;
◇向客户展示或销售产品。

"分销的过程在信贷分析中,会有哪些影响吗?"大雄晃了晃大脑袋，问美丽。

"在产品的分销过程中，虽然当产品被售至分销链的下一阶段后，分销链对企业的利润表就不再有影响了，但是应该从企业长期发展的眼光来看待分销链。分销链中最后几个环节，就是将产品送至客户处的环节，会对利润表中的收入项目有重大影响。如果分销链的末端薄弱，会在销售中反映出不好的业绩。"美丽说完后，示意大雄继续听刘春花讲。

对于一个企业的分销系统来说，分销系统的好与坏，依赖于它所处行业的基本经济状况和企业在分销方面的战略决策。这种战略可以用两个字来概括——整合。整合就是产品分销系统向下一分销链整合，向市场整合，可以降低成本并增加对分销程序的控制。整合有三个层次：

◇不整合分销策略：制造商生产一个产品并将其卖给批发商，再由批发商卖给其他人；

◇部分整合分销策略：产品制造商向下一分销链整合至批发阶段；

◇完全整合分销策略：产品制造商完全整合分销策略至零售阶段。

"关于分销，我知道一点儿。现在企业已经意识到市场的重要性，为有效占领市场，对于处于成熟期或标准化的产品而言，渠道制胜为法宝，谁的渠道拓展得快，谁就有可能成为市场竞争的赢家。因此，企业的产品策略纷纷利用分销渠道开拓市场，快速地扩大市场份额。"王二插了一句。

"所以说，分销系统策略对企业来说至关重要。"刘春花继续说，"通常在信贷分析时，我们将从三个方面分析分销风险。"

◇市场范围分析，分销系统通过各种渠道能将产品送至最终用户的范围，即产品市场份额；

◇分销系统控制分析，公司对客户购买行为和产品推广销售的管理。通过有效的分销系统的管理，不仅加快市场响应的速度，提高客户服务水平，而且也能对应收账款进行合理的管理。

◇分销系统的应对能力分析，公司应付可能会影响公司接触客户的能力的自然灾害或分销方式变化程度。

刘春花看了看大伙好像也没有什么不明白的，就接着讲下一个话题。

销售活动风险分析

分析业务循环风险的下一步是考虑企业的销售活动。在风险分析中,我们的分析将集中在四个方面:竞争程度、竞价能力、需求程度和集中程度。(如图6-6所示)

图6-6 销售活动风险分析

美丽说:"在销售活动的风险评价分析时,通常情况下,我是从以下几个方面进行分析的,包括凤凰茶业有限公司的分析也是这样的。"

◇将借款人的销售方式和他的竞争者相比较。若借款人选择销售费用最小且收入最大的销售方式,那这类企业通常在竞争中有一定的优势,风险最小。

◇也需要了解是什么样的管理决策导致了他们的销售业绩。

◇对风险的评价应主要放在可预测性上,即借款人能否在贷款期间内或更长时间里保持优良的销售业绩。

◇如果销售业绩是由整个市场容量的增长造成的,而企业的市场份额保持不变或是减小了,那么当市场增长速度放慢时,企业的营销策略还能保证有这样的销售业绩吗?

◇如果销售业绩是由于积极销售的方式和大规模的广告策划得来的,此时就需要考虑其他因素,如销售费用、广告费用及所取得的成果。企业有可能为了使销售额翻番而不惜血本地花费了其所不能承担的费用。这样的企业将是风险极高的。

听完美丽的经验介绍后,刘春花说道:"美丽的经验很宝贵,大家要多请教。现在我还是把销售活动中的四个方面逐一分析给大家,这样大家在信贷业务分析时,会更具条理性。"

刘春花认为,对于这种非量化的分析,思维方式更显重要。像大雄这种刚接触信贷业务的新手,必须把每个分析细节都帮他归纳一下,才能让其养成一个好的逻辑思维习惯。

◎竞争程度

"关于竞争程度,好理解:竞争程度不大时,风险就低;当白热化的竞争加剧时,风险就会增加。"刘春花说。

◎竞价能力

"竞价能力指企业价格竞争能力。企业对其最终价格的控制力对企业的收益会有重大影响。对价格控制力越强的企业风险就越小;反之,风险就越大。一般情况主要考虑这几个问题(如图6-7所示)。"

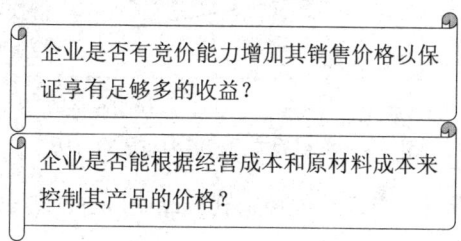

图6-7 竞价能力主要考虑的问题

"那如何判断借款人在竞价能力方面有无竞争优势呢?"大雄问。

"你问得正是时候,我也正准备给大家讲呢。"刘春花笑呵呵地说道,"借款人在竞价能力方面有竞争优势应当具备以下一个或多个条件(如图6-8所示)。"

- 借款人的行业很集中,客户只有很少的选择余地。
- 客户对借款人的需要是因为借款人可以提供特殊的服务、可定制的产品或客户某个产品中的关键部分。
- 客户的转换成本很高。比如,如果客户转向借款人的竞争者时可能需要不同的工具、重新设计或是重新培训。

图6-8 竞价能力竞争优势条件

通过这样的分析判断后,就可以了解借款人的竞价能力了。

◎需求程度

"好吧,现在开始讲产品需求程度的风险判断。"刘春花缓了缓,又开始讲下面的内容了:"需求程度指客户对企业生产的产品的需求程度。大家都知道,企业控制需求的程度直接影响风险的程度,下面来看一个图(如图6-9所示)。"

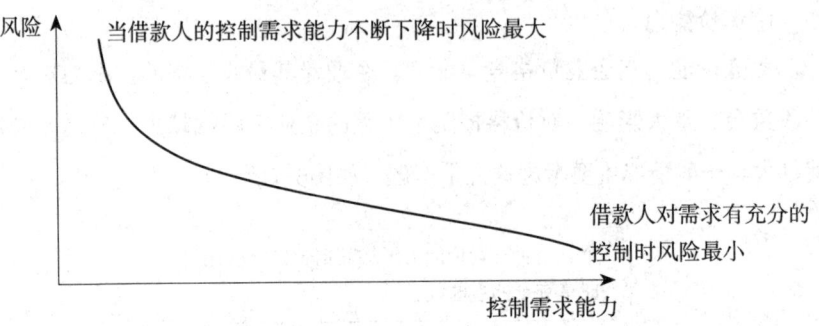

图6-9 控制需求程度能力与风险分析

从图中可以看出,当借款人控制其产品或服务的需求能力下降时,风险就逐渐增大了。

"有意思。那企业一般都采取哪些措施刺激消费者的需求呢?"大雄边问边想到电视中的许多广告,有卖药的、卖衣服的、卖汽车的,五花八门,几乎生活中能见到的消费品都有广告,自己偶尔也会被这些广告打动,然后去购买。

刘春花说:"刺激需求的行动因产品的类型和市场不同而不同,消费品企业必须花费巨额资金才能使大众关注其产品。生产日用消费品,如汽车、牙膏、保健药品、烟、酒等的企业,在取得其产品知名度并促进需求时要付出许多广告成本。"

大雄心想,是啊,如果没看到这些广告,谁会专门去买哪种牌子的商品啊。

"但另外有一种情况,生产工业品的企业面临着一个不同的问题:客户会按照产品特性来购买产品。所以,大量的广告不一定有效果,销售成功的关键在于高质量的产品、快速的周转和持续的客户服务。"

大雄眼睛一亮,是啊,那些特定的产品根本没有什么宣传,最多也只是了解企业的情况。比如半导体产品,无论电视上、网络上几乎找不到针对此类产品的宣传。

◎集中程度

刘春花把需求程度讲了后,问大家有什么问题没有,大家都把脑袋摇了摇。

刘春花就接着说:"那我们就开始讲集中程度。所谓集中程度,是分析借款人的客户差异性。比如,当企业的客户分散时,风险就小多了,那种有数百个客户且每个客户所占的比重都很小的企业,就属于这一类。像这类企业,如果失去几个客户对企业长期的盈利能力并不会有重大影响。风险最高的是所有销售只集中在一两个客户身上的企业。"

"这点我知道,这里会涉及很多银行工作人员喜欢应用的一个简单原则——10%原则。意思是,当对单个客户的销售占到借款人总销售的10%或以上时,表明企业面临的风险就开始增大了,因为失去这个客户可能会严重降低借款人的盈利能力。"李四插话道。

美丽点头说:"我们在实际的信贷工作中,也经常运用10%原则来评估、分析企业的风险。"

刘春花提醒大家:"在实际工作中,也不能很死板地运用一些方法和工具,信贷人员要具体问题具体分析。美丽,你把凤凰茶业有限公司的销售活动风险给大家分析分析。"

美丽边想边分析说:"凤凰茶业有限公司的销售活动风险可从以下四个方面分析。"

◇竞争程度方面:企业已经步入了规模化品牌发展之路,所以企业具有一定的竞争优势。

◇竞价能力方面:面对市场上琳琅满目的茶叶品牌,企业所采取的营销策略力度因资金不足,导致在竞价能力方面的优势不够强。

◇需求程度方面:对于茶叶消费群体来说,需求程度一直在稳步增长;但茶叶品种的替代性较强,消费者对某一类茶叶的喜好的需求程度变数较大。企业只有不断研发符合当下大众口味的茶叶产品,才不至于被淘汰。

◇集中程度方面：凤凰茶业有限公司2018年在专卖店的销售额为800多万元，经销商销售额为6000多万元，团购700多万元，其他零售收入1000多万元，企业客户较为分散，集中度不强，表明企业所面临的风险较小。

"好，美丽分析得不错。"刘春花看了看表，时间已经很晚了，得把最后一点给大家讲了，今天才算告一段落，明天继续财务分析。

经营管理风险藏在哪里

为完成企业经营风险评价、分析，最后还应该注意对企业的经营管理风险进行分析，重点关注管理层的力度和深度。银行必须评估管理层的目的，是要确定企业是否有足够的管理广度和深度，以保证无论谁离开，企业还能持续运转，且能保证贷款按期归还。

大雄打了个哈欠，眼睛眨了一下问道："那从哪些方面来分析、评估企业管理层的风险呢？"

"大家都累了吧，坚持一下，马上就要讲完了。"刘春花笑着说，"管理层的评估是信贷分析的核心部分，通常通过以下几个方面来分析。"

◇管理层诚信度、学识、能力；

◇过去经营管理的经验；

◇管理层的稳定性；

◇企业对其依赖程度或可替代性。

听见刘春花对管理层的分析评估后，美丽深有感触地说："管理层的评估、分析，对中小企业尤其重要。在我接触的大多数中小企业中，企业成功与否与企业的主要负责人有很大的关系。凤凰茶业有限公司的决策者是法定代表人兼总经理曾大千，所以在企业管理风险分析时，会着重分析总经理、财务负责人、销售负责人等的情况。"

"好吧，关于管理层的分析，前面也说了不少，这里只是提一下。"刘春花拍了拍手，轻松地对大家说，"至此，我们已经完成了对行业和企业的风险分析，基本确定了借款人的主要风险。如果风险太大，就终止这项业务；如果值得进一步深入分析，那就得探究其他方面的风险。"

"来看这张表（如表6-5所示），企业经营的竞争优势表现有哪些现象，企业经营中的劣势表现有哪些现象，在实际信贷分析工作中，依据这张表基本能找到企业在经营过程的优势和风险所在。"

表6-5 企业经营中的竞争优势和风险

优　势（+）	风　险（-）
在特定的市场区域中较强	会受到主要竞争对手的挑战
市场份额扩大	市场份额逐渐在缩减
市场中处于主导地位	销售增长低于平均水平
有明确的市场战略目标	缺乏管理技巧
客户群增长或客户忠实	资金来源匮乏
具有创新、开拓精神	客户口碑逐渐下降
管理层执行能力强	产品更新速度逐渐减慢
产品特色突出	处于劣势的竞争状况
销售持续稳步增长	很难适应激烈的竞争压力
成本具有竞争优势	市场成本高于同行业
拥有良好的市场营销策略	因规模太小而不能成为市场的主要竞争者
技术创新能力高于平均水平	没有真正明显的竞争力
具有现代化管理模式	管理者经验不足
有能力通过多种渠道融资	不能应付正在出现的威胁
具有较长的经营历史	不能很好地把握市场时机

企业经营战略性竞争状况分为六大类（如表6-6所示），表明企业的经营竞争状况。在信贷分析时，信贷员需要根据企业的竞争状况，分析企业存在的经营风险。

表6-6 战略性竞争状况分类

竞争状况分类	竞争状况说明
主导地位的竞争状况	在控制其他竞争对手方面的行为和战略具有广泛的战略选择余地，能独立于竞争对手的行为
强大的竞争状况	在不危害长久利益的前提下，可以采取独立行动面对竞争对手的行为，通常可以维持长期地位
有利的竞争状况	在行业情况有利的前提下，通过一定的战略，可发掘出自身的优势有高于平均水平的能力对竞争地位进行改善，如果稍有进步，就能保持安全的竞争地位

(续表)

竞争状况分类	竞争状况说明
可防守的竞争状况	在业务活动中有足够的潜力和实力保证连续经营，与行业中的主导企业保持默契，可维持目前状况，但对目前状态进行重大改善的可能性不大，仅有边际利润。如果再前进一步，就会有利润，但这样很容易受竞争对手行动的影响
劣势的竞争状况	目前有不满意的业绩，但有优势可以发挥，具有一个更有利地位的许多特点，但要遭受过去的失误或现在劣势。短期地位是固有的，必须改变以求生存
不能生存发展	近期有不满意的业绩且建立的优势更少了

大雄皱着眉头问："刘姐，这些都是很感性的判断，有没有可量化的工作分析表来指导信贷分析工作呢？"

刘春花笑着说："有啊，美丽，你把那张评估'经营风险工作指导表（如表6-7所示）'给大雄看一看。"

美丽从手中的资料里翻出了"经营风险工作指导表"递给了大雄。

表6-7 经营风险工作指导表

风险水平	很低	低		适度		高		很高
	1	2	3	4	5	6	7	8
行业总体风险情况								
总体经营风险分析								
规模								
成熟度								
产品/服务风险分析								
重要性								
多样性								
质量								
原材料供应风险分析								
集中度								
价格								
生产运营风险分析								
连续性								
技术								

（续表）

风险水平	很低	低		适度		高		很高
	1	2	3	4	5	6	7	8
灾害								
分销系统风险分析								
市场份额								
可控制度/灵活度								
销售系统风险分析								
竞争								
集中度								
需求								
价格趋势								
管理层风险分析								
诚信度								
竞争力								
经验								
深度								
广度								
总体业务风险								

刘春花说："这张表可以作为整体风险评估表，风险水平划分为很低、低、适度、高和很高，然后分别给出了1~8八个数字。大家根据这张表把企业的各项风险数字填进去后，就可以推断出整体业务风险，对信贷决策起一个借鉴的作用。"

刘春花说完后，看到大家都有点疲惫，就边收拾东西边笑着对大家说："已经很晚了，今天就到这里，信息量很大，回家慢慢消化一下，有问题明天来再说。明天我们会对凤凰茶业有限公司的财务及借款原因进行信贷分析。"

大雄把美丽给的那张表从上到下仔细看了一遍，这里面几乎涵盖了全部经营风险的分析。心想，今天回家后，用这张表试着给凤凰茶业有限公司评估评估，明天拿给美丽姐看看。

第7章
看透财务报表

　　第二天,大雄一早就来到办公室,看见美丽正在电脑前专心写报告,悄悄走到美丽身旁,轻轻喊了一声:"美丽姐!"

　　美丽被吓了一跳,转过头看大雄很神秘的样子就问:"什么事?"

　　大雄拿出手中的表单笑嘻嘻地说:"美丽姐,我昨晚回去试着填了一下,最后得到凤凰茶业有限公司总体经营风险是4.7分。"

　　美丽故作惊讶状,"哦?我看看你是怎么得出这个分值的。"美丽早就料到大雄会这么做,她接过大雄的表看了看,"你为啥对管理层不是很看好呢?给了6分。"

　　大雄回答说:"我对管理层的诚信还是比较看好的,觉得没什么风险,但就管理层的知识、能力等方面感觉在同行业中不具备很强的竞争性。"

　　美丽呵呵一笑说:"看来你对凤凰茶业有限公司的经营分析及其行业分析心里基本有谱了嘛。要不这样,凤凰茶业有限公司的非财务方面分析由你来写,我协助你完成,怎么样?"

　　大雄对美丽交待的这个任务很兴奋,跃跃欲试。

　　这时,刘春花大步流星地走了进来,看他们俩很高兴,问原因。

　　美丽忙笑着说:"我叫大雄写凤凰茶业有限公司非财务方面的分析,他就高兴成这样了。"

　　"哦,好啊!"刘春花也希望大雄能尽快上手,说道:"只有亲自

'操刀'后，才能真正明白信贷人员要如何进行信贷分析。当然，在进行行业分析、经营分析、管理分析等分析时，重要的是清楚分析的目的，揭示企业有什么风险影响？对财务指标的影响是什么？未来企业的财务状况预测情况怎样？"

"哦，我明白了，意思是财务分析必须在行业分析、经营分析的框架之下进行。"大雄说。

"是这样的，所以行业分析要先于财务分析。如果行业风险及经营风险很大，银行就不会接受这笔贷款申请，也就不再进行财务分析了。"美丽说。

"财务分析是信贷管理的重要组成部分，贷前调查、贷时审查、贷款监管都是不可缺少的重要环节。"刘春花说，"财务报表分析是为了评估一个企业过去的经营业绩、目前的经营状态以及预测未来的前景，并对其财务报表及其他相关财务资料进行系统分析和审查。在这个分析过程中，我们可以看到借款人会为我们提供其过去经营业绩很好的一个画面，同时我们也会从中发现企业的一些问题。"

刘春花站了起来，继续说道："王二和李四到企业走访去了，今天我们仨还是一起到会议室把凤凰茶业有限公司的财务状况分析一下。"

大雄跟美丽收拾好资料后，跟刘春花来到会议室。

财务分析要分步走

来到会议室，刘春花快言快语地说："二位，我们现在开始讲财务分析。财务分析的过程不是一个加、减、乘、除的过程，而是通过财务报表纸面上反映的数据来揭示其背后的故事，这是一个分析、探究、推理的过程。如果拿着几张财务报表按照公式套进去计算，那是徒劳无功的。"

PPT上显示：财务分析过程的总体步骤（如图7-1所示）。

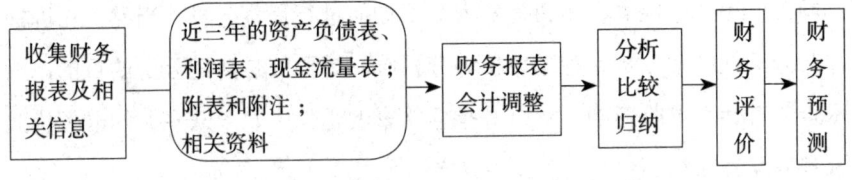

图 7-1 财务分析的总体步骤

刘春花看着PPT说:"这个财务分析步骤,美丽可能比较熟悉,但大雄还需要深入了解。"

◇在财务分析过程中,财务报表及信息资料的搜集是分析的基础。在这个过程中,信贷人员要注重报表及信息资料的质量,表外的信息更能帮助我们掀开报表华丽的面纱,看清企业的真实面目。

◇对于财务报表会计调整,信贷人员尽管不能像专业会计人员那样编制会计报表,但经过尽职调查和搜集到的信息,对于报表中偏离会计准则、偏离行业惯例、偏离企业实际情况、不能真实反映企业经营的重要项目进行调整,以确保下一步分析的结果更能体现企业的真实状况。

◇财务指标分析、比较、归纳是财务分析的核心。

◇通过财务一系列的分析方法和工具,对企业的经营状况全面作出评价。

◇分析企业是因为我们有可能为企业未来的某个时期提供贷款,需要分析未来时期企业是否有偿还能力,而企业提供的是过去的数据和业绩,因此,我们就要利用报表中的历史数据,来展望企业未来一年或数年的经营活动业绩。财务预测是信贷决策的关键因素。

大雄说:"前几天美丽姐教我如何阅读财务报表,所以现在我对财务报表基本上知道如何去阅读了。但要调整、分析还要预测,对我来说,感觉压力好大呀。"

"压力大就对了,"美丽笑嘻嘻地说道,"有压力才有动力嘛,成长才会快些。"

刘春花鼓励道:"掌握了一些方法和工具后,学习起来还是比较容易的。只不过对各方面的知识了解得都比较透彻的话,财务分析会更得心应手,对防范风险也会有更大帮助。慢慢来吧,每个人都是从第一步开始的。"

财务分析常用的五种方法

"好吧,我们知道了财务分析的总体步骤后,就该了解财务分析的方法了。"刘春花翻到下页PPT。

财务分析常用的方法有:

◇财务比率分析法: 比率分析法是信贷业务中最常用、最普遍的分析方法,主要分为构成比率分析和相关比率分析。所谓构成比率分析是指报表中各个项目占某个项目的比率。

◇比较分析法:两个或两个以上的数据进行对比分析,从数量上确定差异,进一步分析产生差异的原因。

◇趋势分析法:对比几个年度的财务报表数据来分析企业的发展趋势,判断企业是在不断改进,还是保持稳定或面临衰退。

◇结构分析法:分析某一分项占总体项目的比重,可以观察和了解总体内容的构成和变化的影响程度。

◇因素分析法:根据因素之间的内在依存关系,测定各因素变动对经济指标差异影响的一种分析方法。主要作用在于分析计算综合经济指标变动的原因及其各因素的影响程度。

刘春花指着PPT说:"这些方法是我们工作中常用的分析方法,它主要帮助我们完成以下几个方面的工作。"

◇评价财务报表局限性的风险:主要包括财务报表编制的方法和显示的信息不够完整对财务评价的结论提供基础信息所带来的风险。

◇评价企业经营业务管理风险:通过利润表中的销售情况、成本费用控制情况以及企业的盈利能力,评价企业的运营能力。

◇评价企业的资产管理风险:通过分析资产的结构及资产质量,评价企业的资产流动性及资产的变现情况。

◇评价企业的负债管理情况:资产在循环过程中,负债的匹配情况分析。负债经营是一把"双刃剑",运用得好会给企业带来巨额利润,运用得不好,会导致企业的巨大亏损。

大雄说:"刘姐,能不能把这几种分析方法详细讲讲啊?"

刘春花想了想,然后说:"这几种方法美丽在信贷分析中已经运用得很熟练了,我先把一些重要的财务比率作一个简单介绍,然后由美丽把凤凰茶业有限公司财务状况用财务分析的方法给我们作一下分析。"

美丽觉得刘主任很信任自己,心里很是高兴,连忙点点头。

刘春花开始介绍一些重要的财务比率。

探寻比率背后的故事

财务比率分析法是一种用于揭示企业的财务结构、经营状况、发展趋势等内在情况的方法,是在所有分析中最基础、最重要、最有力的工具。作为银行的工作人员,通过计算财务比率,可以帮助我们掌握企业的财务状况。

大雄说:"刘姐,不要讲复杂了,就讲一些我们在给企业做信贷调查分析时会用到的财务比率。"

"没问题。"刘春花说,"帮助我们分析企业财务状况的比率由四大类组成。"(如图7-2所示)

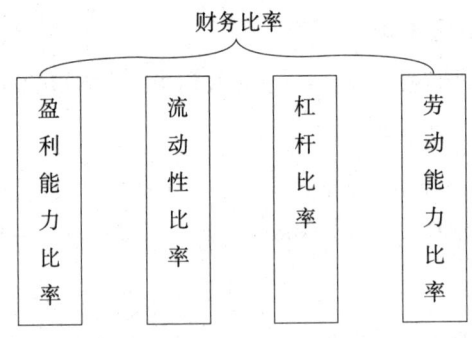

图7-2 四大类财务比率

大雄心想,比率嘛,就是哪个比哪个,应该是个简单的事,因此一脸轻松地对刘春花说:"这些财务比率是不是把同一期所有财务报表上若干项目的相关数据相互比较,求出比率?如果是的话,只要有公式,三下五除二就算出来了。"

美丽听完在旁边窃笑。

刘春花也无奈地笑了,自己是个急性子,但对教徒弟这事,是急不得的。她喝了口水后,稳了稳神,然后对大雄说:"是啊,小学生都能算出来。但在实际工作中,银行工作人员是不会孤立看待这些比率的结果的,而是根据这些结果,再结合行业的一般水平和企业所处的经营环境,综合地分析企业的财务状况,从而预测其未来的经营状况。"

大雄对刚才自己肤浅的认识感到有些羞愧。

刘春花又继续说:"比率容易算,但要了解比率背后的故事可不是一件轻而易举的事情。"

大雄红着脸点了点头。

刘春花说:"那我们先说盈利能力比率。"

◎盈利能力比率

盈利能力就是企业赚钱的能力。债权人都非常关注企业的盈利能力——企业只有源源不断地赚钱才能获得丰厚的利润,才能按时还本付息。

"刘姐,那我们怎样分析企业赚不赚钱呢?"大雄这回谦虚且小心地请教。

看到大雄的虚心样,刘春花又好气又好笑地说:"主要用到的比率有总资产收益率、净资产收益率、销售毛利率、销售净利润率、营业利润率、成本费用利润率等。"

◎总资产收益率

它是企业在一定时期内的净利润与资产平均总额的比率。

计算公式为:

总资产收益率 = 净利润 ÷ 资产平均总额 × 100%

资产平均总额 = (期初资产总额 + 期末资产总额) ÷ 2

总资产收益率是衡量企业利用资产获得利润的能力,反映的是企业全部资产对所有者的回报情况及经营管理水平的高低。在企业资产总额一定的情况下,利用总资产收益率指标可以分析企业盈利的稳定性和持续性,确定企业所面临的风险。大雄,你来算一下凤凰茶业有限公司的总资产收益率。"

大雄正在想"这个指标好重要哦",听到刘春花让自己来算,当然很爽快地回答说好，然后立刻找了个计算器，对照凤凰茶业有限公司提供的2019年3月的财务报表（如表7-1、表7-2所示）开始算了起来。

表 7-1　凤凰茶业有限公司资产负债表简表

会计期间：2018年1月1日至2019年3月31日　　　　　　　　　　　　单位：元

资　产	期初数	期末数	负债及股东权益	期初数	期末数
流动资产			短期借款	17,600,000.00	17,600,000.00
货币资金	10,157,213.40	7,404,867.30	应付账款	6,030,000.00	4,030,000.00
应收账款	16,315,602.00	18,336,788.20	应付工资	7,680,000.00	7,230,000.00
其他应收款	780,000.00	650,000.00	应交税金	307,425.43	269,460.38
存货	16,805,895.00	17,557,189.80	其他应付款	5,300,000.00	5,300,000.00
流动资产合计	51,098,710.40	49,178,845.30	其他流动负债		2,000,000.00
长期股权投资	110,000.00	110,000.00			
长期投资合计	110,000.00	110,000.00	流动负债合计	36,917,425.43	36,429,460.38
长期投资净额	110,000.00	110,000.00	长期借款	5,000,000.00	5,000,000.00
固定资产原价	24,037,199.10	28,766,900.96	长期负债合计	5,000,000.00	5,000,000.00
减：累计折旧	8,322,101.25	9,916,933.08	负债合计	41,917,425.43	41,429,460.38
固定资产净值	15,715,097.85	18,849,967.88			
在建工程	15,364,814.20	15,364,814.20	股本	8,000,000.00	8,000,000.00
固定资产合计	31,079,912.05	34,214,782.08	资本公积	9,342,000.00	9,342,000.00
无形资产	1,350,000.00	1,350,000.00	未分配利润	24,379,197.02	26,082,167.00
无形及其他资产合计	1,350,000.00	1,350,000.00	股东权益合计	41,721,197.02	43,424,167.00
资产总计	83,638,622.45	84,853,627.38	负债及股东权益总计	83,638,622.45	84,853,627.38

表 7-2　凤凰茶业有限公司利润表简表

会计期间：2018年1月1日至2019年3月31日　　　　　　　　　　　　单位：元

项　目	2018年年末	2019年3月末
一、主营业务收入	96,069,844.70	25,689,205.08
主营业务收入净额	96,069,844.70	25,689,205.08
减：主营业务成本	81,032,877.20	21,518,053.50

（续表）

项　目	2018年年末	2019年3月末
主营业务税金及附加	1,580,882.80	408,843.00
二、主营业务利润	13,456,084.70	3,762,308.58
营业费用	2,101,887.60	442,889.40
管理费用	1,900,118.00	640,382.00
财务费用	2,500,520.20	741,067.20
三、营业利润	6,953,558.90	1,937,969.98
减：营业外支出		45,000.00
四、利润总额	6,953,558.90	1,892,969.98
减：所得税	456,962.70	190,000.00
五、净利润	6,496,596.20	1,702,969.98

资产平均总额＝（83638622.45+84853627.38）÷2=84246124.92（元）

总资产收益率＝1702969.98÷84246124.92×100%=2.02%

算完后，大雄好奇地问："这个指标怎么样？"

美丽低声对大雄说："总资产收益率与同行业平均水平相比，比率越高，说明企业在增加收入、节省成本方面取得了好的效果。无论高与低，都要分析造成差异的原因。"

大雄"哦"了一声，点了点头。

◎净资产收益率

也称股东所有者权益报酬率，是一定时期内企业的净利润与股东权益平均总额的比率。

计算公式为：

净资产收益率＝净利润÷股东权益平均总额×100%

股东权益平均总额＝（期初股东权益＋期末股东权益）÷2

净资产收益率是评价企业获利能力的一个重要财务指标，反映了股东获得投资回报的高低，比率越高，说明企业的获利能力越强。

"大雄，你算的结果是怎样的？"刘春花看到大雄自己已经开始算了，就走过去问道。

刘春花扫了一眼：

股东权益平均总额＝（41721197.02+43424167）÷2=42572682.01（元）

净资产收益率＝1702969.98÷42572682.01×100%=4%

"嗯，不错。"刘春花看了大雄的计算过程，明白大雄至少知道这些指标对应报表的哪个项目，然后继续说，"下一个重要评价盈利能力的指标是销售毛利率。"

◎**销售毛利率**

它是企业的销售毛利与销售收入净额的比率。

计算公式是：

销售毛利率＝销售毛利÷销售收入净额×100%

销售毛利＝主营业务收入净额－主营业务成本

这时，大雄有点搞不懂，眼睛在报表上扫了几遍，都没有找到销售毛利，于是问美丽："销售毛利是不是主营业务利润？"

美丽摇了摇头说："你自己看利润表报表嘛，主营业务利润=主营业务收入－主营业务成本－主营业务税金及附加，与'销售毛利'的公式二者有很大的区别。"

刘春花说："在分析企业主营业务的盈利空间和变化趋势时，销售毛利率是一个重要指标，它最大的优点是对企业的主营产品的盈利能力进行分析，进而帮助我们判断企业的核心竞争力的变化趋势和企业的成长性。"

"哦，我明白了。"大雄顿悟地笑了笑。"等一下，我把凤凰茶业有限公司2012年的毛利率算一下。"

销售毛利＝96069844.7-81032877.2=4171151.58（元）

销售毛利率＝（25689205.08-21518053.5）÷25689205.08×100%=16.23%

"嗯，比同行业的数据稍稍高一点。"刘春花看了大雄算出的这个结果后说。

◎**销售净利润率**

它是企业净利润与销售收入金额的比率。

计算公式为：

销售净利润率 ＝ 净利润 ÷ 销售收入净额 × 100%

"哈哈，这个好计算，稍等片刻。"大雄说完，拿起计算器就开始算了起来。

销售净利润率 ＝1702969.98 ÷ 25689205.08 × 100%=6.62%

"大雄开始上路了。"刘春花看到大雄逐渐对这些指标有点入门了，高兴地问大雄："你知道这个比率是啥意思吗？"

"反映的是企业赚钱的能力呗，即每销售一元钱，就可以为企业赚6.62分净利润，比率越高，赚的钱就越多。"

刘春花说："嗯，说对了大部分。但并非是比率越高越好，还必须结合企业的销售增长情况和历年净利润变动情况，才能反映企业的财务状况是好还是坏。"

刘春花停了一下，然后又开始讲最常用的盈利比率的另一个比率指标。

◎营业利润率

它是营业利润占销售收入的比率。

计算公式是：

营业利润率 ＝ 营业利润 ÷ 销售收入 × 100%

大雄这时脑子稍稍有点儿转不过弯来，问道："刘姐，一会儿是销售毛利率，一会儿是销售净利润率，这里又冒出个营业利润率，这个比率跟上面那两个比率有什么不同呢？"

对于一个财务刚入门的新手来说，问这样的问题是非常正常的，主要原因是对财务报表不熟悉。

因此，刘春花很耐心地解释道："分子明显不同嘛。这个比率是考虑到间接经营费用，如财务费用、管理费用、营业费用问题。分母也不同，销售收入是全部的收入。你还是先把营业利润率算出来吧。"

大雄开始埋头计算：

营业利润率 ＝1937969.98 ÷ 25689205.08 × 100%=7.5%

刘春花看着这个指标说："把这个指标同往期的相比，如果销售收入没有什么变化，而营业利润率下降了，大雄，你来说说有可能是什么问题？"

大雄看了看这个比率，又看了看利润表，想了一会儿回答道："那肯定是期间费用增加了，增加的原因可能是工资、各种营销费用、交通费或招待费等。"

刘春花对大雄的回答很满意："嗯，不错。如果我们要用这个比率来分析企业的财务状况，那作为信贷人员的我们，心中就要多一个心眼：这些费用的支出合理吗？真的有这么高的利润率吗？等等，诸如此类问题要考虑。"

大雄再没什么不明白的东西后，刘春花又开始往下讲。

◎ 成本费用利润率

它是企业一定期间的利润总额与成本、费用总额的比率。

计算公式是：

成本费用利润率 = 利润总额 ÷ 成本费用总额 × 100%

"哈哈，这个也很好算。"还没等刘春花把话说完，大雄就准备开始计算，刚一算，就卡壳了，原来他不知道成本费用总额包括哪些。

刘春花笑了笑说："这就是耍小聪明的后果。成本费用是企业为了取得利润而付出的代价，主要包括主营业务成本、主营业务税金及附加、营业费用、管理费用、财务费用和所得税等。"

听完刘春花的再次补述后，大雄又开始计算凤凰茶业有限公司的成本费用利润率：

成本费用总额 =21518053.5+408843+442889.4+640382+741067.2+190000
=23941235.1（元）

成本费用利润率 =1892969.98 ÷ 23941235.1 × 100%=7.9%

等大雄算出结果后，刘春花说："成本费用利润率体现耗费所有的成本费用后所带来的经营成果，进而体现企业的经营管理水平。"

至此，刘春花把主要盈利比率的指标介绍完了。在讲述流动性比率之前,她又不忘告诫大家:"用这些比率来分析企业财务状况时,一定要结合企业历史水平、行业水平等进行分析,才能找出差额的原因,正确地分析风险所在。"

流动性比率

流动性比率是用来衡量管理层偿还流动负债的能力。反映的是企业的流动资产和流动负债的循环状况以及流动资产和流动负债之间的关系。

通过流动性比率,我们可以发现:

◇流动资产和流动负债的差额,企业有足够的流动资产来偿还流动负债吗?

◇当存货难以变现时,企业用其他流动资产来抵偿流动负债的能力怎样?

◇在极端的情况下,企业只能用货币资金和现金等价物来偿还流动负债,偿还能力又是如何的?

大雄说:"哦,那流动性比率主要就是资产负债表上的各项目之间的比率吧,都包括哪些比率?"

刘春花说:"主要是三大种比率,即流动比率、速动比率、现金比率。"

◎**流动比率**

它是企业的流动资产与流动负债比率。

计算公式是:

$$流动比率 = 流动资产 \div 流动负债 \times 100\%$$

"大雄,你算一下,凤凰茶业有限公司的流动比率是多少?"

大雄拿着凤凰茶业有限公司资产负债表边看边说:"我知道流动资产,美丽姐给我讲过,它包括货币资金、短期投资、应收票据、应收账款、预付账款、存货等,这部分资产变现很快;而流动负债包括短期借款、应付票据、应付账款、预收账款、应付工资、应付福利费、其他应付款等。美丽姐,我说对没有?"

大雄说完后,很快就把凤凰茶业有限公司的资产流动比率算了出来:

$$流动比率 = 49178845.3 \div 36429460.38 \times 100\% = 135\%$$

美丽正在笔记本电脑上"哒哒"地敲击键盘,听到大雄问自己,连忙说:"对的,对的。"

大雄觉得有点奇怪:"美丽姐,你的'对的'是我说得对,还是我算得对?"

"哦",美丽抬起头,笑咪咪说:"都对,都对。"

大雄看向刘春花,问道:"从流动比率这个公式可以看出,比率越高,说明企业的货币资金、存货、应收账款等流动资产越充裕,那是不是越高越好呢?"

刘春花说:"流动比率并不是越高越好。如果过高,反映企业的资金未能有效利用,从而影响企业的获利能力。一般情况下,制造企业的流动比率相对低一些,商业企业相对高一些。"

大雄想,反正美丽待会儿还要讲如何分析这些比率的,也就不想多去动脑筋了。

刘春花看了看大雄没再问其他问题,就开始讲速动比率。

◎**速动比率**

它是速动资产与流动负债的比率。

计算公式是:

速动比率 = 速动资产 ÷ 流动负债 × 100%

"什么是速动资产啊?"大雄问刘春花。

刘春花答道:"所谓的速动资产,就是流动资产减去存货的余额。"

速动资产 = 流动资产 − 存货

大雄脑筋一转说:"哦,我晓得了,速动资产是指更容易变现的资产。"

"对呀,"刘春花点了点头,"用速动比率来分析企业的短期偿债能力,是一种比较谨慎而又保守的行为,这也是一种防范风险的谨慎表现。这是因为存货的变现能力要比其他的流动资产弱,必须要经过销售才能变现。同时也可能存在报废、残、次等问题,所以在分析企业的短期偿债能力时,要进一步对企业的速动比率进行分析。"

原来如此！大雄有点儿明白了。很快，速动比率也算了出来：

速动资产 =49178845.3－17557189.8=31621655.5

速动比率 =31621655.5÷36429460.38×100%=87%

"那么，紧跟着我们就讲一下短期偿债能力的另一个很重要的比率。"刘春花说。

◎现金比率

它是企业的现金类资产与流动负债的比率。

计算公式是：

现金比率 =（货币资金＋现金等价物）÷流动负债×100%

"咦，现金类资产？"大雄很奇怪地问道。

刘春花回答道："现金类的资产包括现金、银行存款和现金等价物，而现金等价物是短期投资的一部分。有些短期投资可列为现金等价物，而时间长、不能立刻变现的短期投资就不能列为现金等价物。"

"哦，那凤凰茶业有限公司的现金类资产就只有货币资金了？"大雄说完，现金比率的计算结果也出来了。

现金比率 =7404867.3÷36429460.38×100%=20%

"大雄，你要记住：现金比率是一种非常极端的更为谨慎地反映企业在紧急情况下的偿债能力。它是假定在应收账款不能收回、存货不能变现的情况下来分析的。这个比率说明，如果企业现金缺乏，那它将会面临紧急情况下无法偿还债务的危机。当然，比率过高也不是好事，过高说明库存现金过多，现金利用率很低，进而影响企业的获利水平。"

刘春花说完后，抄着手，微笑地看着大雄说："企业重要的流动性比率基本就这样，如果你没有什么问题，我就说一下杠杆比率的常用比率。"

杠杆比率

杠杆比率用来衡量企业所有者利用自有资金获得融资的能力，也用于判断企业的偿债资格和能力。在使用杠杆比率来分析企业的偿债能力时，要注意几个问题：

◇企业是否冒着可能的财务危机和经营下降的风险举债经营？

◇所借的资金款项是用于流动资金还是用于固定资产的支出？

◇负债合理吗？

企业的财务杠杆是否合理的分析，可从短期偿债能力和长期偿债能力两个方面来分析。长期偿债能力分析常用的杠杆比率为资产负债率、有形净资产负债率、利息保障倍数。

◎资产负债率

资产负债率是负债总额与资产总额的比率，表明企业中的总资产有多少是靠举债得到的，是长期偿债能力分析的一个重要比率。

计算公式是：

资产负债率 = 负债总额 ÷ 资产总额 × 100%

"大雄，你算一下。"刘春花把资产负债率的公式及意思对大雄说完后，也在看前面大雄算的那些指标的结果，对企业的财务状况基本有了一个底儿。

大雄那叫一个快，不到一分钟，就把结果算了出来。

资产负债率 = 41429460.38 ÷ 84853627.38 × 100% = 49%

"刘姐，这个资产负债率对我们放贷人来说，比率越低越好吧？比率越低，说明负债总额越低，那我们银行的风险就越低。"大雄分析了一下这个指标后说道。

刘春花笑呵呵说："是啊，但具体多少才合理，要根据各行业、各类型的企业来综合分析评测。我们再谈下一个重要的分析长期偿债能力的杠杆比率指标。"

◎有形净资产债务率

它是企业的总负债与有形净值的比率，其中有形净值是所有者权益减去无形资产净值后的差额。

计算公式是：

有形净资产债务率 = 负债总额 ÷（所有者权益 − 无形资产净值）× 100%

大雄不明白这个比率对信贷分析的意义是什么，就问："刘姐，有形净资产债务率在信贷分析中的重要作用是什么呢？"

刘春花说："有形净资产债务率跟资产负债率不同，它是更为保守地分析债权人的利益在企业清算时的保障程度。随着贷款期的增加，债权人更加关注财务的杠杆指标和盈利指标。"

大雄觉得自己好像有点明白了，说道："哦，我明白了。短期偿债能力分析，重点关注财务的流动指标；而对于长期偿债能力的分析，更关注企业的杠杆效应以及企业的盈利能力指标。那又为什么要把无形资产减去呢？"

刘春花回答道："对大多数企业来说，所有者权益就等于有形净值，但对于像凤凰茶业有限公司这样的公司来说，拥有难以估价的'无形资产-商标使用权'。通常情况下，无形资产不能用于偿还债务，计算杠杆比率时，需要扣除。你现在计算一下吧。"

"好的。"大雄爽快地回答，然后开始计算：

有形净值 =43424167.00－1350000.00=42074167.00（元）

有形净资产债务率 =41429460.38÷42074167.00×100%=98%

刘春花看了大雄的计算结果后说："这说明凤凰茶业有限公司的有形净比负债值略高嘛。通常情况下，1∶1或者更低的杠杆比率是安全的。也就是说，即使资产仅为账面价值的一半，企业的所有负债仍然能按期偿还。但任何杠杆水平，只有证明现金流量满足需要的情况下，才是有效的。"

停顿了一下，刘春花看大雄没再说什么，就开始讲下一个比率指标。

◎利息保障倍数

它是企业的息税前利润与利息费用的比率。

利息保障倍数 = 息税前利润 ÷ 利息费用

大雄认为这个比率有点儿奇怪，跟其他比率不太一样，一点儿都不好理解。

刘春花说："其实也容易搞懂，如果你把它说成是'企业利息支付能力'，就好理解了——企业在借款成功后，按照合同约定在规定的时间偿付利息或到期还本付息。这个指标反映的就是企业偿付借款利息的能力，它也是长期偿债能力分析的一个重要指标。"

"哦，它的用途我明白了，但什么是息税前利润呢？"大雄又问。

刘春花解释道："在现行的利润表中，一般用利润总额加利息费用来表示，而利息费用在利润表中没有单独列出来，通常情况下，信贷人员在作这项指标分析时，常用财务费用来代替利息费用。"

"那我明白了。"大雄点着头说。

息税前利润 = 利润总额 + 财务费用

大雄在对概念理解的基础上，也很快把利息保障倍数算了出来。

利息保障倍数 =（1892969.98+741067.2）÷ 741067.2=3.55

刘春花看了大雄计算的结果后说："显然，利息保障倍数越大，说明企业偿付利息的能力就越强。跟其他指标一样，至于大多少才合理，要结合行业因素进行分析比较，同时还应对比企业近几年的利息保障倍数。"

刘春花喝了口水，笑着对大雄说："企业偿债能力分析的几个常用比率就介绍完了。那我们就接着开始讲资产运营能力分析？"

大雄站起来，瞟了一眼美丽那张一会儿窃笑一会儿专注的脸，笑呵呵地说："当然可以啊，不过我先给你和美丽姐去倒点水。"

没等二位回话，大雄就跑到美丽的身后以拿杯子为借口，去看她到底在偷偷地搞什么。原来美丽一边听，一边玩微博互动呢。"抓"了美丽一个现形，大雄假装咳嗽了两声，暗示美丽的"开小差"已被自己发现。

美丽转过头来，发现大雄在看自己电脑上的内容，很大方地说："哎呀，我正在跟王二、李四他们说你跟刘主任学得好认真。结果他们说刘主任就像'人民币'，行里的人都喜欢刘主任、膜拜刘主任！"

刘春花对年轻人一贯都是这样，该严的时候严，该给空间的时候就给他们自由的空间。听到美丽这么一说，她也噗哧一声笑了出来。

营运能力比率

大家稍作休息后，刘春花又接着开始讲营运能力比率。

营运能力比率体现管理层管理和控制资产的效能，通常又叫资产管理比率，常用的比率有：存货周转率、应收账款周转率、应付账款周转率等。

大雄想既然都是周转率，那一定是周转率越快越好了。

想到这里，大雄对刘春花说："刘姐，营运能力比率是帮助我们了解企业资金周转的状况和经营状况的吧。如果资产管理得越好，表明资金的周转状况就越好，资金的利用效率就高，企业的营运能力水平就越高，是吧？"

刘春花没想到大雄的领悟能力如此强，立刻点头予以肯定。

◎**存货周转率**

它是反映一定时期内企业存货的周转次数，是销售成本与平均存货的比率。

计算公式是：

存货周转率＝销售成本÷平均存货

平均存货＝（期初存货余额＋期末存货余额）÷2

刘春花把存货周转率的公式讲完后，又补充道："如果遇到经营活动周期性很强的企业，那年度内各季节的比率会有很大的波动性。对这类企业，要先计算各季度的平均存货，然后再计算全年的平均存货。大雄，你看看凤凰茶业有限公司的存货周转率情况怎样？"

大雄算出凤凰茶业有限公司一季度的存货周转率：

平均存货＝（16805895+17557189.8）÷2=17181542.4

存货周转率＝21518053.5÷17181542.4=1.25

"嗯，你这个是凤凰茶业有限公司一季度的存货周转率，全年的存货周转率=1.25×4=5。待会儿让美丽来分析一下这个存货周转率。"刘春花停了一下又说："在使用存货周转率进行财务分析时，通常还使用存货周转天数，即企业存货从买进起到销售出去时止所需要的天数。存货周转天数也是说明存货管理水平的指标。"存货周转天数计算公式是：

存货周转天数＝360÷存货周转率

大雄立刻算出凤凰茶业有限公司的存货周转天数=360÷5=72（天），

然后歪着脑袋笑着对美丽说:"美丽姐,这个茶叶要经过72天才能卖出去啊。"

美丽笑了笑:"存货周转天数越少,说明存货变现的速度越快,资金占用就越低,存货的管理效率就越高。因为你现在得出的结果是季度报表上的期初和期末的数据,所以略有偏差。按照凤凰茶业有限公司前两年的年度财务报表,它的周转天数大概是50天。"

"行啦,见识了存货周转率,我们再见识另一个营运能力比率。"

◎应收账款周转率

它是一定时期的赊销收入净额与应收账款平均余额的比率——应由账款周转就率。

计算公式是:

应收账款周转率＝赊销收入净额 ÷ 平均应收账款余额

平均应收账款余额＝(期初应收账款余额＋期末应收账款余额)÷2

"在算之前,你要明白赊销收入净额。"刘春花对大雄说,"赊销收入净额指销售收入扣除销货折扣、销货退回及折让后的赊销净额。但我们在做信贷财务分析时,常常用利润表里的销售净额代替赊销收入净额。"

"好的,我记住了,你看我算对了没?"大雄问道。

平均应收账款余额＝(16315602+18336788.2)÷2=17326195.1(元)

应收账款周转率＝25689205.08÷17326195.1=1.48

"然后我又记住了要像刚才计算存货周转率一样,凤凰茶业有限公司年度应收账款周转率=1.48×4=5.92",大雄很是得意地说。

刘春花哈哈一笑说:"行啊,小伙子,现学现用。那与应收账款周转率互为补充的还有应收账款周转天数。"

计算公式是:

应收账款周转天数＝360÷ 应收账款周转率

这个好算,你把它赶紧算出来吧。

大雄很快就算出结果:

应收账款周转天数 =360÷5.92=60.81（天）

算完后，大雄问刘春花："刘姐，应收账款周转率越高，是好还是不好呢？"

刘春花回答说："应收账款周转率越高，说明企业采取了一些鼓励措施，致使催收账款的速度增快，那么发生坏账的概率就越小，企业的资产流动性就增强，归还银行的借款就变得更容易了。"

"哦，那如果应收账款周转率过高的话，会不会不好啊？"大雄想来想去，认为什么东西过了，都不好，因此想了解应收账款周转率是不是也是这样。

"当然不好了，"刘春花说道，"过高的应收账款周转率可能表明企业的赊销政策过于苛刻，不利于开拓市场争取市场份额。"

"哦，我明白了。开始讲下一个比率吧。"

刘春花看大雄对应收账款周转率基本弄懂后，接着讲。

资本运营能力比率

资本保值增值率是年末所有者权益与年初所有者权益之间的比率，它反映了企业资本的运营效益与安全状况。计算公式是：

资本保值增值率 =（年末所有者权益÷年初所有者权益）×100%

"刘姐，何为保值？何为增值呀？"大雄摇头晃脑地问。

美丽抬头一看，大雄又开始发神经了。

刘春花看到他这样，也噗哧笑了出来，学着大雄的样子说道："若为100%，则是不亏不赢，保本经营；若多于100%，则为增值也。"

大雄抱拳谢了，然后恢复正常状态。

刘春花也恢复正常语态说："其实真正意义的资本保值增值率与本期筹资和其他事项无关，与本期利润分配也无关，而是取决于企业本期的净利润，是以净利润为核心。"

资本保值增值率 =（年初所有者权益 + 本期净利润）÷年初所有者权益×100%

年末所有者权益＝年初所有者权益＋本期净利润

"大雄，你赶紧把比率算出来吧。"刘春花看到大雄有点走神，就催促道。

被刘春花点了一下，大雄赶紧回过神来计算：

资本保值增值率＝（41721197.02+1702969.98）÷41721197.02×100%=104.82%

刘春花对大雄说："那你自己分析一下，资本保值增值情况。"

大雄回答说："刘姐都说得很清楚了，凤凰茶业有限公司的资本保值增值率为104.82%，说明企业经过一个季度的经营，不但实现了资本保值，还使资本增值了4.82%。"

刘春花和美丽都给大雄热烈鼓掌。

刘春花说："今天大雄的进步不小。下面我们一起来看看凤凰茶业有限公司的经营循环及财务方面的内容吧。"（如表7-3所示）

表7-3 凤凰茶业有限公司2019年3月31日财务报表财务比率小结

盈利能力比率	
总资产收益率	2.02%
净资产收益率	4%
销售毛利率	16.23%
销售净利率	6.62%
营业利润率	7.50%
成本费用利润率	7.90%
流动性比率	
流动比率	135%
速动比率	87%
现金比率	20%
杠杆比率	
资产负债率	49%
有形净资产债务率	98%
利息保障倍数	3.55
营运能力比率	

（续表）

存货周转率	5
存货周转天数	72
应收账款周转率	5.92
应收账款周转天数	60.81
资本运营能力比率：资本保值增值率	104.82%

在刘春花的辅导下，大雄陆陆续续地把常用的14种财务比率算了出来，并且也深刻地领会了财务比率的分析方法。

刘春花看到大雄自我满足的样子说："路还长着呢，你现在只是大概了解构成比率的分析方法；更何况比率分析也不是万能的，它自身存在一些固有的局限性。对比率的分析还需要结合表外的信息，如企业所在行业、历史、规模、经济环境等来综合比较分析，才能做出正确的判断和评价。"

大雄拍了拍胸脯，信誓旦旦地说："好，我一定好好学习财务分析！"

大家略聊了一会儿闲话，刘春花又开始讲财务分析的另一种方法。

没有比较的财务分析毫无意义

刘春花说："在进行财务分析的时候，我们还会经常用到财务比较分析法。财务比较分析法是进行财务报表分析的最基本方法，如果对财务报表中的任何财务比率、财务指标等不加比较，那财务分析就失去意义了。"

下面是财务比较分析法具体步骤（如图7-3所示）。

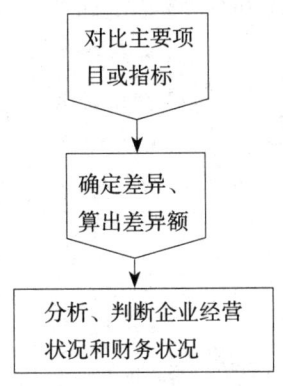

图7-3 财务比较分析法的具体步骤

大雄心想无论是工作、生活还是学习,也会经常用比较的方法来判断自己跟别人、跟过去的不同。想到这里,大雄打心眼里高兴,觉得自己马上又将学会一种财务分析方法。

大雄问:"刘姐,比较分析方法怎样来对比分析呢?"

在信贷实践中,我们常常是这样来做的:

◇财务报表前后期对比:是指将企业本期的财务报表及其相关数据与前期或前多期报表的数据进行对比。

◇与同行业其他企业进行比较:包括两类,一是与本行业的标准或平均水平相比较;二是与同行业中的个别企业相比较,如与同行业中的优秀企业或同规模的竞争对手等相比较。

◇实际完成情况与项目计划或预算对比:把项目完成的财务报表与本期的项目计划或预算进行比较,评估项目计划完成效果。

这样一来,就可以有效地评价企业经营状况和经营成果的变化规律和趋势。我们把凤凰茶业有限公司2017年和2018年的财务报表上的主要数据对比看一看(如表7-4所示)。

表7-4 凤凰茶业有限公司2017年和2018年财务简表比较分析(单位:元)

项 目	2017年	2018年	差额的绝对值	差异率
流动资产	39,057,993.60	51,098,710.40	12,040,716.80	30.83%
应收账款	25,695,498.00	16,315,602.00	9,379,896.00	36.50%
存货	5,699,521.80	16,805,895.00	11,106,373.20	194.87%
固定资产	18,287,137.80	31,079,912.05	12,792,774.25	69.96%
资产	58,977,248.38	83,638,622.45	24,661,374.07	41.82%
短期借款	21,060,000.00	17,600,000.00	3,460,000.00	16.43%
应付账款	1,706,954.00	6,030,000.00	4,323,046.00	253.26%
负债	24,309,609.00	41,917,425.43	17,607,816.43	72.43%
所有者权益	34,667,638.00	41,721,197.02	7,053,559.02	20.35%
主营业务收入	74,437,671.00	96,069,844.70	21,632,173.70	29.06%
主营业务利润	12,757,827.60	13,456,084.70	698,257.10	5.47%
营业费用	3,135,718.00	2,101,887.60	1,033,830.40	32.97%

				（续表）
管理费用	3,889,736.40	1,900,118.00	1,989,618.40	51.15%
财务费用	1,434,225.60	2,500,520.20	1,066,294.60	74.35%
净利润	4,300,773.00	6,496,596.20	2,195,823.20	51.06%

大雄一看，这不就是资产负债表和利润表中一些主要项目数据嘛！同时也看出了这就是刚才刘春花讲的"财务报表前后期比较"分析法，但不明白后面两列的数据是如何计算出来的、有什么意义。

看着大雄一脸狐疑的样子，刘春花说："你一定是不明白后面的这两列吧？差额的绝对值是2018年与2017年数据之差的绝对值，而差异率是数据之间差值除以上期数据的比率。差额的绝对值反映的是本期数据与上期数据差额多少，而差异率反映的是数据之间变动的程度大小。大雄，你看看这张表中，哪个差异率最大？"

"一眼就看出来了，当然是应付账款了，它的差异率达到了253.26%。"大雄对刘春花说完后，转过头来问美丽："美丽姐，凤凰茶业有限公司在2017年的应付账款为啥增幅这么大？"

"我查过凤凰茶业有限公司应付账款的明细账，主要有两方面的原因：一是2018年销售订单大幅增加，导致茶叶原材料的采购量增加，存货也大幅地增加，同时供货商愿意赊销供货，导致了应付账款增加幅度较大；二是2018年投资修建茶园风光旅游景点及生产线，应付账款里面还包括该支付给机械公司和设备公司的款项。这两方面共同造成了应付账款增幅较大。"

听美丽说完，刘春花笑着说道："单从这个指标来看，凤凰茶业有限公司的信用度在增加，也说明凤凰茶业有限公司处在一个主导的市场地位。"

"哦，"大雄说，"这么一比，就可以一目了然地看出企业的财务趋势状况了。在信贷调查分析时，对那些变动较大的项目可以重点挖掘出企业经营背后的波动原因了。"

"对呀。同样的道理，我们也可以进行比率对比分析，现在我们就把2018年的比率和2019年3月的比率对比看看（如表7-5所示）。"刘春花又说。

表7-5 凤凰茶业有限公司2018年和2019年3月财务比率增减比较分析（单位：元）

	2018年年末	2019年3月末	差额绝对值	差异率
盈利能力比率				
总资产收益率	2.21%	2.02%	0.0019	0.09
净资产收益率	12.10%	4%	0.0810	0.67
销售毛利率	17.15%	16.23%	0.0092	0.05
销售净利润率	6.70%	6.62%	0.0008	0.01
营业利润率	7.20%	7.50%	0.0030	0.04
成本费用利润率	6.15%	7.90%	0.0175	0.28
流动性比率				
流动比率	1.38	1.35	0.0300	0.02
速动比率	0.93	0.87	0.0600	0.06
现金比率	0.28	0.2	0.0800	0.29
杠杆比率				
资产负债率	50.12%	49%	0.0112	0.02
有形净资产债务率	1.04	0.98	0.06	0.06
利息保障倍数	3.78	3.55	0.2300	0.06
营运能力比率				
存货周转率	7.2	5	2.2000	0.31
存货周转天数	50	72	22.0000	0.44
应收账款周转率	4.8	5.92	1.1200	0.23
应收账款周转天数	75	60.81	14.1900	0.19
资本运营能力比率				
资本保值增值率	114.60%	104.82%	0.0978	0.09

"你看，经过一个季度的经营，相比起来，净资产收益率差异较大，那影响净资产收益率的主要原因是什么呢？"刘春花问大雄。

大雄想了想，回答说："净利润和所有者权益。全年的净资产收益率可以达到12.10%，但一季度却下降到4%，有可能是一季度是淡季，收益率不高造成的。刘姐，我分析得对不对？"

"哈哈，行啊！"看到大雄财务分析能力在逐渐提高，刘春花很是高兴。"美丽，你一般是怎样来分析？"刘春花希望美丽用自己的实践经验把分析的思路告诉大雄。

美丽指了指自己，问刘春花："我吗？"看到刘春花点了一下头，她就开始分析起来："拿分析净资产收益率下降原因来说，净资产收益率是当期净利润与所有者权益之比。它的下降可能是以下原因引起的。"

◇在所有者权益不变的情况下净利润下降；

◇在利润不变的情况下所有者权益大幅增加；

◇净利润的增幅赶不上所有者权益的增长。

"而这张表里的两项数据，一个是季度数据，一个是年度数据，我认为这种差异的比较意义不大。如果要分析，一般是两个相同期间的数据比较，比如拿2018年一季度的数据与2019年四季度的数据来比较它们之间的差异率，进而追究分析其原因。"

美丽说完后，瞪大双眼看着刘春花，等待刘春花对自己进行点评。

不料，刘春花使劲鼓起掌来，对大雄说："你的美丽姐说得很对哦。我故意把这两个不同期间的数据拿出来比较，就是要提醒大家，比较分析最重要的一点是要拿相同期间的数据来对比分析。比如，拿上一年或上一季度的数据来比较，才可有效地分析。好吧，净资产收益率是这样来分析，其他项目的分析以此类推，就可以进行比较分析了。那我们接着讲趋势财务分析法。"

预测前景，趋势分析最重要

大雄问："刘姐，趋势分析法是不是分析企业前几年的经营情况、销售情况，进而来考察其发展趋势，并预测其发展前景的呢？"

"对呀，趋势分析法的运用主要有三种形式。"

◎重要财务指标的比较

将不同时期财务报表中相同指标或比率进行比较，观察其增减变动情况及变动幅度，来预测未来的发展趋势。我们先看一下凤凰茶业有限公司2016年、2017年及2018年三年的利润趋势分析表（如表7-6所示）。

表7-6 凤凰茶业有限公司2016年、2017年、2018年趋势分析表（单位：元）

项目	2016年		2017年		2018年	
	金额	趋势（%）	金额	趋势（%）	金额	趋势（%）
主营业务收入	73,005,211.00	100%	74,437,671.00	101.90%	96,069,844.70	132.00%
主营业务利润	12,410,885.87	100%	12,757,827.60	102.80%	13,456,084.70	108.40%
净利润	4,015,286.60	100%	4,300,773.00	107.10%	6,496,596.20	106.20%

刘春花为了说明趋势分析，把凤凰茶业有限公司2016~2018年的利润趋势图（如图7-4所示）放在了PPT上。

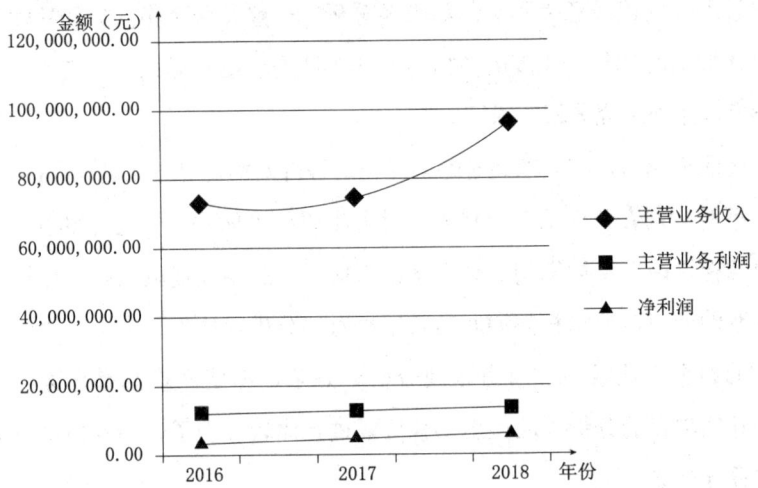

图7-4 凤凰茶业有限公司2016～2018年利润趋势图示

刘春花对这张表进行了简单说明，"对不同时期财务指标的比较，有两种方法：一种是定基动态比率，它是以某一时期的数据为固定基数，然后计算出动态比率，现在展示的用的就是这种方法；另一种是环比动态比率，它是各个时期的数据以前一期为基期来计算的，这种方法我们不常使用。"

大雄仔细看了表和图示后，在计算器上算了一遍：

2018年主营业务收入趋势：

100%+（96,069,844.70-73,005,211.00）÷73,005,211.00×100%=132%

2018年主营业务利润趋势：

100%+（13,456,084.70-12,410,885.87）÷73,005,211.00×100%=108.4%

然后说:"咦,这么一比较,就看出问题了。2018年虽然主营业务增长了32%,但主营业务利润却只增加了8.4%,净利润也只增加了6.2%,那是不是说明主营业务成本在2018年大幅度增加了?"

美丽说:"我问过他们财务,2018年,该企业虽然通过多种营销渠道打开了市场,增加了销售收入,但由于鲜茶叶价格大幅度增长,造成销售成本上涨,而为了稳住市场,销售价格又没有调整,进而影响了主营业务利润。"

经美丽的补充说明,大雄对凤凰茶业有限公司的财务状况就更清楚明白了。

刘春花笑了笑说:"你看,利用趋势分析,你就可以对变动幅度大的指标展开进一步的分析了,研究其产生原因,以便采取对策,趋利避害。"

趋势分析方法运用的另两种形式是会计报表的比较、会计报表项目构成的比较。

◎会计报表的比较

将连续数期的会计报表的数据并列起来,通过比较其相同指标的增减变动金额和幅度,来判断企业财务状况和经营成果发展变化的趋势。

◎会计报表项目构成的比较

以报表中的某个总体指标作为100%,再计算出其各组成项目占该总体指标的百分比,进而比较各个项目百分比的增减变动,推断企业经营发展的变化趋势。

听刘春花把最后一个运用方式介绍完后,大雄就开始叽里咕噜地说:"太多了,这么算下去把人都要算死了。"

刘春花笑了笑说:"如果是用计算器计算,当然很麻烦,但现在都是通过电脑软件来完成这些数据计算的,所以你不用担心了。"

在使用趋势分析时,要注意以下问题:

◇用于进行对比的各个时期的指标,在计算口径上必须一致;

◇调整偶发性项目的影响,使作为分析的数据能反映一个企业正常的运作状况;

◇重点关注变动幅度大的指标。

大雄听说这些都由软件来计算完成,顿时松了口气。

根据差异找原因

这是一张销售收入结构分析表（如表7-7所示）。通过分析主营业务成本、费用总额、营业利润分别占销售收入的比率，然后再计算2018年与2017年的差异，根据这个差异寻找导致企业利润、成本费用等增减的原因，看看这种原因是否对企业的未来发展趋势有直接的影响。

表7-7 凤凰茶业有限公司2017年、2018年结构分析表（单位：元）

项目	2017年	2018年	2017年结构（%）	2018年结构（%）	差异率（%）
主营业务成本	1,679,843.40	82,613,760.00	82.86%	85.99%	3.13%
费用总额	8,459,680.00	6,502,525.80	11.36%	6.77%	-4.60%
营业利润	4,298,147.60	6,953,558.90	5.77%	7.24%	1.46%
销售收入	74,437,671.00	96,069,844.70			

大雄边听边计算：

2017年主营业务成本结构：61,679,843.40÷74,437,671.00＝82.86%

2018年主营业务成本结构：82,613,760.00÷96,069,844.70＝85.99%

2018年与2017年的差异率：85.99%-82.96%＝3.13%

大雄比较分析后说："一目了然就可以看出，导致2018年利润增幅不大的原因就是2018年主营业务成本太高。"

看到刘春花跟美丽都点头，大雄心里好高兴，自己已经开始慢慢知道一些分析方法了。

刘春花说："知道了这些分析方法后，我们不要把自己当作分析报表的机器。借款人都知道，一套完美的财务报表可以帮他们申请到信贷资金，所以提交上来的财务报表大多数都是经过粉饰的，我们在分析财务报表时，必须持怀疑的态度慎重对待。"

财务报表分析的局限性

刘春花已看出大雄此时还沉浸在兴奋中，巴不得马上和美丽一起来分析凤凰茶业有限公司的财务状况，他还完全没认识到财务报表分析其实存在局限性。

"大雄，跑一趟，给我续点水。"刘春花为了让大雄能听得进后面的话，就使用这招"降温"的方式，让大雄运动运动，换换脑筋。

等大雄很高兴地回来后，刘春花说："大雄，你要记住，财务分析并不是就数字论数字。如果一看到财务报表，就马上开始计算、分析、推测，那么得出的结论就非常片面。这是因为尽管财务分析的核心是财务报表分析，但在分析过程中，还必须考虑财务报表分析的局限性。"

大雄原本以为倒水回来后就可以利用凤凰茶业有限公司的财务报表进行财务分析了，没想到刘春花说财务报表分析还有局限性。他觉得挺好奇的，就问道："刘姐，这财务报表分析不是信贷分析中最重要的一环吗，它还有什么局限性呢？"

刘春花一口气说了财务报表分析中最常见的五个局限性：

◇财务报表的结果是描述过去的财务状况，而未来的财务状况只能依据过去的业绩进行主观推测，但并不代表未来的财务状况就是如此。

信贷实务中，为了掌握企业的发展趋势，信贷人员通常要求企业提供过去2~3年已审计过的财务报表进行比较分析，然后预测出企业未来的财务状况，以便做出正确的信贷决策。而这种信贷决策的依据在现有的财务报表中不能表现，所以，仅依据财务报表的分析，难以让信贷决策者作出合理的风险评价。

◇财务分析方法也存在局限性。

比如，在分析企业短期偿债能力时，多用速动比率和流动比率，但这两个比率仅仅是对流动资产的一种估计，很难说明企业是否有足够的现金流保证能按期归还借款。

又如趋势分析法，对于一个有着良好循环的成熟企业来说，用趋势分析法来分析未来的财务状况还勉强可行，但对于一个处于初创期的企业或者已经进入衰退期的企业来说，经营业绩是不稳定的，很难通过现有的财务报表分析来预测其未来的财务状况。

◇财务报表只是会计数字的表现形式，而不能反映企业的非数字经营状况。

比如,企业卷入的环保问题、经济纠纷案件等这些都不能体现在财务报表上。

又或者其关联企业财务状况恶化的情况不能体现在本企业的财务报表中,在这种情况下分析财务报表,得出的结论就会失真,导致信贷决策失误。

所以阅读财务报表时,还要分析财务报表附注、财务报告、关联企业的财务状况等表外信息,这样才能较为完整地掌握企业的经营活动过程及其结果。

◇为降低会计数字带来的经济风险,企业会尽可能地粉饰财务报表。

银行为控制信贷风险,通常情况下,对贷款企业的财务指标提出若干限制性要求,若违反与银行签订的以会计数据为基础的债务契约,企业将面临许多严重的经济后果。如果由于某项指标不符合银行的要求,银行就可能抬高利率、追加抵(质)押品、提高信用担保条件、提前收回贷款等。所有这些,都会造成企业借款成本的增加。

会计数字具有重大的经济后果,基于对成本或争取信贷资金的考虑,企业就会滥用会计准则、方法,进行报表粉饰,人为地粉饰出良好的评价指标,以显示企业"良好"的经营状况。

信贷人员在分析财务报表时,一定要持谨慎怀疑的态度来看待。

◇财务报表反映会计数据结果,但报表分析很难判断数据结果的好与坏。

比如,在进行财务杠杆比率分析时,客户的负债所有者权益的比率是11∶1,这个比率对银行来说,风险较小,是个能让人放心的比率。但财务报表不能反映同行业中同等规模企业的经营状况,如果恰遇这家企业拥有性价比高、品质好的产品进入到市场竞争,此时,这个杠杆比率未必就意味着它仍然能保持盈利或生存下去,未必就没有风险。

当刘春花把财务报表分析五个方面的局限性说完后,大雄觉得浑身像被冷水浇了一遍,顿时对财务报表也不再那么迷信了。

大雄笑着对刘春花说:"刘姐,我知道了。就是说财务报表不是万能的,当看到它穿着华丽的'外套'来到身边时,一定要使劲捂住自己的

'钱袋子',多看看、多听听、多问问,以保证'钱袋子'的安全。"

大雄的幽默,让在场的人哄堂大笑。

刘春花说:"但同时,你也要记住,尽管财务分析是有局限性的,但财务报表分析是信贷人员用来评估信贷风险的一种工具,它在帮助信贷人员预测和控制风险上仍然担当着重要角色。"

此时,美丽也补充道:"就是因为财务报表分析的局限性,所以我们在分析报表之前,才要尽职调查企业的真实情况,同时分析行业发展情况和整个政策环境等,由此才能更好地预测企业未来的经济走势,从而正确做出信贷决策。"

大家你一言我一语,说着对财务报表分析的看法。

了解企业的资产转换循环

刘春花说:"说到尽职调查,我认为有必要说说企业的资产转换循环。由于财务报表缺乏可信性,在财务分析之前,必须了解企业的资产转换循环。"

"资产转换循环?没听说过呀!"大雄摸摸后脑勺说道。

"资产,你知道的啊,就是企业所拥有的、能够给企业带来效益的、可货币计量的资源。所谓资产转换循环就是将资产转换成现金的过程,即购进原材料或产品、生产产品或产品加工、产品管理、产品销售或提供服务、从客户那里收取现金。"(如图7-5所示)

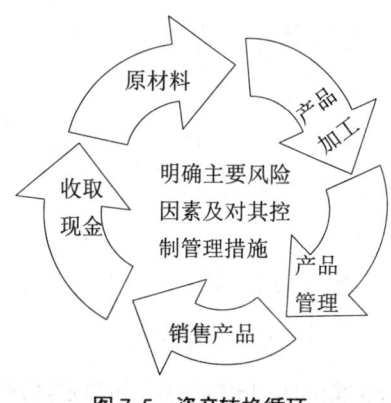

图7-5 资产转换循环

"哦，这样啊。刘姐，你快给我们讲讲吧。"大雄一听原来如此，高兴地说。因为大雄还有个小小的梦想，想自己开一家小小的书吧，但就是不知道如何去运作它。

刘春花故作神秘地笑着说："一旦你掌握了企业的资产转换循环后，用处大大的。"

大雄迫不及待地说："刘姐，你就不要卖关子了，都有哪些用处呀？"

刘春花详细地解释了一下：通过资产转换循环，我们可以：

◇知道企业在哪个环节以及为什么需要向银行借款；

◇知道企业将在什么时候用什么方式来归还借款；

◇辨别企业借款的目的和理由；

◇对企业的财务报表有一个更全面深入的了解和认识；

◇掌握资产转换循环的每一个步骤在财务报表中的反映；

◇了解循环过程中每一步骤的主要风险所在及控制措施。

大雄心想，照刘姐这么说，如果把企业的资产转换循环过程搞清楚了，好多事情就迎刃而解了。"恐怕没这么简单吧？"大雄嘀嘀咕咕道。

刘春花看出了大雄的疑惑，说道："企业的生产经营过程很复杂，但每个企业的资产转换循环都有两个组成要素——经营循环和资本投资循环。"

经营循环包括企业日常的经营业务：生产、销售、资金的回笼。（如图7-6所示）

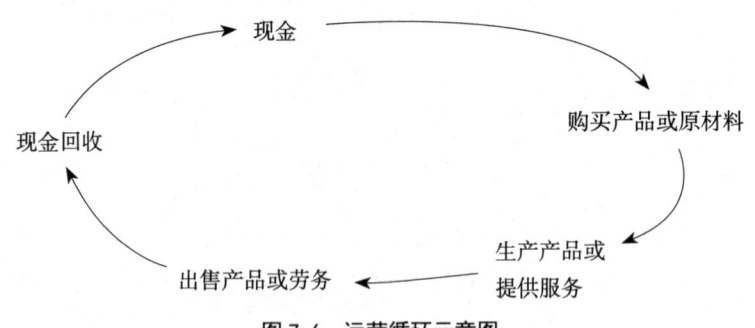

图7-6　运营循环示意图

资本投资循环包括购置和使用日常经营所需的固定资产。（如图7-7所示）

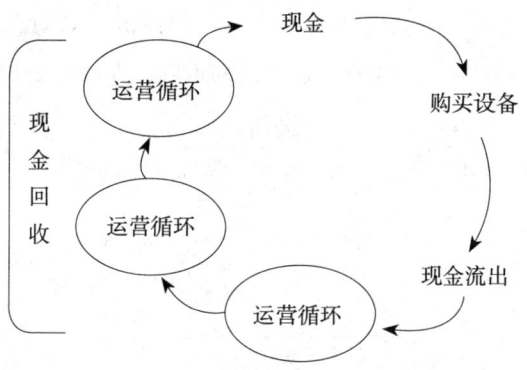

图 7-7　资本投资循环示意图

大雄试着问刘春花:"刘姐,比方说,我要开一家书吧,我的经营循环就是购买图书、提供借阅服务、出售借阅书籍、收取费用,对不对?"

"对呀。你对开书吧感兴趣呀?到时候如果需要钱,就找我们借款好啦!"刘春花对大雄开了句玩笑。看到大雄有点脸红,刘春花就把话题又转到经营循环上,"言归正传,后面我们就要对凤凰茶业有限公司进行财务分析了,我们还是先来了解经营循环。"

循环环节不同,活动内容差异大

刘春花说:"任何一个企业的主要经营环节都包括以下五个方面。"

◇原材料采购,如鲜茶叶采购;

◇支付货款(现金流出),生产或存储产品以供销售,如制茶叶和存储茶叶;

◇销售和运输,如凤凰茶业有限公司的"专卖店+经销商"形式销售;

◇记录应收账款;

◇收回应收账款,现金流入。

采购和销售之间的时段称为持有期;销售和收款之间的时段称为收款期;采购和付款之间的时段称为付款期。

"刘姐,各行业的经营活动内容都不同,这些行业在各循环环节的活动内容都有哪些差异呢?"大雄接触的企业少之又少,因此特别希望刘春花能把其他主要行业经营活动给自己恶补一下。

"差异是很大的。我给你讲几个行业的情况,其他的你自己去翻阅相关资料了解。作为一名信贷人员,掌握不同行业的经营活动内容是一门必修的课程。"刘春花说完后,很耐心地讲了几个主要行业的经营循环内容。(如表7-8、表7-9、表7-10、表7-11所示)

表 7-8 服务业:饭店经营循环活动内容

主要环节	经营循环主要活动内容
原材料采购	购买食物及食物的配料
生产或存储产品以供销售	按点菜单配制菜品,以供出售。对于多数服务业来说,这个环节在财务上并不重要
销售和运输	当客户消费后,向客户开出账单,劳务的价值作为销售记录下来
记录应收账款	对于大客户,现金并没有立即支付,此时应记录应收账款
收回应收账款,现金流入	客户消费完后,收取客户现金或收回大客户的应收账款,至此,开始下一个经营循环

表 7-9 批发业:服装批发商经营循环活动内容

主要环节	经营循环主要活动内容
原材料采购	服装批发商从服装生产商处购入服装
生产或存储产品以供销售	整理服装,上架,以供销售
销售和运输	销售和运输给零售商,开出销售发票时,确认销售
记录应收账款	如果服装零售商是赊购服装的,批发商就把这笔金额记录在应收账款上
收回应收账款,现金流入	批发商收到现金后,就开始下一循环。收到的现金与支付给服装生产商的差额就是毛利,用来支付如工资、水电费、税等,余下就是净利润

表 7-10 零售业:文具店经营循环活动内容

主要环节	经营循环主要活动内容
原材料采购	文具店从文具批发商购得文具
生产或存储产品以供销售	将所购得的文具放入货架上以备销售
销售和运输	客户上门来买文件,这笔销售金额就被记录
记录应收账款	如果客户与文具店建立长期合作关系,一个时期后才结账,那每销售一笔,就记在应收账款里

(续表)

收回应收账款，现金流入	应收账款收到货款，或直接收取客户现金。至此，这一循环结束

表 7-11　制造业：自行车生产商经营循环活动内容

主要环节	经营循环主要活动内容
原材料采购	购买原材料，设定生产程序
生产或存储产品以供销售	生产、包装产成品自行车，入库，以备销售
销售和运输	出售给批发商，批发商开出发票时确认销售
记录应收账款	若批发商没有立即支付现金，这笔销售就记在应收账款里
收回应收账款，现金流入	一定时期后，批发商支付了货款，自行车生产商收到现金。至此，这一循环结束

刘春花边讲边喝水，杯里的水很快就喝完了，大雄看见后赶紧跑过去给刘春花续水，回来后很感激地对刘春花说："刘姐，我终于明白企业的经营循环了，你刚才说的各个期间又包含啥意思呢？"

刘春花看了一眼大雄，又喝了一口水，说道："我刚刚说的持有期、收款期、付款期之间的关系反映企业的财务状况。"

货物持有期的财务反映

如果凤凰茶业有限公司采购鲜茶叶时直接付款，发完货并完成销售时直接收款，那么公司收款期和付款期为 0 天，但由于公司有一个茶叶加工的过程，持有期通常为两个月左右，也就是说公司为采购鲜茶叶支付现金后等待两个月左右才能收回现金。此时，公司必须有足够的现金支付这两个月的经营支出。

"美丽姐说过，凤凰茶业有限公司今年将大量进行出口茶叶的加工，增加黑茶和药茶品种。这样的话，平均持有期就有可能远远超过两个月了？"大雄说完后，发现美丽不知道什么时候不在身边了。

"那是肯定的。公司在售出茶叶前收不回现金，还得支付每日的经营费用。由于有大量采购，销售一时半会儿收不回，现金流入减慢，平均持有期延长，最终导致公司产生融资的需求而向银行借款。公司的这项决策

会显著影响资产负债表。"刘春花回应道。（如图7-8所示）

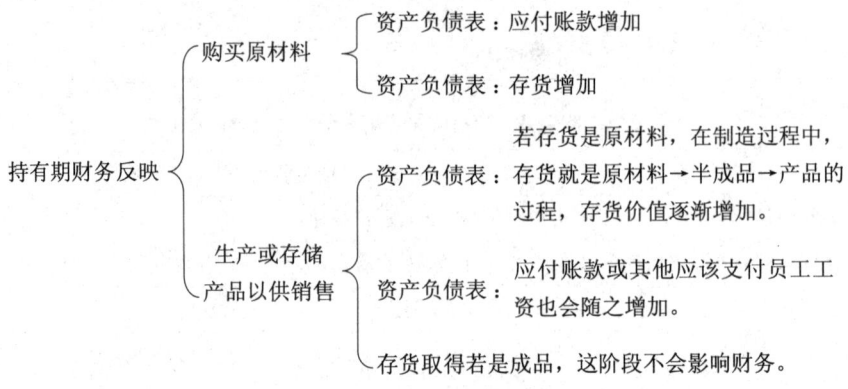

图 7-8　货物持有期的财务反映

大雄终于明白了经营循环中这两个环节对应财务报表中两个科目：应付账款和存货的反映。以后看财务报表时，看到这两个科目，就知道它们与原材料的购买、生产、存储有关。大雄瞪大眼睛看着刘春花，期待她继续讲下去。

收款期的财务反映

刘春花看到大雄对这个话题很感兴趣，自己讲起来也更带劲。

"收款期就是客户收到货款的时期。现在行业竞争十分激烈，如果竞争对手给他的客户60天付款的信用期限，那凤凰茶业有限公司为了能在市场中立足，也会给出60天甚至长于60天的信用期限，比如75天。如果所有的客户都取得了信用期限，那对公司的经营影响如下：

由于赊销从0增长到100%，收款期就会增加75天，经营周期将从60天增加到135天。此时，就需要借款支付这额外增加75天的费用。

收款期的财务反映在应收账款等科目中。收款期延长，应收账款余额相对于赊销会相应增加。"（如图7-9所示）

第7章 看透财务报表

收款期财务反映
- 销售产品：利润表，当客户取得销售发票时，销售收入就反映在利润表中销售收入这个项目里。
- 记录应收账款
  - 资产负债表：当销售收入被记录的同时，应收账款也增加，金额等于销售收入金额。
  - 资产负债表：存货减少，金额为销售出去的产品价值。
  - 资产负债表：记录了存货的价值与之相比价值较高的销售或应收账款价值之额，净资产增加，净资产增加的金额就是此差额。
- 收回应收账款及现金入账
  - 资产负债表：应收账款减少，金额为收回的账款金额。
  - 资产负债表：现金增加，金额为收回的账款金额。
  - 资产负债表：收到货款后，联系到循环刚开始时存在的应付账款。为了支付到期的应付账款，现金减少，金额为应付账款的金额，应付账款也相应地随着减少同等金额。

图7-9 收款期的财务反映

大雄问："刘姐，一般情况下收到货款后就开始支付到期的应付账款吗？"

刘春花回答说："实际情况是企业的经营是一个持续不断的过程，账户上的现金一直或多或少都有。应付账款更多是信用期到期时，在应收账款回收之前，以账户上的现金支付的。而应收账款的收回，可以补充应付账款到期支付的金额。"

看到大雄暂时没什么问题，刘春花又接着讲付款期的财务反映。

付款期的财务反映

付款期就是原材料采购与支付供应商货款的时期。（如图7-10所示）

听到这里，大雄笑着插话说："看来受持有期、付款期和收款期影响的财务报表主要账面是应收账款、库存、应付账款和预提费用。"

刘春花面带微笑答复："作为信贷人员，检查、分析财务报表的根据就是分析企业经营循环的三个期间所带来的财务变化。我们再看看供应商对凤凰茶业有限公司的信用政策。"

付款期财务反映 { 资产负债表：当供应商给公司一个信用期时，就有应收账款被记录。随着付款期的延长，应付账款余额会增加。

资产负债表：支付预提费用。预提费用是尚未用现金支付的业务经营开支的余额。预提费用和应付账款一样有一个付款期，支付之间的期间越长，预提费用形成的余额越多，同时也反映更长的付款期。

图 7-10 付款期的财务反映

如果供应商为了扩大业务，允许凤凰茶业有限公司 30 天后付款。这个政策影响了公司的资金情况和现金流量的时间性差异。在没有信用政策时，凤凰茶业有限公司只能支付现金，这时现金流量时期性差异为 135 天。但有了 30 天的信用后，时间性差异减少为 105 天。（如图 7-11 所示）

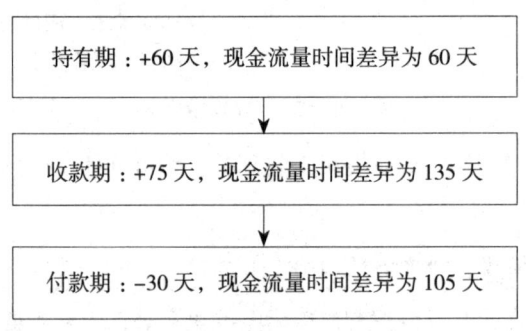

图 7-11 现金流量时间性差异

从这个图可以看出，应收账款的增加可以导致现金流量时间性差异减少。

大雄完全不懂什么是现金流量时间性差异，对着刘春花皱着眉摇了摇头。

什么是现金流量时间性差异

刘春花看到大雄这样，也发现自己说得深奥了一点儿，挥了挥手，略微歉意地笑着说："我来解释一下现金流量时间性差异。凤凰茶业有限公司要经过135天左右的现金流出，才有可能收回货款，这种现金流入与流程之间的时间差异就是现金流量时间性差异。"

大雄有点儿懂了，又问道："那现金流量时间性差异对经营活动有哪些影响？"

刘春花笑着说："有很大的影响。现金流入和流出的差异就导致了融资的需求，了解了这种差异，就能理解公司的融资目的和还款来源了。"

（如图7-12所示）刘春花继续说："如我们刚才说的那样，凤凰茶业有限公司的持有期为60天，收款期为75天，而付款期为30天。那么其业务周期为135天，在这135天中，有30天已通过应付账款提供资金。所以有105天的资金需求，可利用利润或银行融资等途径来满足资金需求。"

经营持有期融资需求分析
- 借款原因：今年将进行大量出口茶叶加工的营销策略，茶叶品种的增加使公司产生了融资需求。
- 借款目的：未来在公司销售取得货款前支付增长的存货及日常经营费用。
- 还款来源：当存货销售之后，公司就会取得资金归还银行的借款。
- 借款期限：借款期两个月加上增加的茶叶采购期。
- 借款期限的计算：通过持有存货的存储和销售前对存货的加工生产的平均天数，即存货周转天数，就是持有期的借款期限。

经营收款期融资需求分析
- 借款原因：由于行业竞争加剧，延长了客户的信用付款期限，导致了借款需求增加。
- 借款目的：支付公司采购期和销售期之间的费用。
- 还款来源：收回应收账款取得资金后，归还借款。
- 借款期限：客户的还款速度和赊销比例决定借款期限，如果在将来的几个月里赊销持续保持一个较高的比率，那么贷款期也就是几个月。如果赊销只有几天或几周，贷款期将缩短。公司需要借款直到现金流入的现金大于采购流出的现金。
- 借款期限计算：借款人收回应收账款，即应收账款周转天数，就是收款期借款期限。

经营付款期融资需求分析
- 融资原因：付款期缩短了现金流动时间性差异，资金支付的延迟也是一种融资，包括应付款短期融资和预提费用短期融资，这两个融资渠道都是主动提供的，因此被称为主动融资。如果公司能够更长时间地持有其现金，延长付款，它就不必向银行借更多的钱。
- 应付账款的融资：供应商向公司主动提供的赊购原材料和服务的融资。
- 预提费用的融资：是已发生但公司不必立刻支付的营业开支，如员工工资。
- 融资期限计算：付款期主要集中在应付账款上，计算应付账款周转天数即是付款期融资期限。

图 7-12　持有期、收款期及付款期的融资需求分析

大雄听完刘春花讲的融资需求分析后，笑着说道："刘姐，这样的分析好有趣。它可以显示借款者的期望，什么时候借款，能借的最大金额是

多少,最快的还款期是多久。"

刘春花哈哈大笑说:"这样的分析不仅有趣,而且也非常重要。如果信贷人员能很好地掌握经营循环的各个环节,通过分析各个环节的融资需求,我们就能准确地把握企业的真实借款原因、借款用途等,进而保障银行的利益不受损失。"

大雄努力地点头,突然又想起刚才刘春花还说了另一个循环——资本投资循环,那这个循环又是怎样的呢?大雄很好奇地问刘春花。

添置设备也能导致融资需求

比如,为了扩大销售规模,凤凰茶业有限公司欲在制造设备上投入大量资金以支持营运循环。公司用营运循环末期剩余的利润补偿设备成本,公司就把设备转换成现金。这样,这就是一个完整的资本投资循环,从现金到设备,再到现金。同时也导致融资需求:

借款目的:添置新设备,以便能扩大销售规模。

还款来源:用一些成功的营运循环所产生的剩余利润来偿还。

还款期限:凤凰茶业有限公司如果想通过一个生产运营周期来偿还高额的设备贷款是完全不可能的,只有在三年以上各年的生产营运末期的剩余资金才能够偿还,所以借款期限是三年或更多年。

"哦,原来是这样。"大雄说,"也就是说经营循环的融资需求一般都是短期借款,而资本投资循环的融资需求通常是长期借款。"

刘春花点了点头说:"不错,资本投资循环的财务反映通常表现在资产负债表的固定资产和在建工程科目里。"

讲到这里,刘春花深吸了口气,看了看表,已经到中午吃饭的时间了。最后关切地问大雄:"怎么样,听懂没有啊?差不多的话,我们该吃饭了。"

大雄点点头站起来伸了伸懒腰,觉得时间过得真快。此时心里又特别高兴:"我的书吧总算有眉目了。"一套完整的运作模式已经在大雄脑海里有了一个雏形。

刘春花和大雄走出去吃饭时，看到美丽正在接待凤凰茶业有限公司的财务负责人李兰。

会计调整是怎么回事

刘春花大步流星地走过去，笑呵呵地跟李兰打招呼。李兰向刘春花夸奖美丽很敬业，说她们正在讨论财务报表上的一些细节。

刘春花自豪地看着美丽说："我们行里的小伙、姑娘个个都如此。您还没吃饭吧？正好一起去，我们边吃边聊，我请客。"大家看着刘春花兴致高涨，都乐呵呵地应承下来。

在等饭菜的间隙，刘春花问美丽："你今天把李大经理叫过来是啥事？"

美丽解释说："我们不是马上要评审凤凰茶业有限公司了嘛。在进行财务分析之前，确认一下财务报表是否需要进行调整。目的是为了消除一些可疑的财务数据对财务报表的影响，使报表尽可能真实地反映企业的经营状况。因此，请李经理前来把财务报表上的重要数据来源及会计处理的方式做一个补充、说明。"

李经理点头连称："应该的，应该的。"

刘春花说："信贷实务中，信贷人员对财务报表的会计调整只是针对那种对财务状况有重大粉饰行为的报表。如果财务报表上出现的问题对企业的财务状况、经营成果和现金流量的影响不大，或对下一步的财务分析的结论不至于产生重大影响的话，就不一定进行会计调整了。"

美丽回答道："也许李经理他们是我们银行的老客户了，知道我们银行对借款人的要求。刚才从李经理那里了解了企业的会计处理，询问了几项数据的来龙去脉后，基本上确认不需要对其进行会计调整。"

大雄看她们说得很起劲，就插话问道："美丽姐，怎样进行会计调整啊？"

在座的都是财务高手，大雄话音一落，大家都会心地笑了起来。

刘春花笑着说:"目前对你来说,会计调整是个巨大的挑战。尽管如此,在进行信贷财务分析之前,对财务报表的信息质量必须要保持警惕,多渠道、多方式地还原财务报表的真实面目,做出必要的会计调整。"

这时,美丽也想好了怎么回答大雄:"说复杂了,怕你听不懂。给你举一个我曾经遇到的借款企业的例子来说一下如何进行会计调整。"

2017年的时候,有一家轮胎加工修理公司要借款。在进行信贷调查时,我们了解到这家公司把加工轮胎的机器设备这一固定资产折旧摊销年限从三年变更为五年,同时也调增了前两年的财务报表的净利润,美化了企业的经营状况,使得企业连续三年的净利润增幅达到百分之十几,在2017年时,虚增的净利润更是达到了百分之三十几。

基于这种变更对企业的经营成果有重大影响,在财务分析前,我们把固定资产的摊销年限仍然按三年计算,这样每年的固定资产的折旧费就大幅度增加了,连续三年的净利润等相关的数据也通过会计调整回归到正常位置,从而能够客观、准确地分析财务报表。

这时,作为借款方的李经理坦率地说:"主要是作为借款人都知道财务报表的重要意义,为了获得银行信贷资金或降低财务费用,在编制财务报表时,会利用会计处理的缺陷,混淆财务概念,美化财务报表。但我们企业不会的,你们银行给了我们这么多支持,企业的进步大家都是有目共睹的嘛。"

大家都点头称凤凰茶业有限公司这两年发展得不错。这时,菜上来了。

刘春花边招呼大家吃边说:"总体来说,多数企业会利用会计处理方法以'虚增资产、降低负债,虚增收入、降低费用'为目的来编制、美化财务报表。会计调整主要就是对企业采用的会计政策、会计估计以及发现的会计差错、发生的资产负债表日后事项等所作的调整。大雄,这下清楚了吧?"

大雄刚刚夹了块最喜欢的回锅肉到嘴里,听到刘春花问自己,赶紧回答道:"刘姐,你刚才说的会计政策、会计估计、会计差错等,我还不知道是什么。"

刘春花停下筷子,简要地阐述了这几个方面的含义:

◇会计政策，是指企业在会计核算时所遵循的具体原则以及企业所采纳的具体会计处理方法。如长期投资的具体会计处理方法、销售收入确认、坏账损失的核算方法等。企业会在法规允许的范围内选择适合本企业的会计政策，但由于会计准则的局限性，会计政策给企业带来一定的自主发挥空间。

◇会计估计，是指企业对其结果不确定的交易或事项以最近可利用的信息为基础所作的判断。例如，固定资产预计使用年限与预计净残值、预计无形资产的受益期等。由于会计估计掺合了太多人为的因素，所以，在信贷实务中，对企业有重大影响的会计估计，要特别关注并做相应的调整。

◇会计差错，是指在会计核算时，在确认、计量、记录等方面出现的错误。如对净利润或资产等有重大影响的科目数据。

◇资产负债表日后事项调整是指资产负债表日至财务会计报告确认日之间发生的需要调整或说明的事项。如资产负债表日后诉讼案件结案等。

听美丽和刘春花讲了会计调整后，非财务出身的大雄还是认为会计调整挺复杂的，不是一时半会儿能明白的事，因此，他对美丽说："美丽姐，以后找个机会好好向你请教会计调整。"

美丽说："没问题。信贷人员并不需要像专业的财务人员那样，一步一步去做分录，编制财务报表，而是通过趋势分析和财务比率关系等方法，重点关注关键科目余额与预期相比的重大差异的科目，做出适当调整，以求更合理地体现财务报表的真实性。"

刘春花吃了几口饭后说道："会计说难也不难，调整的前提就是分析财务报表的信息质量是否存在问题。它包括两个方面，一是辨认、评估企业的会计政策，二是识别报表是否存在虚假数据。把这两方面把握好了，你就可以确定是否要进行会计调整，若要进行会计调整，只调整相应的科目及指标就行了。"

不管怎么说，大雄对会计调整已经知道了一个大方向。大雄心想：如果以后再有机会接触企业的财务报表，一定要跟美丽一起具体尝试一下会计调整。

大家说说笑笑很快就把中午的便餐解决完了。李经理因公司还有事,起身准备告辞,刘春花握着李兰的手说:"告诉你们曾总,步子要放慢点,一步一个脚印地走,如果盲目扩张,小心资金链的问题,否则即使我们银行想帮你们,可能也解决不了问题。"

李兰很谦虚地应道:"是,是,我一定转告。"

彼此一番告别后,刘春花、大雄、美丽一起又回到行里。稍作休息后,继续最关键的一环——财务分析。

第8章
预测财务状况

刘春花对大雄说:"你现在已经知道了财务报表的分析方法和分析工具,美丽也给你讲了财务报表的阅读,并且对企业的业务循环也比较熟悉了。现在该把这些知识综合起来,对凤凰茶业有限公司的财务报表进行全面分析,最后根据我们的分析,一起来预测一下这家企业未来一年的财务状况。"

大雄高兴得手舞足蹈,连忙说:"好,我早想窥探你们是怎样像读故事那样来解读财务报表了,同时又是怎样像'章鱼帝'那样预测未来财务状况的。讲的时候最好照顾一下我这个没多少财务知识的人。"

大雄说完后,冲大家做了个鬼脸,逗得大家哈哈大笑。

如何分析一套财务报表

刘春花嗔怪地说:"你这孩子也真是!你那点儿财务知识地球人都知道,让你参与进来共同分析财务报表的目的,一是可以帮助你了解信贷人员是如何分析财务报表的;二是带你熟悉一下信贷分析业务,对你的工作是有帮助的。"

刘春花看大雄静下来在认真听,接着又说:"先说一套报表分析步骤。在信贷实务中,它会因为每个人的水平、经验不同而有所不同。当然,总体来说,对于一个有信贷经验的人来说,分析的步骤大致如下。"

◇一般性阅读财务报表,主要包括企业财务状况整体表现如何;

◇仔细阅读财务报表的各个项目，包括各个项目占比如何，财务结构是怎样的；

◇同上期财务数据比较，分析其变化趋势，财务结构是否更加稳健，什么原因引起的变化；

◇分析这些数据变化的合理性，数据的变化是否是正常波动，是由市场引起的，还是人为因素造成的；

◇进行财务会计指标的分析，包括偿债能力分析、盈利能力分析、资产效率分析、现金流量分析等；

◇如何识别粉饰的财务报表。

了解背景很重要

听着听着，大雄突然冒出一句题外话："刘姐，我想知道，凤凰茶业有限公司自己已经在种茶树，一般种多久可以采茶呢？"

美丽也跟着附和说自己也想了解一些茶树方面的知识，以便对企业的经营状况有一个更深入的了解。

刘春花只好暂停刚才的思路，开始给大家讲茶叶采摘知识。"我了解的一点儿茶叶采摘知识也主要是基于凤凰茶业有限公司在我们这里有贷款的缘故。茶树在一般情况下长到3年就可以采摘，5年是高产期。据曾总说，春夏秋冬一年四季都可以采摘茶树鲜叶加工茶叶。"

"那一年四季中茶叶品质都一样吗？"大雄和美丽二人不约而同地问道。

刘春花继续回答："当然不一样啦。好鲜叶集中在清明前后和春季的4月下旬前，这个时期是茶树最佳的生长期。茶树在积物宝天华之精髓后，吐露出富含26种对人体有益的茶蕾嫩叶。在这一季节里，茶蕾与嫩叶生长3~5天后，才开始转化为成熟老叶，所以要赶在4月下旬前采摘。"

"那4月下旬后呢？"美丽继续问道，看来美丽对茶叶采摘充满了好奇。

"过了4月下旬，进入5月后，茶蕾与嫩叶生长1~2天后，就转化为成熟老叶，所以要在其转换为老叶之前抢摘鲜叶。进入6月后，茶蕾与嫩叶生长1天后，就转化为成熟老叶，这时采摘鲜叶就比较困难了。进入秋季后，茶蕾与嫩叶的生长时间只有几个小时，就转化为成熟老叶，采摘难度更大，所以好鲜叶产量低。"

美丽和大雄都听得入神，想不到茶叶采摘还有这么多的学问。

刘春花看了看面前两个略带傻气的徒弟，笑着说："茶叶种植还有很多学问，以后有时间多到凤凰茶业有限公司走访、学习。另外我还要补充一下，像凤凰茶业有限公司这类产供销一条龙不同于其他行业的一些会计处理和纳税情况。以便于你们对报表上的数据有更深刻的理解。"

美丽此时也正想了解这方面的内容，连忙说："凤凰茶业有限公司是一般纳税人，它不仅外购茶叶销售，而且也自产自销，我很想知道它的增值税是怎么计算的？"

刘春花举例来说明本期应纳增值税的计算：

比如，本期凤凰茶业有限公司自产茶45吨，并全部销完，取得销售收入90万元；本期外购毛茶23吨，买价共计16万元，并验收入库，开具收购发票。那么本期应纳增值税为：

销项税：$90 \times 17\% = 15.3$ 万元

减：进项税：$16 \times 13\% = 2.08$ 万元

本期应纳增值税：$15.3 - 2.08 = 13.22$ 万元

即用销售收入90万元乘以自产茶税率17%计算出销项税为15.3万元，用外购茶买价16万元乘以农产品毛茶扣除率13%，计算出进项税为2.08万元，销项税与进项税之差就是本期应纳增值税。

听完刘春花讲了增值税的计算后，大雄对增值税有了一定了解。美丽也明白了茶农的增值税是怎么一个计算公式，但她还想弄明白另一个问题，就又问刘春花："刘主任，茶树未产茶和产茶时，成本费用在会计科目里又是怎么摆放的呢？"

"这正是我要讲的，"刘春花说道，"分三个阶段分别做账务处理。"

①茶树未产茶前，所有成本费用都放在在建工程里

借：在建工程

贷：银行存款、现金、资产等

②茶树开始产茶时，就由在建工程转入生产性生物资产

借：生产性生物资产

贷：在建工程

③茶树产茶后的成本转入生产成本

借：生产成本（农业生产成本）

贷：生产性生物资产累计折旧

借：生产产品（农产品）

贷：生产成本（农业生产成本）

刘春花看到大雄一脸茫然，忙开导说："有一定会计基础的人才明白会计分录，你只要先了解一下就行了，以后自己再慢慢学习。"

她转过头来又对美丽说："这下你明白了，茶树产茶前和产茶后不一样的会计处理以及税收的计算。在凤凰茶业有限公司上评审会之前，你再把相关方面审阅一下，查看报表是否有不规范的地方，如果有的话，要及时调整报表。"

美丽口里答应着点头。

怎样分析资产负债表的会计风险

刘春花接着说："那么，我们开始评价分析资产负债表的会计风险。在资产负债表中，审查的重点主要集中在以下几个基本问题上。"

◇财务整体结构表现是什么样的？

◇企业资产的真实价值是多少？

◇是否所有负债都已经计算在内了？

◇净资产是否被夸大？

"美丽，你来分析一下资产负债表会计风险。"刘春花对美丽说。

美丽把凤凰茶业有限公司资产负债表的简表（如表8-1所示）展示出来。

表 8-1　凤凰茶业有限公司 2018 年资产负债表简表（单位：元）

资　产	年初数	年末数	负债及所有者权益	年初数	年末数
流动资产	39,057,993.60	51,098,710.40	流动负债	22,766,954.00	36,917,425.43
非流动资产	19,919,254.78	32,539,912.05	长期负债	1,542,655.00	5,000,000.00
总资产	58,977,248.38	83,638,622.45	所有者权益	34,667,638.00	41,721,197.02

企业的整体状况

美丽指着简表说："我们首先来看看企业的整体状况是怎样的。"

在 2018 年年初，企业的流动负债为 22,766,954 元，而流动资产为 39,057,993.60 元，长期负债加所有者权益为 36,210,293 元，而非流动资产仅为 19,919,254.78 元。（如图 8-1 所示，单位：元）

流动资产 39,057,993.60	临时性占用流动资产	流动负债 22,766,954
	永久性占用流动资产	
非流动资产 19,919,254.78		长期负债加所有者权益 36,210,293

图 8-1　凤凰茶业有限公司 2018 年年初财务整体状况示意图

再看看 2018 年年底，凤凰茶业有限公司的流动负债为 36,917,425.43 元，而流动资产为 51,098,710.40 元，长期负债加所有者权益为 46,721,197.02 元，而非流动资产仅为 32,539,912.05 元。

通过比较，企业这两年的财务结构都没有多大变化。表明企业大部分的资金都来源于长期负债加所有者权益。企业流动资产的临时性占用流动资产不仅占用了流动负债的全部资金，而且还占用了长期负债或所有者权益资金。"

大雄说："哦，那意思就是说这家企业非流动资产占用了很少量的资金，而大部分资金被流动资产占用，那不是很好吗？"

美丽回答说："很好是很好，这类企业的优点就是财务风险很低，但缺点是资金成本高，资金使用效率不高，过于保守，从长期来看，财务杠杆不是很理想，企业的规模化发展会受到限制。"

财务报表结构分析

分析完财务整体状况后,美丽又和大雄一起对财务报表的结构进行分析。

对报表的各项指标分析遵循10%原则,即如果一个资产账目至少占总资产的10%,那么这个账目就应该是很重要的。如果一个负债账目至少占负债加所有者权益的10%,此账目应该也是十分重要的。

凤凰茶业有限公司2018年年末资产负债表的结构在下面以表格的形式呈现出来(如表8-2所示)。

表8-2 凤凰茶业有限公司2018年年末资产负债表结构(单位:元)

资　产	金　额	占比(%)	负债及股东权益	金　额	占比(%)
流动资产:			流动负债:		
货币资金	10,157,213.4	12.14%	短期负债	17,600,000	21.04%
短期投资		0.00%	应付票据		0.00%
减:短期投资减值准备		0.00%	应付账款	6,030,000	7.21%
短期投资净额	—		预收账款		0.00%
应收票据		0.00%	代销商品款		0.00%
应收股利		0.00%	应付工资	7,680,000	9.18%
应收利息		0.00%	应付福利费		0.00%
应收账款	16,315,602	19.51%	应付股利		0.00%
其他应收款	780,000	0.93%	应交税金	307,425.43	0.37%
减:坏账准备		0.00%	其他应交款		0.00%
应收款项净额		0.00%	其他应付款	5,300,000	6.34%
预付账款	7,040,000	8.42%	预提费用		0.00%
应收补贴款		0.00%	一年内到期的长期负债		0.00%
存货	16,805,895	20.09%	其他流动负债		0.00%
减:存货变现损失准备		0.00%			0.00%
存货净额					
待摊费用	—				0.00%
待处理流动资产净损失		0.00%			
其他流动资产		0.00%			0.00%

（续表）

资产	金额	占比(%)	负债及股东权益	金额	占比(%)
流动资产合计	51,098,710.4	61.09%	流动负债合计	36,917,425.43	44.14%
长期投资：		0.00%	长期负债：		0.00%
长期股权投资	110,000	0.13%	长期借款	5,000,000	5.98%
长期债权投资		0.00%	应付债券		0.00%
长期投资合计	110,000	0.13%	长期应付款		0.00%
减：长期投资减值准备		0.00%	住房周转金		0.00%
长期投资净额	110,000	0.13%	其他长期负债		0.00%
		0.00%	长期负债合计	5,000,000	5.98%
固定资产：		0.00%	递延税款		0.00%
固定资产原价	24,037,199.1	28.74%	递延税款贷项		0.00%
减：累计折旧	8,322,101.25	9.95%			0.00%
固定资产净值	15,715,097.85	18.79%	负债合计	41,917,425.43	50.12%
工程物资		0.00%			0.00%
在建工程	15,364,814.2	18.37%			0.00%
固定资产清理		0.00%	股东权益：		0.00%
待处理固定资产净损失		0.00%	股本	8,000,000	9.56%
固定资产合计	31,079,912.05	37.16%	资本公积	9,342,000	11.17%
无形及其他资产：		0.00%	盈余公积		0.00%
无形资产	1,350,000	1.61%	其中：公益金		0.00%
开办费		0.00%	未分配利润	24,379,197.02	29.15%
长期待摊费用		0.00%			0.00%
其他资产		0.00%			0.00%
无形及其他资产合计	1,350,000	1.61%			0.00%
递延税款：		0.00%	股东权益合计	41,721,197.02	49.88%
递延税款借项		0.00%			0.00%
资产总计	83,638,622.45	100.00%	负债及股东权益总计	83,638,622.45	100.00%

从这张表明显可以看出，企业的资产结构方面，由于较高的应收账款和存货，导致流动资产占比为61.09%，说明企业资金主要被应收账款和存

货所占用，存货包括半成品茶叶和成品茶叶。而固定资产相对应流动资产来说，资金占用较少，仅有37.16%，其中在建工程占18.37%。

刘春花听了美丽介绍企业的资产结构后说："固定资产占总资产的比例低，有它的好处，这类企业有较强的偿债能力，在经济不景气的情况下，可以较为自由地选择退出，风险损失不大；但在今天这种环境下，如果固定资产的比重过低，产量上不去，将会影响销售收入，在市场竞争中受到影响，甚至遭淘汰。信贷财务分析时，要考虑这一因素。"

"好的。"美丽答应道，"企业的负债和所有者权益结构方面，比例相当，企业的负债主要是短期负债，短期负债占21.04%，所有者权益方面主要是未分配利润占29.15%，说明企业的资金来源主要是短期借款和未分配利润。"

刘春花补充说："借款人的资金结构与资产转换循环相对应。"

如季节性较强的生产企业或贸易企业，其资产转换循环周期变化大，经营活动繁忙期对短期资金需求就加大；如季节性较稳定的生产制造企业，其资产转换循环周期较长而且稳定，对长期资金需求就更多。

资产各项目合理性风险分析

大雄问："美丽姐，那我们都是怎样估计它们的风险呢？"

美丽答道："先说资产风险的估计。资产是通过用一个业务的可用资金获得的有价值的经济资源。主要关注四个方面。"

◇当分析一个借款人流动资产项目时，确定借款人的流动资产确实是可流动的，即能在一年内转换为现金。流动资产里也包括并不转换为现金的资产，如预付款。在信贷财务分析时，常常把预付款列入非流动资产中。同时账龄很长的应收账款也要从流动资产中剔除。

◇当分析一个借款人流动资产项目时，估计转换价值。这个阶段对信贷人员的分析非常重要，它包括假定经营继续进行资产的估值，以及假定停止经营并变现资产的估值。这是因为将流动资产转换为现金一般是偿还短期借款的主要途径，而无论业务经营失败停止还是继续。

◇当分析非流动资产时，需要明白的一点就是非流动资产是偿还贷款的长期保证。如果使用有效,非流动资产可在成功的业务经营循环中起到非常重要的作用。在变现方面,非流动资产不能立刻转换成现金。银行人员常常把它看作是在主要偿还途径不能满足要求的情况下的次要偿还途径。

例如,如果借款人的业务经营不能继续,就要考虑贷款能否通过变卖固定资产如土地、房产、机器设备等换取现金来偿还?

◇当分析无形资产和递延费用时,因为其设定的价值很可能无法以现金形式回收,尽管在业务经营过程中十分重要,但可能在变现时会面临大大贬值或失去价值,因此把无形资产和递延费用分离出来并入其他资产中,并在分析时,把这些资产的价值从借款人总资产中减去。

"哦,我明白了。"大雄高兴地嚷道,"为了降低信贷风险,我们在资产估计时,需要假设企业进行经营发展时,账面上的价值是怎样的;假设如果企业经营失败或者停止营业,那账面的价值又是怎样的。如果明确了这些问题,资产估计相关风险就可掌控。"

美丽说:"是的,银行在资产估计时遵循保守原则。当企业到期无法归还贷款时,就会变现账面上的资产来偿还贷款。"

负债各项目合理性风险分析

"嘿嘿,负债我知道。"大雄抢着说,"就是企业欠别人的钱,包括我们银行的钱。"

美丽说:"你光知道这个有啥得意的。我们关心负债风险,就是关心贷款偿还时间和数量。如果借款人必须偿还账款的速率幅度被低估的话,对借款人偿还贷款能力的估计判断就会失误。对此主要关注四个方面。"

◇一年内到期的流动负债。

◇确定非流动负债必须偿还的速率幅度。此时,很重要的一点就是确定这些债务中是否有些加速提前,这样这部分债务可以变为到期并可立即偿付。

◇如果有债务可以偿付给企业股东或内部人员,应确定这个债务是否次于银行债务的偿还。如果不是,那么,支付给股东或内部人员的债务应被重新列入流动负债中。如果公司财务状况恶化,公司所有人会先偿付自己。

◇债务量和时间无法准确确定的远期债务,财务报表上没有体现。但对企业有负面影响,比如可能面临的法律诉讼和担保行为。

刘春花插话道:"在分析资金项目合理分析时我补充两点。"

◇关注长期资产、长期负债和所有者权益构成比例。如果长期负债与所有者权益之和小于其长期资产资金需求,那企业必然面临短期债务偿还压力,影响企业的经营活动,进而影响偿债能力。

◇关注经营风险。如果应收账款不能按期收回或者固定资产比预计使用年限提前报废,借款人的资产势必受到影响,增加企业的经营风险。如果在整个经营活动中或投资活动中,自有资金投入的比重太少,那么债权人的资金就极有可能受到影响。

补充完后,刘春花示意美丽继续。美丽接着开始讲利润表的会计风险分析。

好看的会计报表,水分到底有多大

美丽说:"审查利润表的会计风险,重点分析利润表盈利质量的高与低。借款人的财务报表常常是很好看的,仔细推敲,就会发现或多或少存在会计风险。"

什么时候确认销售收入

美丽看到大雄有点昏昏欲睡,赶紧敲了下桌子大声喊:"大雄,打起精神来。依你的理解,什么时候可以确认销售收入啊?"

大雄猛地甩了甩头,似乎要把瞌睡虫赶走一样,然后站了起来,满脸歉意地笑着对美丽说:"美丽姐,对不起,吃了饭后脑袋有点儿迟钝,不过你刚才一吼,把瞌睡虫给赶走了,又精神了。"

大雄停顿了一下回答美丽刚才的问题:"我认为是产品销售出去,收到现金就可以确认销售收入了。"

看到大雄这样,美丽捂着嘴笑了一阵后说道:"你说的是比较理想的销售收入确认,而多数情况并不是这样。会计方法允许企业选择收入确认的时间及金额,除了现金交易外,所有其他收入确认都是有风险的,甚至包含较大的'水分'。此时,我们要重点关注两点。"

◇销售过程中,现金什么时候可以产生?

◇所确认的销售收入都能收到现金吗?

美丽停了会儿,又问大雄"那你再说说,销售收入是由哪些因素构成的?"

大雄故意"哼哼"两声,说道:"这个简单,小学就学过,数量和单价就构成了销售收入。销售收入增加有可能是数量增加或单价增加,或同时增加,当然,也可能是新产品的销售造成销售收入增加。"说完后,大雄得意地看着美丽。

美丽抿嘴笑了笑温柔地说:"好吧,说得还挺对。那我们接着往下讲,什么时候确认费用。"

什么时候确认费用

大雄问美丽:"美丽姐,我们为啥要关心收入和费用的确认方法呢?"

美丽答道:"这主要是因为现金收付和收入、费用在利润表的确认时间上存在差异。对于一项收入或者费用的确认,并不表明就发生了现金的流入和流出。比如,当我们销售产品并开据发票后,实际上可能还没真正收到现金。同样,不同的费用,确认的方法也不同。"

◇当产品销售出去后,销售成本就确认;

◇当企业在运营过程中,所发生经营费用,如税费等,费用被确认;

◇像固定资产的折旧和一些摊销这类的费用,是按照与该业务相关的在几个时间段内进行按比例在各个时期被确认。

美丽说完后,又补充道:"关心收入和费用的确认方法,另外一个很重要的原因,是我们需要关心利润表的真实盈利质量。只有明白了收入和费用是如何确认的,我们才能完全了解企业的盈利能力,从而规避信贷风险。"

大雄说:"美丽姐,上次你给我讲了如何阅读利润表,我对利润表的结构基本清楚了。刘姐前面讲了一些财务分析方法,那对利润表的盈利质量通常采用什么方法来分析?"

美丽被大雄一口一个姐喊得很高兴,笑呵呵地说:"今天上午你不是用结构分析法小试牛刀,分析了利润表中产品销售成本、销售费用、销售利润各占销售收入的百分比,计算出各指标所占百分比增减变动,以及对利润的影响,并得出了销售成本太高影响了当年利润的结论。这个结构分析法就是利润表常采用的方法。"

收入质量趋势分析

凤凰茶业有限公司2016年至2018年的收入质量趋势在下表中一目了然(如表8-3所示)。

表8-3 凤凰茶业有限公司主营业务收入变动趋势表(单位:元)

年　度	主营业务收入
2016年	73,005,211.00
202017年	74,437,671.00
2018年	96,069,844.70

从这个表可以看出,凤凰茶业有限公司的销售收入逐年稳步上涨,特别在2018年,收入更是达到了96,069,844.70元,说明企业具有较强的成长性。

利润质量分析

凤凰茶业有限公司2016年至2018年的利润质量在下表中一目了然(如表8-4所示)。

表8-4 凤凰茶业有限公司主营业务利润和净利润变动趋势表(单位:元)

年　度	主营业务利润	净利润
2016年	12,410,885.87	4,015,286.60
2017年	12,757,827.60	4,300,773.00
2018年	13,456,084.70	6,496,596.20

从这个表可以看出,凤凰茶业有限公司的主营业务利润和净利润都表现出了平稳增长的趋势,尽管2018年由于销售成本的大幅度提高,造成主营业务利润增长幅度不大,但净利润达到了6,496,596.2元。说明企业在运营费用和财务费用方面得到了较好的控制,净利润的质量才出现较高的水平。

大雄说:"我知道,对利润表考察的重点是主营业务收入、主营业务利润、净利润的变化趋势,以获得企业经济状况的发展动向。"

美丽接着说:"另一点也要注意,有利润并不代表企业有足够的资金来偿付债务,许多企业尽管处于盈利水平,但由于资金链的问题,也存在经营举步维艰甚至破产的情况。"

大雄很惊讶,问道:"我一直都认为只要企业有利润,就有足够的偿付能力,为什么会这样呢?"

美丽说:"企业的利润表是在权责发生制下编制的,其销售收入并不代表立刻获得现金收入。企业开具发票后,常常以应收账款入账,只有当应收账款收回时,销售收入才表现为现金收入。而银行的借款是用现金来偿付的,所以,这里还必须用另一个指标——利润获现率来分析盈利质量是否可靠。"

利润获现率:指企业经营性活动中产生的应得现金中实际取得了多少现金。

计算公式为:

利润获现率 = 经营性现金净流量 ÷（营业利润 + 非付现成本）

其中,非付现成本指的是企业在经营期不以现金支付的成本费用。一般包括固定资产的折旧、无形资产的摊销额、开办费的摊销额以及全投资假设下经营期间发生的借款的利息支出。

"那如何用这个指标来分析利润获现率呢?"大雄问美丽。

通常情况是,如果比率小于1,说明经营性现金净流量小于经营应得现金,其中的差额用于企业运营中,如应收账款增加、应付账款减少、存货增加等,导致实际得到的经营现金减少。我现在手头没有相关数据,这个指标你可以先了解,后边再细算。

看到大雄对利润表已经比较熟悉了,美丽说:"那么我们再一起来看看如何进行偿债能力分析。"

偿债能力分析

企业的偿债能力是指企业偿还各种到期债务的能力,银行信贷工作人员都非常重视企业偿债能力分析,它也是会计报表分析中的一个重要反映。

什么时候会出现偿债危机

美丽说:"你首先要明白,偿债能力指用企业的资产和企业经过资产转换循环的现金收益偿还债务的能力。当企业无法及时将流动资产转换为现金收益以偿还到期的债务时,偿债问题就由此产生。"然后美丽又举了个例子。

比如,当销售旺季时需要大量资金投入以保证正常业务周期经营,此时向银行借为期一年的短期借款,用来保证企业一个运营周期的资金需求。后又由于诸多原因导致营业周期延长,流动资产不能转换为现金或转换现金不够,致使与预期的还款时间不一致,当贷款需要偿还时,拿不出足够的现金支付,偿债危机就出现了。

偿债能力分析包括哪些

美丽说:"偿债能力分析一般依据资产负债表、利润表、现金流量表三张财务报表来综合进行分析,包括短期偿债能力分析和长期偿债能力分析,两者共同反映企业对各种债务压力的承受程度。"(如图8-2所示)

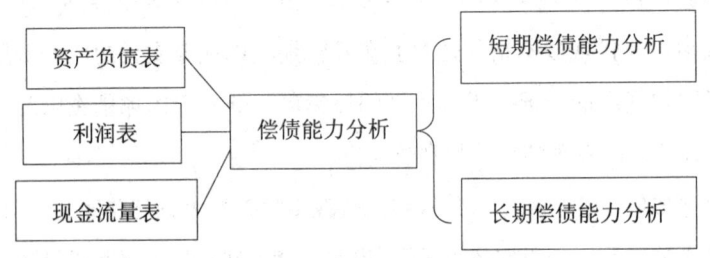

图8-2 偿债能力分析

短期偿债能力与长期偿债能力的区别

美丽说:"所谓短期偿债能力分析,就是指企业将在一年内或超过一年的一个营业周期内需要偿还债务的能力分析。"

根据营运资金的配比原则,理想情况下,流动资产要用流动负债来偿还。短期债务偿还受企业流动资产质量的影响。

长期偿债能力分析,就是指企业超过一年营业周期需要偿还债务的能力分析。对于一笔长期负债,企业要承担按合约规定的利率定期支付利息和到期还本的义务。长期债务偿还受企业的盈利能力和财务杠杆结构是否合理的影响。

企业的长短期偿债能力的关系

美丽说:"企业的长短期偿还债务能力是相辅相成的。长期偿还债务随着时间的推移,有可能转变为短期偿还债务,而短期偿还债务也可能被长期偿还债务占用,所以长短期偿还债务能力结构只有合理规划,在偿还债务时才不至于影响企业健康发展。"

大雄噼里啪啦问的一串问题得到美丽的一番讲解后,现在仅关心长短期偿债能力具体是如何分析的。

美丽告诉他,分析长短期债务偿还能力,用比率分析法来分析。

◎短期偿债能力比率分析

美丽说:"其中短期偿债能力常用的比率是流动比率、速动比率、现金比率、经营现金流动比率。"

大雄还是反应快,最后一个比率上午刘春花没讲,大雄赶紧说:"美丽姐,经营现金流动比率还没讲呢。"

美丽忙说:"经营现金流动比率是经营活动净现金流量与流动负债的比率。"

计算公式是:

经营现金流动比率 =(经营活动净现金流量 ÷ 流动负债)× 100%

大雄拿出计算器,不一会儿就算出凤凰茶业有限公司2019年3月末的经营现金流动比率了:

经营现金流动比率 =(33489.77 ÷ 36429460.38)× 100%=0.09%

美丽看了看说:"这个指标比率越大,表明企业短期偿债能力越好,它反映企业用生产经营活动产生的现金偿还短期债务的能力,所以对银行来说,这一比率是非常重要的。"

大雄指着这个数据说:"但这个比率很低啊。"

美丽说:"我也问过,一季度因为是收购和采摘旺季,需要支付的费用不仅是茶叶本身的成本，还有采茶工人的工资等，导致经营现金流量净额只有33,489.77元。但2018年末的经营现金流动比率还是不错的。我们再看看其他指标。"（如表8-5所示）

表8-5 凤凰茶业有限公司短期偿债能力比率分析

短期偿债能力常用比率	2018年年末	2019年3月末
流动比率	138%	135%
速动比率	93%	87%
现金比率	28%	2%
经营现金流动比率	9.13%	0.09%

大雄问："美丽姐，你可不可以再把这些指标较为详细地给我讲讲？"

"好啊。"美丽这才发现不知道什么时候刘春花已经出去了，办公室只有自己和大雄。她也知道刘主任是个大忙人，趁刘主任不在，自己可以放开讲。

①流动比率

想到这里，美丽就开始讲："流动比率表示用预期将在短期内转换为现金的资产偿付短期债务的程度，是流动资产与流动负债之比。因为流动资产里包含有存货、待摊费用以及一些难以收回的应收账款，所以这个比率至少应大于1，比较理想的比率是2左右。"

"比率过大或过小对企业都不好吧？"大雄问道。

美丽说："过大的话，说明企业的流动资产盈利能力弱；过小的话，直接影响企业的短期偿债能力。一般来说，如果比率较高或在合理的区域内呈增长趋势，则说明企业的短期偿债能力在逐渐改善提高，如果比率较低或呈下降趋势，情况就相反。"

美丽说完后，又特别提示大雄："这个比率是衡量企业短期偿债能力十分有效的指标，但在利用它来分析报表时，应结合行业特点和各个报告时期的流动比率，得出流动比率变化趋势，才能比较完整地说明偿付债务程度。"

看到大雄直点头，美丽又接着讲速动比率。

②速动比率

"刚开始讲的流动比率的一个局限在于其没有将不同种类的流动资产转换为现金所需时间的差异性考虑进来，如应收账款在收回时就是现金，而存货首先要卖出，然后在收到销售产生的应收账款时才能获得现金。相比存货来说，应收账款的变现能力更强。此时速动比率就可作为流动比率的一个重要辅助指标，是更严格的流动性指标。"

大雄问："那像凤凰茶业有限公司这种'专卖店+经销商'的销售模式，什么样的比率值较为合适呢？"

美丽答道："这类公司的特点是既是现金销售，又压了供应商部分货款，所以存货占的比例稍稍有点儿大，速动比率低于1也是比较正常的。总体来说，此比率是衡量短期贷款债权人所享有的保障度，比率越高，偿债能力越强。"

③现金比率

说完了速动比率后，美丽又开始说现金比率："现金比率是更加苛刻、更加极端的比率，它反映企业直接支付流动负债的能力。现金比率的分子只包括货币资金和持有的容易变现的有价证券。这个比率不能太高，理想值为20%左右，太高的话，表明资金没有得到合理、高效地运用。"

"美丽姐，经你这么一说，我大概知道凤凰茶业有限公司的短期偿债能力是怎样一个水平了。"

"那你说说看。"美丽说。

大雄很认真地开始分析起来：

2019年公司经营现金流动比率由于季节的原因很低，但参考2018年的水平，该比率基本能反映经营现金流量可以支付流动负债。而且流动比率、速动比率、现金比率都维持在一个较好的水平上，所以说，企业的财务状况整体表现了较强的短期偿债能力。

"很好！"尽管大雄是在建好的框架中分析的，但美丽觉得已经很不错了，对大雄大加赞赏。

◎长期偿债能力比率分析

企业的长期负债在资产负债表中包括长期借款、应付债券、长期应付款、其他长期负债四个科目。对于长期债权人来说，更加关心企业长远发展，即公司的盈利能力。盈利能力的高低决定企业现金的获取能力。

大雄问："长期偿债能力分析主要是通过哪些指标来分析的呢？"

美丽答道："长期偿债能力常用比率是资产负债率、利息保障倍数、产权比率、有形净值债务率、经营现金长期比率等。我一个一个给你讲吧。"

①资产负债率

资产负债率表明企业总资产中有多少是靠负债得到的。这个比率是分析长期偿债能力时一个很重要的指标，反映的是债权人利益的保障程度。比率越低，说明企业投入了较多的自有资本，债权人的资金安全性得到较好的保障；反之，如果比例大大超过0.5，债权人的资金将会有风险，甚至可能会资不抵债。

大雄想了想，如果想把书吧搞起来，自己只投较少的钱，而找银行借大笔钱来运作，那不是有点儿空手套白狼的嫌疑吗？银行肯定不干。如果各占一半，对于债权人来说，相对安全一些。想到这些，他对资产负债率有了一个深刻的认识。

②产权比率

说实话，大雄刚听到产权比率时，脑袋想的都是房产的产权。听美丽讲了后才明白，产权比率是负债总额与所有者权益之间的比率。大雄暗暗为自己的荒唐想法感到好笑。

美丽说："产权比率反映的是债权人提供的资本与股东提供的资本之间的关系，反映企业基本财务状况是否稳定，这个比率可以看做是资产负债率的一个补充分析。同资产负债率一样，其比率越低，长期偿债能力就越强，债权人的保障程度就越高。"

③有形净值债务率

大雄说："我知道有形净值债务率，它是产权比率的延伸，所有者权益扣除了无形资产后的净值，更为谨慎、保守地反映了企业债权人受所有者权益保障的程度。"

美丽说："你说的一点儿都不错。假设企业无法经营下去，那么它的那些债务由哪些资产来偿还。无形资产一般不能偿债，有形净值债务率就是衡量企业破产时债权人的被保护程度。既然是负债总额与有形净资产的比率，那么比率越大，风险就越大，长期偿债能力就越弱。"

④利息保障倍数

知道美丽要讲利息保障倍数了，大雄提出自己还不清楚利息保障倍数与长期偿债能力分析有什么关系。

美丽说："因为对于一般长期债务，企业承担了要定期支付利息的义务，那么利息保障倍数就是反映企业经营活动承担利息支出的能力。利息保障倍数也称为已获利息倍数，倍数越大，企业偿还利息的能力就越强。"

大雄又问："利息保障倍数一般多少合理？"

"企业所处的行业不同，利息保障倍数也有所不同，一般公认的是3。"美丽想了会儿又说："我们在实际的信贷业务中，通常要求企业还本付息同时进行，而利息保障倍数只考虑了利息，所以有的信贷人员用企业的经营活动现金流量与本息支付合计数之比得出'本息保障倍数'，以此衡量企业偿付还本付息的能力。

好啦，长期偿债能力分析的指标就讲这些，大雄，你把今天上午算的这几个指标归纳一下，我们来分析分析。"

大雄很快就把这几个指标列出来了。（如表8-6所示）

表8-6 凤凰茶业有限公司长期偿债能力比率分析

长期偿债能力分析常用比率	2018年年末	2019年3月末
资产负债率	50.12%	49%
有形净值债务率	104%	98%
利息保障倍数	3.78	3.55

根据刚才美丽所讲的，大雄边看边说："看来凤凰茶业有限公司长期

偿债能力各项指标都趋于良好的水平，特别是利息保障倍数2018年年末为3.78，说明企业按期支付利息能力较强，而且其他两项指标也不错，说明企业的长期偿债能力较强，长期债权人的资金会得到较好的保障。"

美丽看大雄分析得有理有据，也没有什么补充，只是告诫大雄："无论是长期偿债能力分析还是短期偿债能力分析，以上的指标都是通过报表得来的，但许多表外的因素也会影响企业的偿债能力，因此，在分析时，还应该结合表外的风险加以分析。"

资产运营能力分析

讲完偿债能力分析后，美丽又开始讲资产运营能力的分析。

资产运营能力反映的是企业资产的管理效率，包括资产利用的有效性和充分性。有效性一般通过资产运用创造的收入来衡量，而充分性指企业的资产是否被充分利用，为企业创造更多的价值，运用得越充分，收益就越高，资产质量就越好。

大雄说："那看来资产越充分有效，经营管理水平高，企业的收益就越高，偿债能力就越强；反之，资金遭积压，盈利能力弱，就会对偿付债务带来影响。美丽姐，你能不能给我讲一下，一般影响资产管理效率的因素有哪些？"

美丽答道："影响资产管理效率的因素很多，包括人为因素和环境影响，具体有以下几项。"

◇企业所处的行业及其经营环境，如果行业不景气，资产管理效率就会低；

◇企业经营周期的长短；

◇企业的资产构成及其质量；

◇企业资产管理的力度；

◇企业运营管理能力；

◇企业所采取的营销政策等。

所以，在分析资产运营能力的时候，除了关注分析一些常用指标外，

还要多分析其他相关因素所带来的影响。（如图8-3所示）

资产运营能力常用比率
- 总资产周转率=销售收入净额/资产平均总额
- 固定资产周转率=销售收入净额/固定资产平均净值
- 应收账款周转率=赊销收入净额/平均应收账款余额
- 存货周转率=销售成本/平均存货

图8-3 资产运营能力常用比率

大雄看了一下这些指标，略有感悟地说："我看了一下这几个指标，分别反映的是资产里的应收账款、存货、固定资产和总资产所能创造的销售收入程度及运作效率。"

美丽笑着说："是的。以后你在分析资产运营能力的时候，就从这四个方面入手。下面我再分项给你详细讲一下。"

总资产周转率

总资产周转率反映的是企业总资产的利用效率。总资产周转率越高，说明企业越能有效地利用资产创造销售收入，企业的获利能力越强，偿债能力也得到提高；反之，则说明企业没有充分利用资产效能，资产更多时候被闲置。

大雄说："我看出来了，要提高总资产的利用效率有两个途径。"

◇提高销售收入；

◇减少部分资产。

大雄说完，就开始计算凤凰茶业有限公司2018年年末及2019年3月的总资产运营比率。

2018年年末：

资产平均总额=（58,977,248.38+83,638,622.45）÷2=71,307,935.42（元）

总资产周转率=96,069,844.7÷71,307,935.42=1.34

2019年3月：

资产平均总额=（83,638,622.45+84,853,627.38）÷2=84,246,124.92（元）

总资产周转率 =25,689,205.08÷84,246,124.92=0.31

美丽看了看2018年的总资产周转率和2019年1季度的总资产周转率后说:"从2018年来看,总资产周转率维持在一个较好的水平,看来'专卖店+经销商'的模式有助于资产运营能力的提高;而在2019年一季度,销售业绩还没体现,企业的资产运营能力还没充分发挥它的效用,因此,比率处于一个低水平的状态。"

大雄问道:"通常情况,比率多少才合理呢?"

像零售、商贸这类固定资产投资较少的企业,与制造、加工业类固定资产投入较多的企业相比,其总资产周转率会显得更高。规模、行业不一样,比率就不一样。

固定资产周转率

美丽讲完总资产周转率后,又开始讲固定资产周转率。

固定资产周转率是衡量企业固定资产利用效率的一个指标,比率越高,说明固定资产的利用率越高,说明企业固定资产投资恰当,企业的经营活动效果就越好,反之,企业的经营效果就差。

"那我还是把比率算出来,看看凤凰茶业有限公司的固定资产周转率情况。"大雄边说边开始计算。

2018年年末:

固定资产平均净值=(18,287,137.8+31,079,912.05)÷2=24,683,524.93(元)

固定资产周转率=96,069,844.7÷24,683,524.93=3.89

2019年3月:

固定资产平均净值=(31,079,912.05+34,214,782.08)÷2=32,647,347.07(元)

固定资产周转率=25,689,205.08÷32,647,347.07=0.78

美丽分析道:"2018年固定资产周转率为3.89,是因为当年的销售收入的增加,固定资产投资比例恰当,经营效果较好,使2018年固定资产利用效率处于一个较好的水平,充分发挥了固定资产的效用。而2019年一季度,由于拓展了公司的经营策略,加大了茶叶旅游项目的开发,增加固定资产投资,导致固定资产周转率很低。"

分析完,美丽又补充说:"使用该指标要与同行业或企业的历史水平相比较,如果比较的结果偏低,说明企业的生产效率差,获利能力也弱。"

由于其他两个指标上午刘春花已详细讲过,美丽让大雄把这几个指标放在一起看看。(如表8-7所示)

表8-7　凤凰茶业有限公司资产运营能力比率分析(单位:元)

资产运营能力常用指标	2018年年末	2019年3月末
总资产周转率	1.34	0.31
固定资产周转率	3.89	0.78
存货周转率	7.2	5
存货周转天数	50	72
应收账款周转率	4.8	5.92
应收账款周转天数	75	60.81

美丽开始分析企业的资产运营能力:"公司存货周转率显示这个行业的特征,表明市场对茶叶的消费水平维持在一个较为稳定的需求状态。同时企业在2019年一季度的应收账款周转率开始升高,是因为2019年公司制定了相应的财务政策,促进应收账款的回收。2018年的总资产周转率和固定资产周转率都有一个较好的表现,说明经营管理效率较高。"

经过几番强化训练,大雄对财务分析表现了浓厚的兴趣。原本看起来一团乱麻的数据,现在摆在面前,都被梳理成一个个生动的故事了。

盈利是企业经营的主要目标

美丽拿着利润表笑呵呵地说:"大雄,企业家、投资家、债权人都非常关心企业的获利能力,你是不是也想知道啊?"

大雄说:"那是当然,因为我就要成为他的债主了嘛。"说完后,一阵窃笑。

美丽答道:"是啊,只有企业保持源源不断地赚取大把大把的利润,才能保证债权人的资金回笼,也才可以更丰厚地回报企业股东,所以说,盈利能力就是赚取利润的能力。盈利能力分析也是财务分析中一项重要的内容,盈利是企业经营的主要目标。"

"美丽姐,盈利能力常用指标包括什么内容?"大雄又问。

对一般企业来说,盈利能力常用指标主要包括以下两个指标:

◇资本经营与资产经营盈利能力指标;

◇产品经营盈利能力指标。(如图8-4所示)

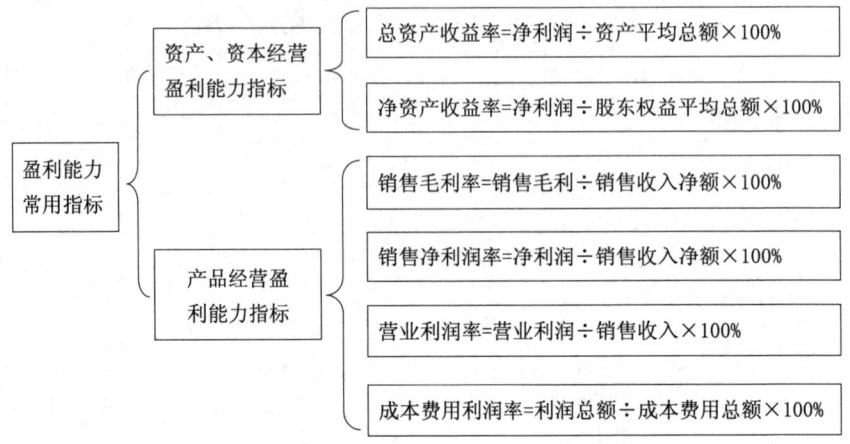

图 8-4　企业盈利能力常用指标

接着美丽把这几个指标作了简单回顾:

◎总资产收益率

总资产收益率的高低直接反映企业的竞争实力和发展能力,也是决定企业是否应举债经营的重要依据,是分析盈利能力时一个非常重要的比率。在企业总资产一定的情况下,利用总资产收益率可以分析企业盈利的稳定情况及所面临的风险,反映企业综合管理水平的高低。

◎净资产收益率

净资产收益率也称所有者权益报酬率,反映的是所有者权益获得投资回报的高与低。比率越高,说明企业的获利能力越强。

◎销售毛利率

销售毛利率反映的是主营业务成本与主营业务收入净额的关系。它表明主营业务收入净额在扣除主营业务成本后有多少利润支付各项税费及期间管理费用并最后形成营业利润。销售毛利率越大,说明盈利空间越大;反之,说明竞争加剧,存货攀升,售价偏低等不利因素。

◎销售净利润率

销售净利润率是衡量企业成败与否的指标，反映的是企业通过销售能赚取利润的能力。比率越高，说明通过销售赚取的收益能力越强，偿债能力也就增强。使用这个指标时，必须结合行业的一般水平，根据发展趋势和企业历年状况综合来考虑。

◎营业利润率

营业利润率是衡量企业经营管理效率的指标，反映了在不考虑非经营成本的情况下，企业经营者通过经营获得利润的能力。指标越高，说明经营管理效能越高，盈利水平也越高；反之，说明企业经营管理有所欠缺，成本费用控制不好或其他不利因素。

◎成本费用利润率

成本费用利润率表明企业一定期间的利润总额与成本、费用总额的比率。成本费用利润率指标表明每付出一元成本费用可获得多少利润，体现了经营耗费所带来的经营成果。该项指标越高，利润就越大，反映企业的经济效益越好；反之说明所耗费的成本费用过大，而获取的收益却很少，企业经营管理效益越低。

大雄一边听美丽讲盈利能力分析，一边通过电脑把凤凰茶业有限公司的盈利能力指标用图表的方式反映出来（如图8-5所示）。

大雄说："美丽姐，你看，凤凰茶业有限公司盈利能力的指标是这样的。变化最大的就是净资产收益率。"

美丽看了看说："那是当然，一季度的利润薄，单看这个指标就显得很突兀，但企业其他指标基本处于一个较为稳定的趋势。营业利润率和成本费用利润率相对于2018年来说还有所增长，说明企业经营效能开始发挥作用，盈利水平在逐渐转好。企业总体来说，除了一季度销售水平还有待提高外，其他经营状况都还不错。"

大雄扳着指头说："企业的资产负债表和利润表的会计风险分析、企业的偿债能力分析、资产运营能力分析和盈利能力分析都已经讲了，那是不是可以讲一下现金流量的分析？"

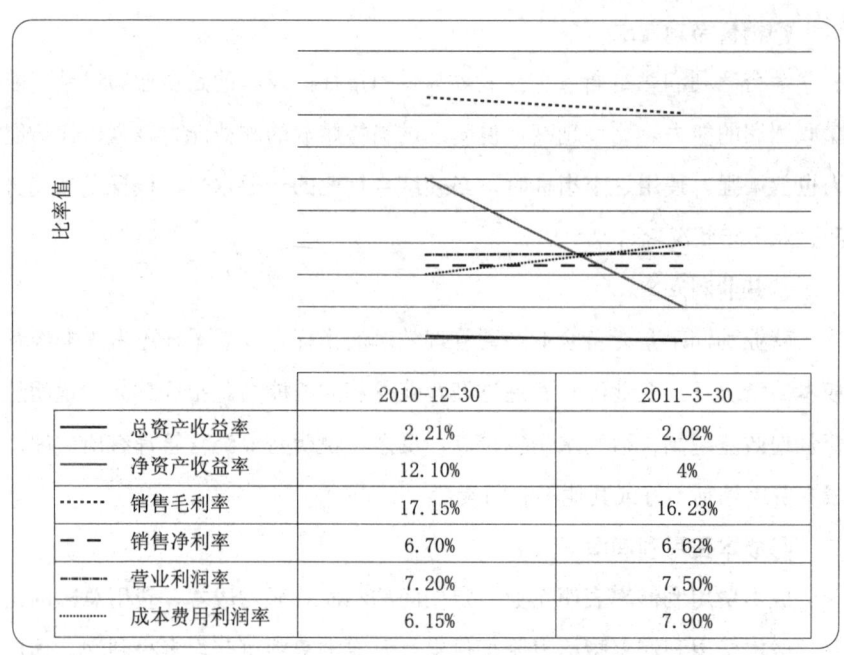

图 8-5 凤凰茶业有限公司盈利能力分析

美丽端起水杯对大雄故作严肃地说:"续水去!"趁大雄续水的工夫,美丽赶紧在电脑上把凤凰茶业有限公司的现金流量表按分析的要求做了一下。

是否具备"造血"功能,主要看资金流动方向

大雄倒水回来后,恭恭敬敬举杯到美丽面前说:"美丽姐,辛苦!"

大雄的举止惹得美丽一阵大笑,又打起精神开始讲现金流量分析。

美丽说:"现金流量表不同于资产负债表和利润表,它是建立在收付实现制的基础上的,不受会计政策选择的影响。"

利润表显示了公司一定时期实现的净利润,但未揭示其与现金流量的关系;资产负债表提供了公司货币资金期末与期初的增减变化,但未揭示其变化的原因。现金流量表如同桥梁沟通了上述两表的会计信息。

有些企业的资产负债表和利润表的财务状况都表现不错,但由于现金的问题,就会发生资不抵债的情况。所以,信贷业务中,对现金流量的分

析是必须要重视的。

现金流量结构分析

美丽又继续说:"现金流量结构分析是分析的基础,刚才趁你出去续水的时候,我做了一张表(如表8-8所示)。"

大雄惊呼道:"美丽姐,你做表格动作真快。下次你一定要教我使用Excel,我平时基本都是用Word来写文章,很少做表格。"

美丽回答说:"没问题。"接着又开始说正事。

我们通过三个方面来对现金流量结构进行分析:

◇现金流入结构分析;

◇现金流出结构分析;

◇现金流入流出结构分析。

大雄问:"是不是通过对现金流量结构分析,通过对同一时期现金流量表中不同的项目比较,就可得出企业的财务状况及其经营状况?"

美丽答道:"是的。企业现金的流入来源与流出方向的分析,可以让我们知道企业是否具有自我'造血'功能,是不是一个健康成长的企业。我们还是看看凤凰茶业有限公司整体现金流量情况吧。"

现金流入结构分析

企业的现金流入包括三个部分:经营活动产生的现金流入、投资活动产生的现金流入、筹资活动产生的现金流入。

凤凰茶业有限公司的现金流入只有销售商品、提供劳务收到的现金,收入金额为30,056,369.94元,流入结构和内部结构都占据100%。说明2019年一季度企业现金的来源就是通过销售收到的货款,而在本期没收到投资活动的现金和筹资活动的现金,从这方面来看,企业一季度通过经营活动产生的现金能力相比其他两项来说较强。

表8-8 凤凰茶业有限公司现金流量结构分析表（单位：元）

项目	流入	流出	净流量	内部结构	流入结构	流出结构	流入流出比
一、经营活动产生的现金流量：							
销售商品、提供劳务收到的现金	30,056,369.94			100.00%			
收到的税费返还				0.00%			
收到的其他与经营活动有关的现金				0.00%			
现金流入小计	30,056,369.94			100.00%	100.00%		
购买商品、接受劳务支付的现金		26,311,207.41		90.75%			
支付给职工以及为职工支付的现金		620,120.00		2.14%			
支付的各项税费		579,953.10		2.00%			
支付的其他与经营活动有关的现金		1,483,271.40		5.12%			
现金流出小计		28,994,551.91		100.00%		88.37%	
经营活动产生的现金流量净额			1,061,818.03				1.04
二、投资活动产生的现金流量：							
收回投资所收到的现金							
其中：出售子公司所收到的现金							
取得投资收益所收到的现金							
处置固定资产、无形资产和其他长期资产收回的现金净额							
收到的其他与投资活动有关的现金							
现金流入小计							

(续表)

项 目	流 入	流 出	净流量	内部结构	流入结构	流出结构	流入流出比
购建固定资产、无形资产和其他长期资产所支付的现金		1,014,164.13		100.00%			
投资所支付的现金							
其中：购买子公司所支付的现金							
支付的其他与投资活动有关的现金							
现金流出小计		1,014,164.13		100.00%		3.09%	
投资活动产生的现金流量净额			-1,014,164.13				
三、筹资活动产生的现金流量：							
吸收投资所收到的现金							
借款所收到的现金							
收到的其他与筹资活动有关的现金							
现金流入小计							
偿还债务所支付的现金		2,000,000.00		71.43%			
分配股利、利润或偿付利息所支付的现金		800,000.00		28.57%			
支付的其他与筹资活动有关的现金				0.00%			
现金流出小计		2,800,000.00		100.00%		8.53%	
筹资活动产生的现金流量净额			-2,800,000.00				
合计	30,056,369.94	32,808,716.04	-2,752,346.10				

现金流出结构分析

美丽对大雄说:"你按照我的思路,来分析一下现金流出结构。"

大雄很爽快地答应说:"好的。现金流出也包括经营、投资、筹资三部分。凤凰茶业有限公司的现金流出情况是经营活动占88.37%、投资活动占3.09%、筹资活动占8.53%,但这能说明什么问题呢?"

美丽答道:"说明2019年一季度公司偿还了一定的债务,用来支付固定资产费用的现金较少。"

"哦,"大雄又接着说,"在凤凰茶业有限公司经营活动现金流出的内部结构中,购买商品、接受劳务支付的现金占90.75%,那么现金支出绝大部分应该是购买原材料的费用。说明2019年一季度现金支出大部分是原材料的现金支出。"(如表8-9所示)

表8-9 凤凰茶业有限公司经营活动现金流出分析表

购买商品、接受劳务支付的现金	90.75%
支付给职工以及为职工支付的现金	2.14%
支付的各项税费	2.00%
支付的其他与经营活动有关的现金	5.12%

现金流入、流出结构分析

"嗯,不错。"美丽表扬了一下大雄,"那我们再来看看现金流入、流出的结构。经营活动中的流入流出比为1.04,说明凤凰茶业有限公司2019年一季度每支付1元,就会有1.04元的流入,比率越大,说明现金流入越多,企业的偿债能力就越强。投资活动的流入流出比为0,说明企业还在扩大生产,对于一个正在成长的企业来说,比值属正常。没有收到投资的现金,也没有借款,债务水平维持。筹资活动的流入流出比为0,说明企业本期没有借款,债务在逐渐减少。"

这样的分析对大雄来说有趣且记忆深刻,也让他感受到学习是一件很愉快的事。

大雄说:"美丽姐,经营活动、投资活动、筹资活动的现金有正有负,到底好不好啊?"

"对于一个健康成长的公司来说，经营活动现金流量应该为正，投资活动现金流量为负，筹资活动的现金流量可正可负。通常情况下，只要经营现金流量净额为正，企业的经营状况基本都是良好的。所以，现金流量分析时，重点要关注经营活动现金流量。"美丽回答道。

现金支付能力分析

美丽接着又讲了现金流量中一个重要的分析——现金支付能力分析。

我们常常通过资产负债表的流动性来分析偿付能力，但其局限性是，由于大量的存货资产和难以收回的应收账款，造成由资产负债表分析出来的偿付能力含有较大"水分"，为此，必须通过现金流量表中的支付能力分析，才能较为真实地反映企业实际现金支付能力。

◎现金流动负债比

现金流动负债比是经营活动的现金净流入与流动负债的比率。

计算公式是：

现金流动负债比 ＝ 经营现金净流入 ÷ 流动负债

大雄根据现金流量表和资产负债表算出了现金流动负债比：

现金流动负债比 =1,061,818.03÷36,429,460.38=0.03

大雄说："从这个公式推测，现金流动负债比反映的是用经营活动的现金偿还流动负债的能力，如果现金流入越多，偿付能力越强。而凤凰茶业有限公司2019年一季度现金流动负债比为0.03，偿付能力又是怎样的呢？"

美丽说："我们要结合2019年一季度的负债结构情况来思考。"（如表8-10所示）

表8-10 凤凰茶业有限公司流动负债结构分析表（单位：元）

流动负债项目	金　额	占　比
短期借款	17,600,000.00	48.31%
应付账款	4,030,000.00	11.06%
应付工资	7,230,000.00	19.85%
应交税金	269,460.38	0.74%

（续表）

其他应付款	5,300,000.00	14.55%
其他流动负债	2,000,000.00	5.49%
流动负债合计	36,429,460.38	100.00%

美丽说："从流动负债的结构可以看出，短期借款占的比重最大，为48.31%，其次是应付工资、其他应付款、应付账款等，而所有的流动负债并不是需要立刻用现金偿还，所以，3%的现金流动负债比显示企业2019年1季度现金支付能力偏低。"

◎现金债务总额比

现金债务总额比是现金支付能力分析的另一个重要指标，也是评估企业中长期偿债能力的重要指标，它反映的是企业最大的付息能力，比率越高，说明企业承担债务的能力越强，企业面临倒闭的可能性就越小。

计算公式是：

现金债务总额比 = 经营现金净流入 ÷ 债务总额

大雄，你算的结果是多少？"美丽看到大雄已开始计算了。

大雄把算的结果给美丽看：

现金债务总额比 = 1,061,818.03 ÷ 41,429,460.38 = 0.02

"这说明凤凰茶业有限公司能支付的利息率为2%，"美丽看了后分析说，"利息率超过2%，公司将不能按时付息。"

现金获取能力分析

"获取现金的能力分析不仅能分析企业经营管理水平高低，而且也是一个了解企业获利能力和偿债能力的重要考量指标。"美丽说道。

大雄打趣地笑着说："美丽姐，我怎么觉得你说话的语气跟刘姐有点儿像呢。"

美丽自打从学校毕业后，就跟着刘春花干，连自己也这么认为，就笑着说："那是当然，榜样力量的结果。"

◎销售现金比率

销售现金比率可以评价企业收入质量的高与低，是指企业经营活动现金流量净额与企业销售额的比值。该比率反映每元销售收入得到的现金流量净额，其数值越大，表明企业的收入质量越好，资金利用效果越好。

销售现金利率计算公式：

销售现金比率＝经营现金流量净额÷销售额

2019年一季度凤凰茶业有限公司销售现金比率＝1,061,818.03÷25,689,205.08=0.04

表明凤凰茶业有限公司每销售1元的茶叶，就可以得到0.04元净现金流入。

大雄说："那么，很显然，2019年一季度凤凰茶业有限公司销售质量不是很令人满意。"

◎**全部资产现金回收率**

全部资产现金回收率是经营现金净流入与全部资产的比率，反映的是全部资产产生现金的能力。比值越大，说明企业经营管理水平越高，企业获取现金能力越强；反之，经营管理水平有待提高。

计算公式是：

全部资产现金回收率＝经营现金流量净额÷全部资产×100%

2019年一季度凤凰茶业有限公司全部资产现金回收率＝1,061,818.03÷84,853,627.38×100%=1.25%

大雄看了看这个指标说："凤凰茶业有限公司全部资产现金回收率才1.25%，说明全部资产产生现金能力较弱，是不是因为一季度的销售状况不理想造成的？"

美丽说："有这个原因，再加上一季度的茶叶鲜叶成本大幅度提高，影响了当期的现金净流入。所以，2019年一季度凤凰茶业有限公司的现金获取能力偏弱。这时候，要借助2018年的现金流量情况和行业水平来分析，才可以判断凤凰茶业有限公司的现金获取能力。"

大雄正想问什么，这时，看到刘春花、王二、李四走了进来。

刘春花大嗓门地问道："哈哈！怎么样了？"

大雄高兴地说："美丽姐把凤凰茶业有限公司资产负债表、利润表、现金流量表统统都分析了一遍。同时通过一系列的比率，分析了企业的偿债能力、盈利能力、资产运营能力。我今天学到了好多知识，收获不小。"

财务分析不得不说的忠告

刘春花爽朗地大笑道："哦，是吗？那把你的感想给我说说。"

下面就是大雄对刘春花作的汇报，我们看看刘春花纠正了大雄的哪些说法。

关于比率指标

今天共学了二十多个比率指标，美丽姐通过凤凰茶业有限公司的案例已教我如何利用这些指标来分析企业的财务状况。

听到大雄这样说，刘春花嘱咐道："大雄你要记住：我们进行财务分析的最终目的是判断企业是否具有偿债能力，进而在信贷决策时才不至于走偏，银行资金才可保证安全。分析一个问题时，同时有多种类似的指标可以使用，如果把这些指标全部罗列出来，就显得繁琐而没有必要。

比如，评价企业盈利能力的指标就很多，分子是销售收入净额，分母可以是销售毛利、净利润、营业利润或主营业务利润，这就可以得出不同的数据，但其实都是分析企业获利能力，这时要根据各个企业的情况，选择合适的指标来分析，并不是越多越专业。"

关于分析结果

今天我对凤凰茶业有限公司的财务状况利用一些比率进行了分析，分析出的结果基本都得到了美丽的认可。

大雄你要记住：对同一份财务报告，常常会产生不同的结果。并不一定是哪个好，哪个不好。这主要是因为每个人掌握的信息量不同、看问题的角度不同，财务指标的结果导向问题的认识、会计系统自身存在的缺陷等。关键是分析结果背后的故事是怎样的，这才是关注的焦点。

比如，我刚才听你们说全部资产现金回收率只有1.25%，那到底这个指标是好还是差？有的会说这个指标太低，不好；有的会说因为什么原因，这个指标正常。单从这个指标来看，我无法说它好与坏，这要跟企业的历史数据，以及同规模企业相比后，才能正确判断它。

关于财务分析形式

我今天按照学的财务分析方法和计算公式对凤凰茶业有限公司2019年一季度的财务状况进行了分析。

大雄你要记住：今天所教的财务分析方法和计算公式并不是一成不变的，它们只是当今进行财务分析常用的手段和方法。随着业务的成熟发展，会有更加完善的财务分析模型来判断企业的偿债能力。

如杜邦分析图、沃尔评分法等，都是近几年从国外引进的先进分析法。

分析方法和计算公式也可根据需要，在不同场合，只要工具运用得恰当，能准确评测企业的经营状况，都应该推广。

比如，我们在分析资产状况时，可以使用结构分析法，也可以使用图表的方式来表达经营杠杆状况。

最后，刘春花对大家说："财务分析是艺术与技术的结合，通过我们的调查、推理、分析，最后结合企业的信用状况、行业状况、企业的历史等情况综合判断企业的发展前景，以达到信贷决策的目的。"

如何进行财务预测

刘春花说："通过财务预测，可以明白企业已确定的发展趋势的含义和对企业未来做出的推断。如果从量上加以分析，就会发现这些变化趋势的发展方向。"

如预测销售额度按照10%的比率增长，而费用以9%的比例增长，那么这样的预测就说明了这些变化趋势对财务需求的影响。

同时，通过预测，也能够推断企业能在多长的时间内有充足的现金来偿还贷款。所以说，财务预测可以帮助我们解决贷款过程中的两个关键点：

◇ 预测企业的融资需求和未来的还款能力；

◇ 制定贷款结构和合同条款并且去管理一笔贷款。

大雄听得有点儿发晕，问道："这是怎样的一个'利器'，有如此功效？不知道像我这种非专业人士能否学得会？"

王二笑着说:"李四那么笨都晓得如何进行财务预测了,你一名牌大学毕业的,肯定学得会。"

刘春花听了二人的对话后,哈哈大笑说:"财务预测并不像想象得那么复杂,那么难。预测只是一个工具,是在企业的历史发展趋势、战略目标以及管理发展目标的基础上而做出的,是对企业未来经营业绩的估计。"

大雄说:"那是不是只要借助一些估值方面的技术,结合企业的历史发展趋势、战略目标就可以对企业的前景进行预测了?"

王二大笑道:"我说你聪明嘛,你还谦虚。刘主任就这么轻轻一点拨,你就把精髓给领会了。"

"好吧,"刘春花说,"既然大雄这么想了解财务预测,我们就结合凤凰茶业有限公司的情况来讲讲如何进行财务预测。"

暗藏玄机的财务预测步骤

大雄说:"是啊,究竟这个财务预测怎么做?到底该走哪些步骤?我一直都是一头雾水,还请各位前辈多多指点。"

刘春花说:"财务预测流程可分五步走。"

第一步:分析历史数据。查看过去所走过的发展之路,包括通过对行业分析、经营管理分析和财务报告分析所收集的信息来回答最关键的问题:

◇未来最有可能的融资机会是怎样的?

◇还款来源在哪里?

◇影响还款的因素是什么?

所以说,从历史数据分析再到财务预测分析的转变过程,远远重要于我们对预测方法的使用。

第二步:研究企业未来的发展规划。包括在未来时间里实现的战略决策和融资规划,比如给客户的信用政策、应收账款等的财务政策、生产销售政策、还款计划等。

第三步:财务预测假设分析。最好的财务预测可以预测出贷款期间企业一系列未来经营业绩的可能情况。

财务预测模式的核心内容是一系列的假设：如果（某一因素发生变化），那么（就会怎样），并对这些变化进行补充说明。

大雄问："刘姐，'一系列'的可能性包含财务报表中哪些内容？"

刘春花回答说："在财务预测模式的核心中，起决定性作用的词就是'一系列'。在这里，信贷人员应该把未来的现金流量和财务状况作为一系列标准，而不是一套财务报表。所谓'一系列'就是一系列经营业绩的可能表现。"

◇如果销售量每年按10%的比例增长，那么销售额会怎样变化？

◇如果生产费用以每年9.5%的比例增长，那么产品的销售成本会怎样变化？

◇如果应收账款的平均收款期从33天增加到40天，那么应收账款会怎样变化？

◇如果企业扩建工厂80万平方米，那么资产负债表上的工厂和设备的价值会怎样变化，以及利润表中的折旧费会怎样变化？

……

第四步：对重要因素进行敏感性分析。完成了一系列"如果（某一因素发生变化），那么（就会怎样）"的说明，此时，将企业经营者对未来的构建想法以数字形式一项一项地表达出来。

大雄说："要这么估计，单拿销售额来说，如果按10%的比例增长，销售额是9,606,984.47元，如果少0.5个百分比，那就少了近50万元的销售量。"

刘春花笑着说："就是啊，所以我们大家都很清楚，预测过程中任何假设的很小变动，都会促使企业预测现金流量和还贷能力产生巨大的变化，最坏和最好的情况都可能会发生。"

此时，王二忍不住插了一句话："有经验的信贷人员都清楚，财务预测中，什么都不敢打包票，但有一件事是确定的，那就是企业实际的经营情况不可能和预测完全一样。"

刘春花说："所以，财务预测时，信贷人员会全面考虑一系列财务变化的可能。"

◇销售增值率是8%而不是最初预计的10%,那么还款能力将发生怎样的变化?

◇如果新增生产性的成本高于最初预测的20%,而且预计六个月后才投入生产,那么企业的融资需求将会发生怎样的变化?

◇如果营业费用每年增加12%,而不是预计的10%,那么企业的还款能力将会发生怎样的变化?

◇如果公司可以持续保持可预测的良好业绩,而且企业的还款能力不会受到大变动的巨大影响,那么企业的风险就很低。

◇如果企业的业绩不能持续地保持可预测的良好业绩,而且财务环境的细微变化就会对还款能力产生重大影响时,企业的风险就很高。

……

第五步:根据企业的发展计划和财务预测的假设,分析结果,得出企业的未来前景如何。如果所有说明的内容是真实可靠的,这时,我们在做信贷决策中就会思考一些问题,比如:

◇如果以上说明是真实的,那么企业的偿债能力会是怎样的?

◇借款者的融资需求和还款能力对不同事件的敏感度是什么?

这样就可以将所有的数据放在一起得出企业的偿债能力和融资需求。

闭门造车,怎么能行!

大雄试着理解道:"那这么说来,财务预测的目标就是对企业的偿债能力和融资需求进行估计,是吗?"

刘春花说:"嗯。当我们知道了财务预测的步骤后,我们就该回到制定预测的初衷上来,制定预测的目的是对企业的融资需求和偿还能力进行估计,以帮助信贷人员安排贷款结构和管理贷款。"

在贷款决策过程中,你需要跟借款人一起测算借款人在什么时候需要多大金额的借款,借款人将以多快的速度在什么时候偿还贷款,借款人的还款计划安排对重大风险的敏感度如何。你对这些问题的理解就是你安排贷款结构和制定还款计划的依据。

大雄说："哎呀，财务预测要与借款人反复探讨后才能得出结果，我还以为就是信贷人员闭门造车呢。"

刘春花说："闭门造车，怎么能行！在制定财务预测时，信贷人员不仅要与借款人探讨，而且很多时候还要向行业专家咨询，一起审核所作出的敏感度分析或者修订后的预测，并就企业未来经营的合理化管理与借款人达成共识。在完成最终的贷款决定之前，还要作出所有必要的假设修改。"

好的假设是做好财务预测的基础

大雄说："看来假设贯穿于整个财务预测分析之中。一个好的假设是做好财务预测的基础吧？"

刘春花答道："是啊，一个好的假设是以企业的历史数据为起点，当我们完成了对企业的经营状况分析、会计调整和财务指标分析之后，就有了一个判断的基准，对未来的财务预测才不至于跑偏。"

停顿一会儿，刘春花又说："但是也有另一种情况。当我们按照企业未来的宏伟蓝图做完财务预测时，发现现金余额是负数，这是财务预测对未来规划的提醒和修正，也可以用预测的结果对战略规划进行调整，在一系列模拟情景分析中进行测算。"

比如，如果销售增长20%、30%或10%，企业的现金流会是怎样的？企业的估值会是怎样的？企业今后是不是还需要钱？

美丽插话说："还有一种情况，企业在提交贷款计划的同时，不仅会准备和提交资产负债表、利润表、现金流量表，还会提交一份财务预测报表。"

大雄一听这话就奇怪了，问道："咦，他们既然会提交一份财务预测表，那我们拿来用就是了，为什么还多此一举地自己去制定财务预测。"

美丽白了大雄一眼说："你自己也可以在自己作出分析的基础上提出假设和预测。只不过介入的形式不一样而已。"

◇在第一种情况下，你需要确定客户有关销售、应收账款等的假设是否合理。按照你的结论，你可以决定同意客户的预测，或者对它进行修改。即使你同意了借款方的预测，也应该测试在关键因素变化时，客户现金流量的敏感度，然后确定银行是否能接受这些关键因素变化所引起的经营业绩的变化。

◇第二种情况下，你必须在对借款方所在行业、公司和它的财务报告进行全面分析的基础上提出你的假设。

大雄看了看美丽，又转向刘春花："哦，原来是这样啊。那有没有什么更好的办法来进行假设呢？"

刘春花说："我们常常用两种方法进行假设。"

◇第一种是直线法，即假定历史的经营情况会重复出现。这种办法一般用于短期贷款的财务预测。短期贷款由于时间很短，企业历史数据变动不是很大。

◇第二种是综合法，即认为未来的情况并不仅仅是过去的重复，而是在不断发生新的变化。

大雄问："第二种综合法，就要考虑各种一系列的'如果……那么……'，不断变化的因素对偿债能力的影响，从而帮助决策者做出更为明智的信贷选择了。"

刘春花说："这种方法的意义不在于准确地预测现金流的未来，而是考虑了不同情况、不同趋势下，可能出现的不同现金流状态，对企业的偿债能力做出更为准确的预测和分析，并对可能出现的最糟糕的情况提出应对策略。这就涉及敏感度分析了，敏感度就是假设条件变化引起预测还贷能力变化的数量。"

财务预测中的敏感度分析

大雄问："在敏感度分析中，是不是可以精确地测出我们信贷人员所确定的风险在多大程度上、在什么条件下影响借款者的融资需求和还款能力？"

刘春花笑了笑说："你说对了！比如，当销售收入波动时，看看哪些因素会对以现金偿还借款产生影响。"

大雄说："哦，我知道了。在敏感度分析中，需要尽可能精确地测定出借款人的现金流量对重大变化的敏感程度。那在敏感度分析中，要怎样做，才能尽可能精确地测出敏感度呢？"

刘春花说："有两种方法。"

◇你可以通过计算平均日销售和设立一系列应收账款回收期的假设来测试借款人的现金流对应收账款回收期的敏感度。

例如，当应收账款回收期为30天，45天或60天时，借款人的现金流会怎样变化？

◇也可以对企业预期的财务报表和现金流量进行敏感度分析。

无论哪种敏感度分析，你都可以改变某些关键变化因素，从而确定企业还贷能力会受多大影响。

大雄问："那一般做多少敏感度分析呢？"

刘春花说："至于做多少敏感度分析，取决于借款人业务的复杂性以及可以预见的风险。如果你面临的是高风险、业务复杂的企业，如一个新设立的软件开发公司，那敏感度分析比起拥有长期稳定的现金流量和收入的全球性大公司来说要详尽、辛苦得多。在进行敏感度分析时，你需要关注以下几个重要问题。"

◇对未来经营业绩的假设中，哪一种假设对企业的还贷能力影响最大？
◇这些影响还贷能力的假设会有怎样的变化？

对未来经营业绩的预测，会分别预测分析最佳情况和最差情况。企业经营的最佳情况是，假设所有事情都按照计划执行。相反的，企业经营的最差情况反映的是，当过分乐观估计了最重要的假设时，企业的经营情况会怎样，企业的偿债能力怎样。

美丽也补充道："多数的假设是根据企业经营的最佳情况，或根据企业经营最有可能出现的情况来制定最初的财务预测，这样的预测应该能比较准确地反映企业的战略思想。"

刘春花继续讲道："在区分企业最佳经营情况、最有可能经营情况和最差经营情况的时候,有两点注意事项。"

◇风险是关键变化因素综合作用的结果,而不是单个变化因素造成的。

例如,如果销售额的迅速增长带来的是毛利润的降低和流动资产的实际增长,那么销售额的强劲增长并不是企业经营最佳状况的必要因素。同样,如果企业通过缩减核心营运资产来获取充足的现金流量,从而归还债务,虽然企业的销售额在下降,但并不一定就反映了企业最差的经营状况。

◇当运用最佳和最差的经营情况来描述企业未来面临的合理的可预见的情况时,它们是十分有用的,而不是极端思想化或灾难性情况。

你可能总试图预测经营情况绝对好或绝对差,但是请注意,这些预测仍然停留在估计阶段。你的目的是确定经营情况可能发生怎样的变化以及银行目前能接受的风险范围。

最佳和最差经营情况的分析将帮助确定较高和较低还贷能力的界限。这一界限将帮助你安排还贷时间,并确定贷款数额是否充分。

刘春花停了一下,看大家听得很专心,继续总结道:"总体来说,最有可能的情况和假设,合理反映了企业的发展目标,对未来的合理经营预测既不过于乐观也不过于悲观。通常,最有可能的财务预测是对历史趋势的直线延伸,轻微调节几乎必须发生变化的关键变量就可以了。"

敏感度分析中的关键变量

大雄追问道:"影响企业现金流的关键变量是哪些呢?"

刘春花说:"每个企业业务经营和资本投资循环周期相关的风险会因业务经营方法以及其所处行业不同而不同。因此,影响每一个企业的现金流量的关键变量也会不同。不过,有一些可确定的主要变量会在一定程度上对所有企业都产生影响,主要变量的相互作用会影响现金流量和偿付能力,这些是必须考虑说明的问题。"(如表8-11所示)

表 8-11　敏感度分析中关键变量及说明

主变量	思考说明的问题
销售增长	什么时候销售开始增长，增长速度有多快，增长原因是什么（价格或单位销售量）？每增加一个单位的销售额需要多少额外的流动资金投入
毛利润	企业会受到成本增加的影响有多大
营业费用	企业能不能对主要费用项目采取控制措施
利息费用	利率的增长对企业的影响如何？利率会是多少
应收账款	企业能否控制其应收账款？应收账款在回收期内的每一天占用了多少资金
存货	企业是否能对存货严格控制？存货在存货周期内的每一天占用了多少资金
供应商	供应商会提出什么样的要求？有多少周转资金可用于支持销售增长
固定资产投资	企业能否在需要的时候以预算成本置备好固定资产并投入生产
应交税金	所得税税率是多少？企业能否享有递延所得税的优惠
利润分配	企业所有者通过股利或提成的方式从业务经营中获得多少利润

大雄忍不住插话道："那在做财务预测分析时，是不是三张报表都要各做一份预测啊？这样好麻烦哪。"

刘春花回答说："是啊，在信贷实务中，常常会有些信贷人员编制出一套完整的预测性的财务报表，编制的顺序是利润表、资产负债表、现金流量表。但我认为，财务预测的目的是判断企业是否有足够的现金偿还债务、在哪个时间点上需要资金，那么，只需把握一些关键变量分析、把握现金流是否充分，就足以满足对企业前景的预测了。"

大雄悬起的心落了下来："这还差不多，我最怕做无用功了。"

美丽瞪了大雄一眼，提醒他不要乱说话。

刘春花说："不要以为不做这三张报表的预测就可以松一口气了，这里面分析的内容也非常丰富。"

◇对销售收入的预测分析，要根据企业过去的业绩、企业在行业中所处的地位、与客户合作的信用程度、未来是否能稳定过去客户、发展新的销售渠道、是否有更好的销售策略等等；

◇对支付税金的预测要根据国家对行业支持的税收政策，这里面要考虑营业税及附加税、增值税及企业所得税、减免税等等；

◇对于利润分配的财务预测，要根据企业所处的发展阶段，如企业处于起步阶段，通常是不进行利润分配的；

◇对销售成本及管理费用的预测，如果企业是稳定发展的，就可根据前些年的情况来预测；

◇对财务费用的预测，要根据企业未来的借款情况进行预测；

◇对存货的预测，根据未来的销售成本得来；

◇对应收账款的预测，根据未来一年的销售收入得到。

王二看到大雄没再开口，有点儿为难的样子，就对大雄说："傻了吧？不过也没啥，我到现在对财务预测都还不是很在行，都要在刘主任和美丽姐的帮助下才能完成一个比较准确的财务预测。"

美丽说："对于一般短期流动资金的贷款预测来说，财务预测会比较简单，比如凤凰茶业有限公司的贷款就是这类。因为在未来的一年中，企业的财务状况变化不是很大，只需要对一些关键、敏感的因素调整一下，通常以现金流量表来表达未来一年的财务预测。"

不容忽视的经验教训

刘春花说："在财务预测和敏感度分析中花费的时间不仅受信贷人员个人能力的影响，也会受其他因素的影响，比如，借款人经营业务与贷款本身内在的风险。风险分析和敏感度分析是紧密相连的。在敏感度分析中，把对风险的估计和它的含义进行量化，从而可以得出一个结论。

比如，在低风险时，对原先预测的销售增长较小的偏离，只会导致可还款现金量较小的变化。在高风险时，对原先预测的销售增长较小的偏离，则可能导致可还款现金量较大的变化。

经营风险的敏感度分析

大雄问："借款人经营风险的高低对其偿债能力的影响还是蛮大的。那对于借款人的经营风险，我们又是怎样来进行敏感度分析的呢？"

刘春花说："一般有两种情况：

◇如果借款人是在一个稳定的行业中，有长期、持续的盈利记录以及经验丰富的管理层，其财务状况稳定，那么你的分析将可能是相当简化的。在这种情况下，你只需进行几个关键变量的敏感度分析，而各种可能性范围也会很有限。

◇如果借款人具有很大的不确定性和风险，初创企业尤其如此，或者说一个大的投资项目也是这样的，那么你将需要做更全面、周密的分析。"

王二问道："刘主任，我想了解对于这类具有很大的不确定性和风险的企业，如何对他们进行敏感度分析。"

刘春花答道："对于内在风险较大的企业，你必须完全了解下面几点。"

◇影响经营业务或投资项目的各种风险；

◇管理层所采用的降低风险的策略。

如果管理层缺乏经验、控制风险的能力较弱或者你对管理层成功执行该策略的能力存在怀疑，那么所处的行业和业务风险将增大。在进行敏感度分析时，你应尽力理解你所确认的内在风险对财务成果的潜在影响。

如果一个企业的固定费用很高，那么销售收入的小幅减少也会使盈利水平、相应的现金流量和偿债能力大幅度下降。在对这家企业进行敏感度分析时，销售收入的变化是一个重要方面。

如果一个企业的供应商的规模比该企业本身大得多，那么供应商将更容易控制修改付款条件，这时该企业的敏感度分析应该考虑应付账款周转期的变化。

在进行敏感度分析之前，关键性变量是根据你所发现的企业内在风险和你对这些变量的变化对企业经营和现金流量的影响来确定的。

王二说："前两天我看到一则新闻，一家木材加工生产企业过去长期依靠外资家具企业的采购订单正常经营，同时，家具企业的订单价格控制着代工厂的销售价格。这一两年，由于外资家具企业不断降低采购价格，使得这家经营了十多年的木材加工生产企业不断亏损，面临着倒闭的风险。"

刘春花说："我也看到了这条新闻。如果对代工厂进行敏感度分析，由于销售客户过于集中，那么销售价格、应收账款即是最重要的关键风险因素，这两个因素直接影响代工厂的现金流量。"

贷款性质敏感度分析

刘春花转身在白板上写下了：贷款性质。

刘春花说："影响敏感度分析的深度、类型的另一个风险因素是贷款的性质，所谓贷款性质包括以下几个方面。"

◇贷款的期限；

◇相对于企业财务能力的贷款规模。

相对于企业财务能力的贷款规模越小，进行敏感度分析所花费的时间越少。

大雄问："是不是因为小的贷款规模，一般都是用于短期的流动资金的贷款？那么在敏感度分析中，是不是只需分析几个主要变量，预测企业的现金流是否充足就行了呢？"

刘春花说："在短期贷款中，敏感度分析将是最有效的。敏感度分析着眼于生产经营循环过程中的因素，包括潜在的季节性销售增长、应收账款周转期、存货周转期、应付账款周转期。"

而长期贷款，如设备贷款或者项目投资贷款，敏感度分析要投入大量的时间和精力，有时候还需要相关行业专家介入。敏感度分析应该涉及资本投资过程中的各因素，包括固定资产需求计划和长期销售收入预测。

大雄心想：从短时间来看，复杂的财务预测我是做不了了。幸好凤凰茶业有限公司只是一年的短期流动资金贷款，但它的贷款规模也不小啊。

刘春花看到大家都有点儿累了，拍了拍手，站起来说："好了，该吃饭了，大雄你叫盒饭没有啊？"

大雄看了看表说："叫了。说好6点，应该快到了吧！"

话音刚落，一阵门铃声响起，真是盒饭到了！

基于现金流量的偿还能力预测

王二边吃饭，边说："刘主任，我现在正好有个中长期的贷款客户，既然现在已经讲到财务预测了，你给我简单讲讲基于中长期贷款的现金流量预测吧。"

美丽抢白道："你不好好吃饭,也不让别人好好吃饭啊!"

刘春花说："没事,没事。中长期贷款现金流量偿还能力分析,是以企业在中长期内产生现金能力的表现,以及企业在经营和投资活动等各方面的现金流量需求为焦点的。"

现金流量质量分析

王二对美丽吐了一下舌头,转过头来对刘春花说："我知道企业的现金来源很多,比如销售收入、取得的借款、应付账款的延付、应收账款周转率的提高、成本费用的减少、更多的股本投入、取得的税收优惠等等,但我们银行只信赖那些具有高质量偿还能力的现金流。"

刘春花说："是的。因为这些可以用来偿还的现金的质量并非都高。通过对来源、重复能力和保障的边际效果等的分析来评估现金流量的质量,从而确认企业对现金流量的真实需求。这种对现金流的需求包括运营资本和现金周期需求、固定资产支出和其他长期投资、股利和利润的分配以及主要债务的偿还。"

大雄说："刘姐,你说的评估现金流量质量要通过哪些方面进行呢?"

刘春花答道："主要基于三方面来分析评估现金流量的质量。"(如表8-12所示)

表8-12 现金流量质量分析的三个方面及其说明

现金流量质量评估	说 明
有可靠的还款来源现金流	银行期望在未来贷款期内的现金流是合理的预测,如销售收入;而不是靠也许、可能作为偿还债务的保证,如税费的减少
有重复发生的现金流	银行期望偿还债务的现金流是持续的、反复产生的现金流,如销售收入;而不是依赖一次性产生的现金流,如固定资产的处置
有保障边际效果的现金流	银行期望偿还债务的现金流是能够提高对银行保护的现金流,比如销售收入、成本费用减少、股本的投入等。而如固定资产的处置、取得的借款等都属于有可能侵蚀保障边际的现金流

这么复杂的概念，经刘春花的点拨，大雄全明白了。

为了验证自己的理解，大雄把刘春花的讲解又用自己的话说了一遍：

◇如果贷款的偿还要依靠增加新的债务，通过债务循环或出售长期资产产生的现金流来偿还，则贷款的风险可能更大。

◇如果依靠发行股票、股权来偿还贷款则意味着投机。

◇依照借款人过去的经营循环所产生的现金作为还款来源才是比较安全的。

刘春花说："所以，在决定长期还款能力和授信额度决策时，要确保借款人可循环的经营活动现金流量具备可靠的质量保障，并用其预计的现金数额作为企业偿付其他现金需求后用来支付长期负债的现金的唯一来源，而不要在预期的再融资或资产处理基础上来设定其授信额度。"

王二说："这下我明白了，现金流量的质量可以通过以下三个原则来评估。"

◎现金流量的来源以及它对银行的保障边际有何影响

增加净资产的现金流量通常质量较高，例如，经营活动现金流量的收入部分和融资活动现金流量的权益性来源。净资产的增加通过资产的价值提高了贷款人的保障边际。而提高杠杆现金流量，如新增负债，其质量就较低，因为它侵蚀了贷款人的保障边际。

◎现金流量在未来能够维持或重复的程度

由一次性的资产效率的提高所带来的现金流量的质量要低于可重复产生的利润所带来的现金流量。

资产效率的提高所带来的好处可能持续很久，但作为提高的结果，从现金周期中释放出的现金只有一次。如果要从这种来源产生更多的现金，应收账款或存货的周转率必须持续下降，或者应收账款的周转率持续上升。

权益的发行所得的现金流量在某种程度上也是质量较低的，因为它不可重复也难以预测。

出售长期资产的现金流量的质量较之来自于折旧费的现金流量的质量要低，因为资产的处置是非持续性的。

◎**现金流量所反映的是企业的长期盈利能力和经济发展能力**

因为利润衡量了借款人在竞争中获胜的能力,所以有利润实现的可重复的现金流量具有很高的质量。

从新增的负债可以看出其他贷款人对企业的信心,但却不如坚实的收益业绩有说服力。

资产处置和出售长期投资的现金流量的质量低于新增的权益性投资的现金流量。处置不想要的、没有利润的或淘汰的资产可能会带来收益,但是这样的现金流量并不是盈利或竞争能力提高的结果。

刘春花高兴地总结:"简单地说,最为可靠的现金流量是那些真实的、可重复产生的利润,它们具备持续性,并且证明了企业的获利能力。较好的现金流量来源是资产效率的提高和新权益发行的收益,最差的现金来源是增加新的债务和资产处置。"(如图8-6所示)

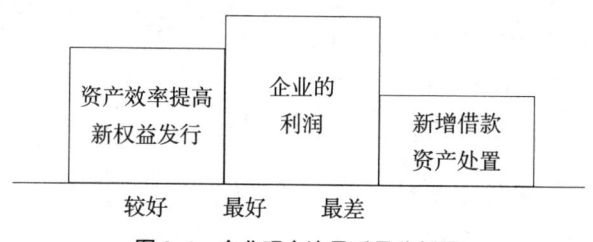

图8-6 企业现金流量质量分析图

现金流量的需求

刘春花说:"现金流量的需求是指现金流量的使用或可能的用途。那在企业营运过程中,什么时候需要现金流量呢?"

大家七嘴八舌,有的说利润分配的时候,有的说还款的时候,有的说增加固定资产的时候……

刘春花听了大家的回答后说:"我这里列出了主要而且会重复发生的现金流量的需求。"

◇为支持销售的增长而新增的营运资本;

◇为支持资产效率的下降而新增的营运资本;

◇固定资产更新;

◇为支持销售增长的固定资产扩张;

◇新增长期投资；

◇股利支付或所有者的其他提款；

◇主要债务偿还。

王二笑着说："刘主任，你列出的现金流量需求与借款原因很相似。"

刘春花答道："是的。对现金流量需求的分析、评估也可以使用借款原因分析、评估的方式和方法。"

稍作停顿后，她又补充道："但我们在分析现金流量需求时，需要对以下几点做出判断。"

◇确认现金流量表中每一项明显的现金流出。

◇判断是一次性的、无规律的事件还是可重复发生的。

◇判断其金额对于该业务活动来说是正常的、典型的还是太高或太低。

◇判断导致现金流出的事件或活动是否在管理层的控制之内；对管理层的评价是否表明管理人员在该领域表现出很高的效率。

◇比较过去的现金流量和现金需求，预测未来的来源和需求。

用于偿债的现金流量分析

美丽插话问："但是我们大家都很清楚，企业产生的利润和相应的现金流并不都是用来偿还债务的。那如何来衡量企业可用于债务偿还的现金流量呢？"

刘春花回答说："衡量能够用来偿还债务的现金流量的方法有多种。比如，用于偿还债务的现金流量模型（如图8-7所示）同时考虑了可能性最大的持续的现金来源和常常需要优先偿还的新增债务。通过这一模型，就可以测算出企业可用于偿还债务的现金流量。"

```
                    净利润
        +       折旧和摊销
        +增加/-减少    营运资本
        -        固定资产支出
        -        股利
        -        偿还新增债务的支出
                ─────────────
        =       可用于偿还债务的现金流量
```

图 8-7　用于偿还债务的现金流量模型

使用这一模型时要注意：

◇评估现金来源的稳定性和潜力，现金需求的稳定性和可持续性，以及公司控制和限制这些需求的能力；

◇确认和量化主要的债务需求；

◇比较和评估保障边际。

美丽说："我以前在书上看到过对这一模型的介绍，它也有一些局限性。"

◇一些并不具有现金潜力的项目，也被包含在了净利润之中，如出售资产的收益，尚未分配的子公司收益，以及特定的营业外收入。

◇没有考虑折旧和摊销之外的非现金费用，如坏账费用。不过出于谨慎考虑，不将其计入现金来源也对，因为坏账准备通常是更低的应收账款回收率的标志。

◇尽管资产出售收益和债务所得存在着一点点的可重复性，但在这里没有考虑。

刘春花说："所以在使用这个模型的时候，必须记住它仅仅是量化的模型。同时信贷分析人员必须自己独立确认该方法模糊了的营运资本的不同组成部分变化的区别。这种方法的保守之处在于将新增偿还债务排在了最后。"

整套财务报表预测与基于现金流量财务预测的功效相近

王二问："未来的现金流量偿还能力的预测都可以用这种方法吗？"

刘春花说："你首先要知道未来的现金流量模式有两种，这两种模式是使用不同的预测方法的。"

◇如果假定未来的现金流量模式不发生实质性的改变，那么超出的部分可以用来支持新增的债务。此时，就可以使用该方法。

分析者必须比较可以用于偿还债务的当期现金，在对所有非重复性的项目做出适当的调整后，与当期负债比较，并且评估可用于支持新增债务的超出部分（如果有的话）。

◇如果预期现金流量的模式发生改变（如通常的实际情况），则必须对借款人的资产负债表和利润表做出财务预测，以评估未来可用于偿还债务的现金流量。

此时，决定对借款人的信贷工具和授信额度，以现金流量衡量债务能力的量化指标。授信额度由年度中持续的可用于偿还债务的现金流量来决定，按照债务期间现存的和预期新增的债务量来分配。

王二问道："授信额度一般都是怎样来分配的呢？"

刘春花答道："在信贷实务中，对授信额度的设定应该保证预测年度中可用于还债的现金必须超过债务的25%，除非现金流量的风险特别特别低。"

王二又追问了一句："用整体报表的预测和用基于现金流量偿还债务的预测效果是一样的吗？"

刘春花笑了笑说："吃饭之前我就说了，这两种效果差不多。总的来说，准备一整套预测财务报表（包括财务比率表）提供了一个更好的估计未来表现和资产负债表的方法，因此，借款需求和偿还能力也会被更准确地预计。在考虑各个营运资金账户和利润率等因素的可能性是一个更好的、更彻底的方法。"

"哦"了一声，王二说道："我知道了。使用基于现金流量偿还能力预测分析相对简单，但得出的关于借款需求和还款能力的结论与使用整套预测财务报表得出的结论在可靠程度上大致相同，只不过整套财务报表的预测是更彻底、更完整的预测。"

刘春花说："嗯。如果用整套预测财务报表来分析，可以用现金流量表中的'借款摊销后的净现金流量'减去'固定资产变化'来估计可以用来偿付额外借款的现金流量。但无论用哪种方法，评估用于债务偿还的现金流量分析时都要把保障边际考虑进去。该边际是基于分析人员对风险的领悟和预期现金流量的不确定性的客观判断。"

刘春花看到大雄有点儿走神，对他说："是不是感觉讲得有点儿枯燥啊？那下面我们就以凤凰茶业有限公司为例进行财务预测分析。"

大雄一听说要开始对凤凰茶业有限公司进行现场财务预测，高兴地连声说："好！好！好！"

实战演练：现金流量偿还能力预测

刘春花对美丽说："你是这家企业的主办信贷员，你来给大家分析一下。"

美丽点了点头后，把凤凰茶业有限公司2016年至2018年的利润简表和资产负债表展示在大家面前。美丽先对公司的历史情况进行了回顾。

纵观企业历史关键数据分析

◎销售收入

20016年至2018年公司实现销售收入分别是7300万元、7444万元、9607万元，销售收入在逐年上升，特别是2018年，采取了"专卖店+经销商"的模式后，销售收入更是大幅度上升。

◎毛利率

2016年至2018年公司的毛利润分别是1241万元、1275万元、1346万元。尽管2018年鲜叶价格大幅度上涨，但2018年的毛利率仍然维持在13%，相对于2016年来说，毛利率增加的幅度为8%。

◎净利润

2016年至2018年公司的净利润分别是401万元、430万元、650万元，净利润基本维持在6%~7%。2018年，公司的净利润有所下降，经询问相关的管理层，主要原因是2018年从国外引进了两条生产线，固定资产折旧费增加。

◎应收账款

2017年的应收账款是2569万元，但2018年只有1632万元。经询问财务相关人员，得知因公司采取了相应的政策，加快了资金的回笼。

◎存货

2017年的存货期末数是569万元，2018年的存货期末数是1680万元，在2019年的3月份存货的期末数是1755万元，存货随着销售额的增长而增长。

◎固定资产

固定资产净值加上在建工程，2017年是1828万元，2018年是3108万元，2019年3月末是3421万元。经询问公司的管理层并查证，固定资产主要包括房屋、基础建设等。

◎借款

2019年3月的短期借款是1760万元，长期借款是500万元。公司的负责人说，由于过去的短期借款都是用于购置茶树苗及茶文化旅游项目的开支，银行已经口头答应可以展期，所以，未来一年，这几笔借款会展期到次年。

现在公司申请一笔300万元的流动资金短期借款，主要用于购买茶叶鲜叶。通过尽职调查和对财务报表的分析，得出如下结论：

◇公司的销售规模在逐渐扩大，净利润也维持在一个较为固定的水平上；

◇公司在未来一年里，生产能力已经能满足生产的需要，所以不会在固定资产上投入太多；

◇公司已经制定了相应的管理制度，提高了管理效能，加快了资金周转；

◇公司在未来一年时间里偿债风险较低，有充足的现金流量保障债务的偿还。

未来一年的战略图景

接着美丽又把公司未来的战略目标描述了一下。

◎营销方面

公司将会采用更为有效的营销手段，比如会增加网上的销售和大型超市铺货等形式，预计在下一年的销售额度会增加20%。

◎**资金周转方面**

对经销商及专卖店继续实行2018年的资金管理政策。

◎**采购方面**

为减少资金占用，2月至10月集中收购、采摘，集中生产，其余时间按照订单采购生产。

◎**政策税收优惠方面**

公司正积极争取农业税收方面的政策，最大限度地获得税收减免。

◎**公司前景规划方面**

公司正积极筹建以种植、加工、生产、旅游一条龙的旅游园区，目前，相关的计划在完善，一些基础工作已经开展。

财务预测

美丽又根据公司的历史状况及战略目标，开始了财务预测分析。由于公司的销售收入就是茶叶收入，企业的支出主要是成本费用的支出、运营费用的支出和一些利息税费的支出，所以基于现金流量的预测很简要。

◎**销售收入的预测**

喝茶对中国人来说已经成为一种习惯，并且公司为适应市场的需要，已经开始调整产品结构，如在冬季大量供应红茶、养生茶、保健茶，在春季大量供应清茶、绿茶，同时增加网上销售及大型超市的铺货。经过与公司管理层的交流，并参考同行业同规模的情况，预计未来一年的收入会增长25%左右。

尽管2018年的销售收入增加了29%，但却是这几年中最好的水平。为保守起见，设定25%的标准。根据这个增长比率，得出2019年实现销售收入为1.2亿。（如表8-13所示）

表8-13 凤凰茶业有限公司2019年销售收入预测（单位：元）

	2016年	2017年	2018年	2019年预测
主营业务收入	73,005,211.00	74,437,671.00	96,069,844.70	120,000,000.00

◎**营业净利润预测**

凤凰茶业有限公司的净利润基本维持在一个较为稳定的水平。经过综合评估未来一年的其他因素，产品成本价不会出现太大变动，2019年的利润率仍然用2018年6.8%的水平，那么2019年实现净利润为816万元。（如表8-14所示）

表8-14 凤凰茶业有限公司2019年净利润预测（单位：元）

	2016年	2017年	2018年	2019年预测
净利润	4,015,286.60	4,300,773.00	6,496,596.20	8,160,000.00

◎现金流量预测

现金流量预测时间是2019年7月1日至2020年6月30日。由于茶叶的销售季节性较强，第一、二季度是销售的高峰期，第三、四季度相对来说销售收入略有下降。根据往年的现金流量情况，以及公司未来一年可能的现金回笼支出的情况，预测其未来一年的现金流量。（如表8-15所示）

表8-15 凤凰茶业有限公司未来一年现金流量预测（单位：元）

项　目	2019年三季度	2019年四季度	2020年一季度	2020年二季度	总　计
销售产品及劳务取得的现金	3000万	3000万	4000万	4000万	14000万
收到其他与经营活动相关的现金					0
购买商品及劳务支付的现金	2600万	2600万	3400万	3400万	12000万
为职工支付的现金					0
支付其他与经营活动相关的现金	150万	150万	200万	200万	700万
借款及其他筹资活动取得的现金	500万				500万
偿还借款及支付利息	150万	150万	150万	650万	1100万
现金及等价物净增加额	—	—			700万

大家都惊叹美丽的神速，在分析的过程中，就把凤凰茶业有限公司的现金流量预测表做出来了。

大雄问美丽："现金流量预测里的数据是怎么得出来的？"

美丽笑了笑说道："我这是最简单、快速的预测。大致的思路是这样的：

既然 2019 年实现销售收入预计为 1.2 亿，再根据相应的线性关系，参考过去的现金流量及利润水平，就得出 2019 年现金流量预测的数据。当然，我上面预测的结果不会很准确，但大致能说明企业的偿债能力水平。"

"哦，"大雄瞪大了双眼，"这样也可以做出现金流量预测啊，我还以为很复杂呢。"

刘春花对大雄说："今天是因为时间比较仓促，所以美丽才匆匆做了一个这样的财务预测。这样做虽然草率了点儿，但基本能说明问题。在信贷实务中，财务预测是财务分析中非常关键的一步，它是信贷决策中重要的参考因素。所以，在预测分析时，要有充分的证据证明预测报表上的数据，而不是推断。"

美丽有点儿不好意思地说："是粗糙了点，我明天会细化这张表。但理论上，对于像凤凰茶业有限公司这类财务结构简单、又是一年的短期流动资金借款，不宜采用很复杂的预测方法。"

刘春花宽慰她说："明天再完善就是了。财务预测分析基本就是这样的思路。以后在运用财务预测的结果时，只能作为企业是否具有现金偿还能力的依据、是否会侵蚀银行的保障边际的判断，而不能作为确定贷款金额的唯一依据。"

第9章
随时考虑借款人的借款原因及还款意愿

刘春花问大雄："你现在已经对信贷分析全过程了解得差不多了，那我问你，当一个客户向你提出借款申请时，你首先考虑的是什么？"

大雄想了一会儿说："我初步会思考以下问题。"

◇要借多少钱？

◇借钱用来做什么？

◇能在什么时候偿还这笔钱？

◇用什么方式偿付银行贷款的本息？

◇能不能按时还钱？

刘春花点点头，"嗯，在每笔贷款决策之前，我们时刻要思考借款用途、什么原因造成这种需求、借款人怎样偿还贷款本息？这几个问题是相互联系的，这是因为企业主要的偿还来源应该与借款原因和用途相关。

王二说："但是在信贷过程中，我常常会遇到借款人不清楚现金短缺真实原因的情况。企业经营是很复杂的过程，到底是资金周转慢产生的资金需求，还是资产效率低下产生的资金需求，或者是其他原因，他们自己也不清楚。这个时候，我们常常要根据他们的借款用途来帮他们一起分析真实的借款原因。"

◎借款原因与借款用途的区别

大雄问："咦，借款原因跟借款用途不是一回事吗？我的理解是，如果企业因为想买机器设备，资金不够，然后需要从外部融资来买这批设备，那借款原因和借款用途不就都是为了买机器设备吗？"

◇借款原因是指企业为什么会短缺现金,造成资金不够的原因是什么。

比如,固定资产扩张和更新、长期销售的增长,以及其他临时性的资金需求。

◇借款用途是指企业把这笔贷款用来支付或购买什么。

比如,购机器设备、购买原材料等。

这时,李四也打破沉默:"借款原因要与借款用途匹配,比如用于流动资金周转的借款只能用于原材料购买,而不可用于固定资产的扩张或更新,要防范短贷长借的行为。"

美丽补充说:"以我的信贷实战经验,对于偿还分析和贷款结构调整来说,针对借款用途的借款原因分析是极其重要的。借款资金的用途在贷后的监管中要更加留意,而企业的还款意愿则与借款人的信用、品质有关。"

借款分析

听了大家头脑风暴式的讨论后,刘春花针对借款原因进行总结:"大家说得都不错。《信贷手册》里列有九条常见的借款原因。"

◇季节性销售增长;

◇长期销售增长;

◇应收账款回收期延长;

◇存货周转速度下降;

◇固定资产扩张或更新;

◇非盈利或低盈利经营;

◇非预期费用的支出;

◇分配红利;

◇其他原因。

综合大家所说,借款原因是指公司对现金的需求超出了公司所持有的现金,从而需要借款。借款需求的原因可能是长期性资本支出,比如设备扩充或更新,也可能是短期的资本性支出,如购买原材料等。

在信贷过程中，长期贷款用于长期融资的目的，短期贷款用于短期融资的目的。就如刚才李四所说，购买原材料的借款不能用于购买机器设备、建设房屋等。

大雄仍满脸疑惑地说："但我怎么都无法理解为什么要下工夫进行借款需求的分析，对我们银行有什么用处吗？"

刘春花说："借款原因的分析是信贷分析过程中不可缺少的一步，尤其在银行信贷风险控制方面有着重要的意义，具体表现为以下三方面。"

◇通过借款原因的分析，可以帮助企业找到真实的借款原因及其偿还资金的来源，制定贷款方式及监管措施，可以更有效地控制风险；

◇通过借款原因的分析，可以帮助我们了解企业的运营过程和资本运作，了解各个环节可能出现的风险，同时也可以开发出新的金融服务产品；

◇通过借款原因的分析，可以更好地确定企业的财务结构，提出最佳的融资方式，加强银企之间的关系。

大雄又问："借款需求原因分析所需要的资料是什么呢？"

美丽笑着说："我一般都是在以下资料的基础上分析的，通过这些表之间的相互印证，分析出企业的真实贷款原因。"

◇近三年的财务报告：资产负债表、利润表和现金流量表；

◇近两年的月度或季度销售资料；

◇存货结构明细表；

◇近期的应收账款明细表；

◇近期的应付账款明细表；

◇企业的财务预测表。

基于三张财务报表借款原因分析见下图。（如图9-1、图9-2、图9-3所示）

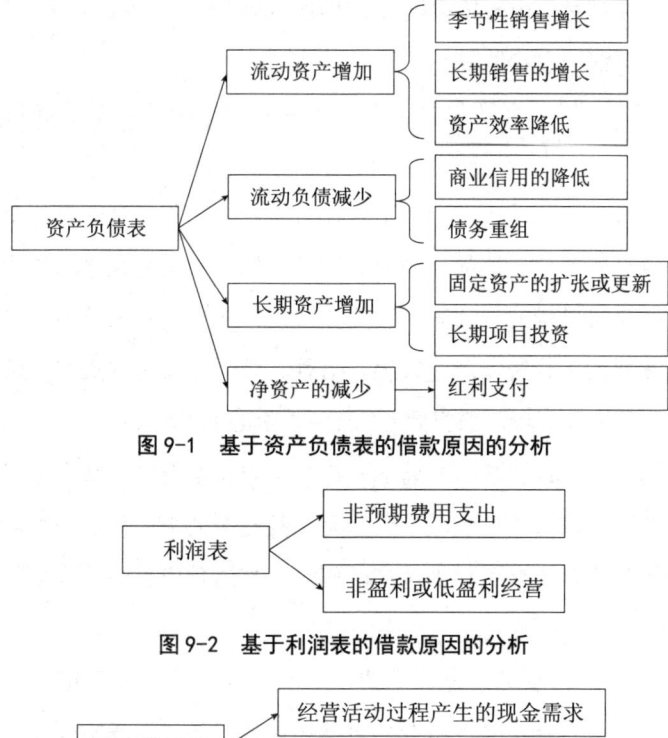

图 9-1 基于资产负债表的借款原因的分析

图 9-2 基于利润表的借款原因的分析

图 9-3 基于现金流量表的借款原因的分析

季节性销售增长的借款原因

认识季节性销售增长

刘春花站起来对大家说:"我们现在开始对可能产生借款需求的原因一条一条地分析,先说季节性销售增长的借款原因分析。在我们接触的企业中,某些企业生产或服务的产品有季节性销售高峰和低谷,往往会出现淡季和旺季,如茶叶、空调、旅游等。这时候,公司的经营会受季节的影响,财务状况也将随之改变。"

◇销售旺季时:由于销售收入的增加,带来的财务结果可能就是营运资产的增加,如应收账款、存货等,或自发融资增加,如应付账款和应计费用。这期间,营运资产增长快于自发融资。

◇销售淡季时：由于销售收入的下降，存货和应收账款也随之下降。

借款的可能用途和期限

大雄问道："一般在什么情况下，借款的原因才是季节性销售增长呢？"

刘春花说："为了应对因季节变化对企业造成的资金影响，企业常常会有一套自己的方法。比如，销售旺季时，如需要采购大量的货物，一般首先会选择自发融资的方式来解决资金短缺；而当自发融资不足以应付销售旺季所需要的资金时，就选择银行借款、资金拆借等方式来融资。企业一般不会轻易选择后者，选择后者的话就要付出成本代价。"

大雄豁然开朗："哦，当营运资产大于自发融资时，就产生了季节性销售增长的融资需求。这种流动资金是一种资金需求，往往用内部资源或借款来满足，不是来自于内部生产的资金。那这种资金的需求期限应该不是很长吧？"

刘春花说："通常来说，流动资金的贷款用途主要是用来采购原材料，绝大部分是短期贷款，贷款本息偿还来源于低点前季节性交易资产转换为现金的季节性销售收入。"

分析方法

"季节性销售增长的借款原因分析会不会很难？"大雄小声说。

王二听到大雄这么说，接话道："如果这个你都觉得难的话，你就不要做信贷了。"

"唉……"大雄赶紧摆了摆手说，"我的表达有误，我是想问怎样入手分析？"

王二白了大雄一眼，打趣道："名牌大学生，你也有言不由衷的时候啊。"

美丽瞪了他们两个一眼，说道："说正事。在为季节性销售增长的企业制定贷款结构及偿还时间表之前，重点依据月度或季度财务报表来辨别、分析。"

◇月度和季度的营运资本投资、销售收入、现金回款情况及未来时间的销售预测情况；

◇通过前两年的月度或季度销售资料，确认企业是否存在季节性销售增长模式；

◇目前的借款需求是由季节性引起的，还是其他原因；

◇企业需求的资金规模和时间是否与历史数据匹配；

◇估计季节性流动投入是否增多。

计算方法

美丽又转过头来对刘春花说："具体如何来计算分析，我了解得还不全面。"

刘春花接话道："如果连续两个月销售收入总和大于年销售收入的25%，或者连续三个月的销售收入总和大于销售收入的35%，那么，就存在季节性流动资金投入的需求。

计算公式是：

流动投入 =（应收账款 + 存货）-（应付账款 + 应计费用）

流动投入 = 流动投入最高值 - 流动投入最低值

这个公式的意思是：假设内部生产现金是有限的，营运投资的高点减去低点估算季节性借款需求。资金不是来自于自发融资的交易资产增长称为营运投资。在营业额没有重大变化的条件下，流动投入/销售收入的比率是相对稳定的。

长期销售增长的借款原因

认识长期销售增长

"我们接下来说说长期销售增长，"刘春花接着给大家讲，"所谓长期销售增长即销售收入长期稳定的增长，需要固定资产以及营运投入增长。与季节性交易资产（存货或应收账款）上升或者下降不同的是，长期销售增长带来的营运资产增长，尤其是核心营运资产的增长或者资产营运效率的提高，将不会在季节性周期接近于低点时转换成现金。"

大雄问："哪些是核心营运资产？"

刘春花回答说："在季节性强的公司里，营运资产的某种水平总是保持在一年的业务账面上，支撑公司业务的基本应收账款和存货是一年中业务的最低点，这就是核心营运资产。与此对应的是，当期总资产也被称为当期核心资产。"

正因为核心营运资产或当期资产总在账面上，所以在次年或下一个营运循环时无法变现。

借款的可能用途和期限

李四漫不经心地说："这些短期资产的功能与长期资产类有点儿相似。"

刘春花笑了笑说："是啊，这些短期资产长期占用企业的资金，如果企业内部融资的办法不能解决核心流动资产导致的资金短缺问题，核心流动资产和固定资产的融资需求增加，需要提高销售收入水平，此时，企业就需要向银行提出借款申请。"

大雄问："那它是通过长期借款还是短期借款来获得资金呢？"

王二说："我认为营运资产的增加和源于长期销售增长的营运资产投入应当从长期资源（未分配收益、权益股票和长期借款）的组合中获取资金。"

美丽说："由于长期销售增长产生的借款需求也来源于扩大固定资产的需求。扩大固定资产以便支持长期销售增长，应该用内部资金（利润、未分配利润）和长期债务来融资。由于内部资金不能满足销售增长，企业就得通过借长期债务融资以支持销售增长产生的借款需求。借款期限依据长期高销售增长情况、盈利性和外部资金可算出借款期限。"

分析方法

刘春花说："通过计算年销售收入增长趋势，比较各个时期的长期销售持续增值率，如果增长率超过10%，则意味着长期融资需求的可能性。在分析时，需要确定以下几个方面。"

◇销售增值率是否维持在一个稳定的较高水平？即销售收入持续稳定、快速增长。

◇实际销售的高增长率是否明显大于持续的增长率？即实际销售增值率与通过几年的可持续增值率比较，实际销售增长率明显高于可持续增长率的。

◇估算过去几年核心营运投入、季节性低点营运投入,并且测算增长率,确定核心营运投资增长来自于长期销售增长,而不是效率的下降引起的。

◇经营活动中的现金流是否不足以满足资本投入和资本支出增长的需求?

通过这几个方面的评价,银行就可以做出这类借款申请是否属于长期销售增长的借款,如果是的话,企业将会调整相应的信贷结构和计划。

计算方法

大雄问:"如何来估算核心营运投入并测算可持续增长率呢?"

刘春花说:"你可以在核心营运资产低点,用营运资产减去自发融资,就可以得到核心营运投入的估算值,接下来就是估算依靠内部资金融资的增长水平。"

长期销售持续增长率估算方法:

$$\frac{ROE \times RR}{1-(ROE \times RR)}$$

ROE:净利润/资本

RR:未分配利润比率(1-红利支付率)

红利支付率 = 红利 ÷ 净利润

这个公式的意义在于,一个企业的可持续增值率取决于四个变量:

◇利润率:利润率越高,销售增长越快;

◇留存利润:用于分红的利润越少,销售增长越快;

◇资产使用效率:效率越高,销售增长越快;

◇财务杠杆:杠杆越高,销售增长越快。

其中,利润率、资产使用效率、财务杠杆三个变量通过ROE反映,留存利润通过RR反映。通过对可持续增长率的计算,可以知道内部资金是否满足销售增长的资金需求,企业是否必须通过借长期债务融资。

存货周转期为何延长了

刘春花说:"刚才我们讲了由于销售变化引起的借款需求,接下来,我们开始讲资产变化引起的借款需求。大家都知道,资产周转率越快,效率越高。如果企业的现金需求超过了现金的供给,那么资产效率下降就有可能产生借款。"

借款的可能用途和期限

大雄说:"关于存货,我知道一点儿。存货的增加来源于两个因素,即销售增长和存货持有期延长,销售增长刚才已经说了。存货持有期越长,为存货融资的期限越长,企业从销售存货收回的现金所需要的时间也越长。暂时存货增加或企业营运循环的结构性变化会引起融资需求。"

刘春花说:"分析存货结构趋势:原材料、半成品和产成品的比例,企业的存货在什么环节出现下降,确定下降原因。那么对于存货的借款期限就取决于存货下降的原因、企业生产现金的能力和控制存货的管理能力,在确定为存货周转期延长的客户贷款之前,要确定以下几个方面的问题。"

◇检查存货结构的变化,分析存货周转期延长的原因,并观察存货周转期延长变化的趋势;

◇用销售成本测量由于销售水平变化对存货的影响。因为销售成本按照历史成本测量;

◇测算存货周转率,分析存货周转率下降的原因。

计算方法

"那么,怎么计算存货持有期的天数呢?"大雄问道。

存货持有期天数计算:

$$\frac{INV}{CGS} \times 365 = INV\ DOH（天）$$

INV:存货

DOH:持有期

CGS:销售成本

上面公式推导：存货/销售成本×平均天数=存货持有期（天）。从这个公式可以看出，存货如果大于销售成本，那么存货的持有期就越长，而增加的存货货币值，就产生了借款的需求。"

"那么在计算存货持有期的时候，关键因素是销售成本吗？"

刘春花说："为了计算借款需求，通常最好使用现金销售成本，就是不包括折旧费的销售成本。"

固定资产更新需求

认识固定资产更新

刘春花说："关于固定资产更新需求。企业产生更新固定资产的原因有很多。"

◇不再具有经济效益；

◇有物理损坏、过时或老化；

◇进行技术更新而大面积更新设备。

银行在分析这类借款需求的时候，与借款人讨论是极其重要的。通过不断同企业管理层沟通，了解固定资产更新需求和偿还债务的计划。

借款的可能用途和期限

"一般都跟借款人讨论哪些方面的内容呢？"大雄好奇地问。

美丽许久没说话了，这时忍不住插话道："借款人经常提出具体的借款要求，但是银行也应该预测固定资产更新的借款需求。"

◇企业的营运循环、资本投资周期是怎样的？

◇企业设备的使用年限是多久？剩余年限还有多久？

◇企业设备的工作状况怎样？

◇在生产运营过程中担负什么样的重要作用？

◇如果业务需要大量更新固定资产，资产负债表的固定资产是否接近完全贬值或报废？

◇核实企业固定资产更新的需求和计划；

◇测算影响固定资产更新的变化率；

◇更新固定资产的融资需求期限一般是依据借款人资产转换过程中生成现金的能力和固定资产的使用寿命来确定的。

美丽说完后,刘春花补充说:"对一名信贷员来说,勤于思考是非常重要的。如果固定资产的使用年限接近于到期或者剩余年限已经很短,就可能会有更新固定资产的需求。

计算方法

计算固定资产使用年限的公式如下:

$$\frac{累计折旧}{总折旧固定资产} \times 100\%$$

这个公式中的总折旧固定资产要排除不需要折旧的固定资产,如土地。如果比率大于60%,就意味着产生更新固定资产需求,估算未来固定资产更新需求的时间,固定资产寿命比例能够用于得出固定资产的平均剩余寿命。

固定资产剩余寿命公式如下:

$$\frac{净折旧固定资产}{折旧支出}$$

由于会计准则本身的缺陷,折旧的会计处理方法或者出租设备,会使固定资产的使用年限不符合实际情况,但这两个指标能够简单地反映固定资产折旧程度。银行在进行借款需求分析时,可参照企业所处行业的技术变化率来综合判断。

应收账款回收期延长的借款原因

借款的可能用途和期限

刘春花说:"大家都清楚,在应收账款还没有支付之前,企业不可能使用客户手里持有的现金。客户拖欠应收账款的时间越长,占用企业营运资金的时间就越长,企业为了维持正常经营而从其他来源得到的现金就越多。也就是说,由于应收账款回收期延长,就造成了应收账款回收期延长的融资需求。"

美丽同样很积极地说:"应收账款的形成过程只是完成了销售的过

程,而没有真正实现现金交易的完成,仅停留在账面上。在对这类借款原因制定信贷政策之前,我会确认下面几方面的问题。"

◇应收账款增长是源于销售收入增长还是应收账款收回期延长?
◇计算应收账款延长期,并且观察趋势,与正常的行业期间进行比较。
◇检查近期应收账款明细及计划。
◇计算由于应收账款回款期延长,应收账款的增加值。
◇应收账款回收期延长的原因,是效率下降还是管理问题?
◇应收账款回收期的延长是暂时性的还是企业经营循环的结构性变化?

借款的期限是依据最后一条来确定的。

计算方法

"那如何来测算应收账款回收期呢?"大雄问。

应收账款回收期可以按天数计算,计算公式是:

$$\frac{应收账款}{销售收入} \times 365$$

这个公式在运用过程中,要分别计算应收账款中未逾期、逾期1~30天、逾期31~61天、逾期61~90天、逾期90~180天、逾期大于180天的应收账款回收期,并观察其变化的趋势。同时,由于应收账款回收期的延长,会引起整个营业周期的延长,所引起的资金变化就是对资金的需求。

应收账款引起的资金变化量的计算公式是:

$$\frac{期末应收账款周转天数 - 期初应收账款周转天数}{期末销售收入} \times 365$$

将计算的结果与同行业的平均水平比较,并与管理层确认差异和变化的原因。

大雄的本子上已经满满记了一堆公式,问刘春花:"每笔借款都要像这样演算、推理一遍吗?"

刘春花笑着说:"那倒不一定。在信贷实务分析中,借款原因分析的深度和所花的时间,要根据贷款的规模、有无授信、贷款的期限等来区别对待。最主要是掌握该类借款的相关问题以及在资产转换周期过程中变化的分析。"

王二深有感触地说:"有时候想深层次地分析下去,常常会出现不知道该从哪里下手的情况。特别是那些生产经营很复杂的企业,其财务账目也很复杂,为了了解全部营运过程,还不得不到企业去蹲点。有了这些分析方法和手段后,我们的信贷分析就有理论指导了。"

刘春花说:"没有理论指导,我们的工作就会一团乱麻。"

非盈利或低盈利经营的借款原因

借款的可能用途和期限

大雄问道:"我们应该怎样来分析借款原因是非盈利或低盈利导致的呢?"

刘春花回答道:"企业如果连续几年无利润或利润低下,在经营中就会造成大量的现金缺失,也就不可能积累足够的现金用于季节性支出和其他非预期的支出。通常来说,非盈利经营的企业需要用借款支付费用,而低盈利能力通常将加重其他借款原因。"

美丽说:"这类借款原因的借款期限依据于低盈利的期限。如果低盈利期限短,而企业未来的盈利能力有提升的希望,可以依据企业的情况,做出信贷决策;如果低盈利期限长,且企业濒临倒闭,银行就会拒绝贷款。"

分析方法

美丽接着说:"对于这类原因的贷款,我所知道的是应谨慎贷款或不贷。此时,要彻底分析企业的财务风险、经营风险、行业风险等,以及企业的盈利能力的提升有多大的希望。"

刘春花点了点头说:"你说得很对。对这类借款原因的分析,常常需要借助利润表来分析、辨别其盈利能力下降的原因,寻找利润下降的边际,并观察趋势,借助企业的财务现金流量预测,推测下一个期间的盈利能力的空间。经营成本和销售成本的上升都有可能导致现金流量的减少。"

大雄说:"我们如何来分析利润下降的边际呢?"

利润下降边际的计算公式为:

$$\frac{税后净利润}{净销售收入} \times 100\%$$

按照这个公式计算至少3年的总利润率、营业利润率、税前净利润率和税后净利润率,并把分析结果与同行比较,分析趋势的变化。

非预期费用支出的借款原因

刘春花说:"对于企业来说,经常会遇到不可预见的费用支出,例如,没有投保的损失、设备的安装支出、法律成本等。这个时候,企业偶尔也会选用借款的方式来弥补非预期费用的支出。此时,借款的目的就是支付相应的费用。"

王二说:"我遇到过这样的案例。一家运营非常正常的生产企业,无论是企业的规模还是销售业绩在同行业中都不错。公司中有一台关键的新设备在办理投保的过程中被盗了,这时候企业向我们讲述情况,希望银行能给他们一定资金上的支持。"

美丽回应道:"对这类借款原因的分析方法如下。"

◇讨论非预期费用的性质;

◇为什么借款人发生这笔费用;

◇寻找其他借款原因。根据评估其他借款原因来评估需求和期限。根据企业的现金流量表,评估企业现有的现金流没有足够的现金用于支出的原因。

大雄说:"我知道了,由于突发事件导致企业需要支付非预期的费用,而这些费用超过了公司的现金储备,就导致了公司的借款需求。同样,借款的期限取决于企业创造现金能力有关的货币数额。"

刘春花认为对借款原因的分析基本该告一段落了,说道:"借款需求分析就到此为止。由于借款需求与企业的还款能力和风险评估是紧密相连的,它是贷款期限、利率、资金规模等要素的决定因素。通过对每类借款原因的理解,大家以后就可以借此判断企业借款的真实原因。接下来我们再说说借款人还款意愿的分析。"

借款人还款意愿的风险防范措施

在对借款人还款意愿进行分析之前，刘春花说："曾经有一位资深的信贷员以他自身的经验告诉我们，评价一笔贷款是否存在风险，不是看它是否有足够的抵押物、是否有好看的财务报告，而是对人的分析。所以如果存在信贷风险，那么在做出信贷决策之前就存在了。"

听刘春花这么一说，大家都认为此话道出了信贷分析中的精髓。

大雄也这么认为，对刘春花说道："那意思是，贷款风险不仅在于借款人的还款能力，更取决于借款人本身的还款意愿。照这位资深信贷员的话说，还款意愿分析将成为贷款风险分析的重要方面。"

刘春花冲大雄点了点头，我们可以设想一下：

如果一个借款人具有很强的还款意愿，当他取得贷款后，很努力地赚钱，但也有天不遂人愿的时候，最终企业不具备还款的能力。此时，他也会想尽一切办法来归还这笔贷款，因为他是一个守信用的人。反之，如果一开始他就想赖这笔账，即使企业有足够的现金，他也会千方百计地拖延银行的借款。

经刘春花这么一解释，大雄一下子就理解了进行借款人还款意愿分析的重要意义。

大雄问："除了个人品质和企业的还款能力外，决定借款人还款意愿的因素还有哪些呢？"

刘春花说："决定还款意愿的因素很多，这里我主要介绍两方面。"

◇基于借款用途的还款意愿分析；

◇基于信用评级的还款意愿分析。

"明修栈道，暗度陈仓"，风险在哪里

大雄好奇地问："什么是基于借款用途的还款意愿分析？难道借款用途与还款意愿还有关系？"

刘春花笑了笑说道："刚才已经讲了，合同中的'借款用途'是指借款人用所借来的款项去购原材料或机器设备等。那么，判断借款人还款意

愿的一个重要方法就是合同中约定的借款用途是否就是企业实际使用这笔借款的用途，可以据此判断其还款意愿真实程度。"

在信贷实务中，银行出于对风险的考虑，在信贷政策中会有诸多限制，因此，有的企业在提出申请时，就会"明修栈道暗度陈仓"。

比如，由于流动资金的贷款多数是短期贷款，流动资金的贷款审批手续相对固定资产的贷款审查手续简单，此时，企业为了能顺利获得银行的资金，常会假以购原材料的借款用途来提出申请，但申请资金的真实用途是购买固定资产。

听刘春花如此说，王二补充道："就是。银行对于流动资金的贷款有专门的规定，如果借款人无法从自身经营过程中获取所需要的资金，此时，就可以申请流动资金的贷款。但是，有些企业等银行的钱到手后，就擅自改变贷款用途，比如用于购置设备或者扩建房屋等。"

大雄听了刘春花和王二的话，觉得简直不可思议，说道："还有这种情况啊，这不是短借长用吗？并且还款的周期也要增加，还款的风险肯定也会增加。"

美丽对大雄点了一下头说："还款风险肯定会加大。因为长期借款要靠长期资金来偿还，而短期借款靠短期资金偿还。如果以短期借款用于长期投资，偿还的资金就无法保障，到期后，企业就可能'拆东墙补西墙'，直接导致基于贷款用途的还款意愿风险加大。"

听完大家各自的看法后，刘春花说："从银行的角度来说，一旦借款人从一开始就想通过贷款的方式来改变资金的用途，由于信息的不对称，那么银行就不能及时、全面地了解贷款原因、贷款额度和贷款期限，因而推测分析出来的借款人的还款来源、还款金额和期限安排也就不再准确。"

刘春花的一席话，让大雄明白了，改变借款用途所带来的还款意愿的风险是防不胜防的。那么，是否有相关的防范措施来最大可能地降低这种风险？这么一想，大雄就问刘春花："既然这样的情况防不胜防，我们通常会采取哪些防范措施呢？"

刘春花想了一下，回答道："在信贷实务中，常从三个环节加以防范。"

◇贷前调查：认真做好尽职调查工作，了解企业各环节可能的资金需求，据此来推断其借款用途；

◇贷中审查：认真审阅企业提交的资料，分析企业申请的资金用途是否与企业的经营状况一致，并严格控制授信金额，合理安排信贷资金结构；

◇贷后监管：定期和非定期到企业调查走访，核实库存及现金使用情况。

听刘春花这么一讲后，大雄总算是弄明白了。

信用评级能直接反映还款意愿

看大家对借款用途的还款意愿分析已经弄懂了，刘春花就开始接着讲信用评级的还款意愿分析。"企业信用评级的内容非常广泛，它是对企业全面、综合的评价，包括领导素质、经济实力、资本结构、履约情况、经济效益和发展前景等各方面的要素。信用评级的高低直接反映了借款人还款意愿的强弱。"

刘春花刚一说完，大雄就说："我知道信用评级。信用评级有AAA、AA、A、BBB、BB、B、CCC、CC、C，又通过'+'或'-'来调节信用等级。信用评级本身已经反映了借款人的信用状况：信用评级高的，借款人的信用状况就好；反之，借款人的信用状况就差，还款意愿就弱，进而贷款风险就会增大。"

听大雄讲完后，刘春花很高兴，她没想到大雄脑子里有这么多料，因此笑着对大雄说："没想到你还这么细心，说得不错。但要记住，信用评级只能作为还款意愿分析的参考因素，不能作为对客户信用评价中信贷风险分类的标准。"

刘春花深吸了一口气说："好啊，我们针对企业的还款原因及还款意愿的分析就告一段落，将来遇到不明白的地方，我们再一起共同探讨。"

第 10 章
关注贷款担保

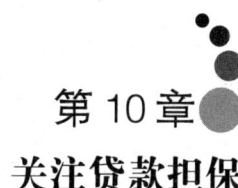

刘春花说:"贷款担保作为最重要的第二还款来源,也是信贷风险分析的一个关键因素。银行在设立贷款担保以后,就可以对贷款的风险进行控制,一旦出现贷款到期无法偿还,就可以依据《担保合同》《合同法》追索债权,以保证银行信贷资金的安全。"

停顿了一下,刘春花提高嗓音说:"一定要记住,第二还款来源并非还款手段,而是风险防控手段,是对第一还款来源的补充和保障,注重第一还款来源才是防范信贷风险的关键。"

贷款担保分为哪几类

作为第二还款来源的贷款担保,包括保证担保、抵押担保、质押担保。(如图10-1所示)

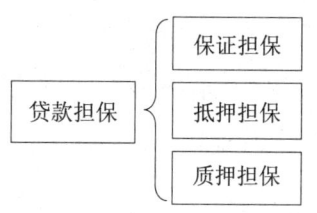

图 10-1 贷款担保分类

◇抵押担保:是债务人或者第三人对债权人以一定价值的财产作为清偿债务担保的法律行为。抵押贷款担保的主体是债务人或抵押第三人、抵押物、债权人。

◇质押担保：是债务人或者第三人对债权人将其动产出质给债务人，履行担保责任的法律行为。质押担保的主体是债务人或质押第三人、质押物、债权人。

◇保证担保：具有代偿能力的法人及其他组织或自然人按照与贷款人约定，所履行的债务或承担责任的担保行为，保证责任分为一般保证和连带责任保证。

为何要向银行提供担保

大雄看向刘春花，"我还是不明白，为什么企业向银行申请借款，还要向银行提供担保。"

刘春花说："原因是多方面的。从企业的角度看，需要额外提供担保的主要原因包括以下几点。"

◇当企业靠自己的经济实力无法获得银行贷款的时候；

◇当银行提供的信用贷款难以满足企业所需资金的时候；

◇为了能顺利、快速获得银行贷款的时候；

◇企业不具备信贷优势条件的时候。

从银行的角度来看，贷款担保旨在提高偿还的可能性，降低银行信贷资金损失的风险，提高信贷资金使用效率。所以，银行发放贷款时要求借款人提供担保，进而保障贷款债权的实现。

大雄说："哦，我明白了，贷款担保能降低银行贷款的风险。那么贷款担保具有哪些特征呢？"

刘春花说："主要有三个方面的特征。"

◇从属性：从属性是指保证合同以主合同存在为前提，随主债权因清偿、抵消、免除而消灭。

◇相对独立性：保证合同的独立性是指效力的独立性、发生或存在的相对独立性及其他方面的独立性。

◇单务无偿性：单务无偿性指债权人与担保人之间并不相互享有权利和负有义务。担保人在担保合同中只负有担保的义务，而不享有任何相对应的权利；债权人只享有权利，而对担保人不负任何相对应的义务。

怎样进行贷款担保分析

大雄想了想，既然作为第二还款来源的贷款担保这么重要，那么对它的分析同样不可掉以轻心。想到这里，他就问："刘姐，既然这么重要，你就给我们讲讲怎样进行贷款担保分析吧！"

"没问题。"刘春花看了看手表，已经过11点了，不能把时间拖得太长，"今天由于时间的关系，我就简单地给大家讲一下。"

◇保证担保分析：重点根据保证担保人的主体资格、信用状况、资金规模、担保能力、对外担保情况、财务状况等，分析保证担保人代偿资金的来源是否稳定、是否充足、是否具有代偿的能力、操作是否规范、担保客户的违约率是多少等。分析的基础是担保人的财务报表及其他报表。

◇抵押担保分析：重点根据担保人主体资格、信用状况、抵押物类型、抵押物变现难易程度、抵押物的价值波动、抵押物的有效证件、抵押物的虚实、法律保障程度等，分析该抵押物对贷款的保障代偿能力、是否充足、是否能完善展期担保手续。

◇质押担保分析：重点根据质押担保人主体资格、信用状况、质押物类型、质押物保管和保值难易程度、质押物价值及价值波动程序、质押物的虚实、法律保障程度、处置变现难易程度等，分析该质押物对贷款的保障代偿能力是否会变化、是否充足、是否能完善展期担保手续。

这时，美丽插话说："其实，对保证担保的分析，跟对借款人的分析有点儿类似。只不过对保证人的分析，根据担保的特性，还要对保证人的担保能力以及其代偿能力进行分析。"

如何防范贷款担保风险

刘春花说："无论是保证分析、抵押分析还是质押分析，因为每种担保的特性不一样，所以分析的核心也不一样，但在分析时，要注意贷款担

保的风险及防范。"（如表10-1、表10-2、表10-3所示）

表 10-1 保证贷款担保风险及防范

保证贷款风险	保证贷款风险防范
保证人不具备担保能力	核保
保证人不具备担保资格	签订好保证合同
虚假担保人	贷后监管：保证人的经营情况有无变化；对外的担保是否超过本身承受能力；变更借款合同应经保证人同意
公司互保	——
保证手续不完善	——
超过诉讼时效，贷款丧失胜诉权。诉讼时效两年；保证责任自主债务履行期届满之日起6个月	——

表 10-2 抵押贷款担保风险及防范

抵押贷款风险	抵押贷款风险防范
抵押物虚假或严重不实	对抵押物严格审查
未办理有关登记手续	对抵押物的价值进行准确评估
将共有财产抵押而未经共有人同意	做好抵押物登记
抵押物没有办理有关登记手续	抵押合同期限应覆盖贷款合同期限
以第三方的财产作抵押，而未经财产所有人同意	——
抵押物灭失、抵押物价值贬值或难以变现	——
资产评估不真实，导致抵押物不足值；未抵押有效证件或抵押的证件不全	——
因主合同无效，导致抵押关系无效	

表 10-3 质押贷款担保风险及防范

质押贷款风险	质押贷款风险防范
虚假质押风险	认真核查质押物品，并做好登记
司法风险，债务人的质押要用定期存款或保证金账户存放	严格审查适用的法律、法规，确保可依法处置质物，难以确认的，拒绝质押
汇率变动带来的风险	要求用有升值趋势的货币质押
操作风险，如质物没有登记、交换、保管手续；造成丢失；质押存款没有办理内部冻结看管手续	确认是否登记；对质物监管；归类保管，一般情况不出借

大雄听了刘春花一系列的讲解后说:"我明白了,在检查和分析保证人、抵押人或质押人时,一定要仔细审核相关手续并分析其资格、能力等其他方面,才可降低贷款中的风险。"

贷款担保的注意事项

大雄接着发问:"那么为确保贷款资金的安全,我们要注意些什么呢?"

刘春花说:"我归纳了五个方面的注意事项(如表10-4所示)。"

表10-4 贷款担保注意事项

注意事项	说　　明
担保的有效性	首先,担保合同的主合同必须合法、有效,尤其是要注重其中的贷款生效条件和担保生效条件。 其次,贷款担保合同必须具有法律效力。 再次,对抵(质)押物的处置或对保证责任的追索,必须在诉讼时效内
担保的充分性	贷款担保的充分性问题涉及很多方面,比如,抵(质)押物价值、变现问题和担保人的经济实力等,这些都是影响贷款风险分类的重要因素。 抵(质)押物的价值评估需要特别注意,比如土地、建筑物、机器设备等抵押物的专业性很强,应该由专门的资产评估机构来进行价值评估
定期或不定期对抵(质)押物价值进行重估	抵(质)押物的市场价格不断变化,因而抵(质)押物总价值也存在较大波动。对于不足值的部分,更应该适时补充抵(质)押物或归还部分贷款; 抵(质)押物没有市场价格,要参照同类的抵(质)押物市场价格确定。此外,抵(质)押物的管理本身也是一个动态变化的过程,具体的操作环节可能出现许多风险,从而影响贷款资产保障程度
抵(质)押物变现问题	抵(质)押物的变现能力主要涉及其物理化学特征、市场价格特征和经济管理制度等因素,比如土地使用权的变现能力就相对较差、国库券的变现能力就比较好。 同时,抵(质)押物在进行变现时,还须使其具有不可撤销的法律效力,即抵(质)押物应为全部或部分债权清偿提供支持,并可为债权人依法拥有
保证人的经济实力	银行对保证责任的追索归根结底在于保证人的净资产或可变现资产的多少,这就需要银行对保证人的资产负债、财务指标、经营活动、管理水平等情况进行综合分析以确定其保证额度

案例1：分析保证、抵押贷款的担保风险

甲与银行签订了借款合同，借款金额是500万元，期限是一年。

乙、丙为该借款合同签订了保证协议，保证借款合同中条款的约定，如果甲不能按期归还借款，乙、丙愿意承担保证责任，其中乙是一家医院，丙是一家法人企业。同时丁为这笔借款合同提供了抵押担保，抵押物是价值200万元的房产，房产是前妻的，前妻不知道担保这回事。丁与银行签订了抵押担保协议，但没有约定抵押担保范围。

问：乙能作为清偿债务能力的人吗？为什么？

答：乙是一家医院，不能作为清偿债务能力的人。根据《担保法》有关规定，学校、幼儿园、医院等以公益为目的的事业单位、社会团体不得为保证人。

问：丁与银行签订的抵押担保合同是否有效？为什么？

答：该抵押担保合同为无效合同。因为以第三方的财产作抵押，必须经财产所有者同意。

问：假定甲与银行合同约定推迟还款期限一年，并将推迟还款的协议通知了乙、丙、丁，但乙、丙、丁均未回复。假设乙具备担保人的资格且抵押担保合同有效，那么请问乙、丙、丁是否承担担保责任？为什么？

答：保证人乙、丙不再承担担保责任。根据《担保法》规定，修改借款合同中约定的内容，必须取得保证人书面同意，否则保证人只承担保证期限内的责任。如果双方未约定保证期限，保证人只承担主债务届满之日起六个月内的保证责任。

抵押担保人丁仍然继续承担担保责任。因为抵押权消灭的期间是主债务诉讼时效届满之日起两年，虽然借款期限延长了一年，但仍然未超出抵押权消灭期间。

问：假设甲与银行决定，退回丁的抵押物，放弃丁的担保，且甲与银行完善相关手续，但未取得乙、丙的书面同意。假设乙具备担保人的资格且抵押担保合同有效，那么请问乙、丙是否继续承担责任？为什么？

答：由于债权人放弃抵押权，并未取得乙和丙的书面同意，所以，乙、丙继续承担保证责任。

问：由于某种原因，甲没有能力偿还到期的借款。这期间，丁的抵押物房屋因某种天灾人祸灭失，而丙也失踪，其财产交由其堂兄代管。假设乙具备担保人的资格且抵押担保合同有效，那么请问，如果乙清偿完甲的所有债务后，能否向丙的堂兄追偿债务？为什么？

答：乙只能向债务人甲追偿债务。原因一，丁的抵押物房屋由于已经灭失，抵押权消失，进而就丧失抵押担保人的身份，不能向丁追偿；原因二，尽管保证人承担保证责任后，有对其他担保人应承担份额部分的追偿权，但丙已失踪，其财产虽交由堂兄代管，但没办理相关财产过户手续，故不能向丙的堂兄追偿；原因三，保证人承担保证责任后就取得对债务人的追偿权。

问：假设借款到期后，甲无法偿还借款，银行提请法院对房屋进行拍卖，拍卖的价款为600万元。假设乙具备担保人的资格且抵押担保合同有效，问银行能否用所拍卖的款来清偿自己的债务？为什么？

答：银行可以用所拍卖的款来清偿自己的债务。对于同一债权，由第三方提供保证担保，又由第三人作抵押担保，并且抵押担保没有约定担保范围，所以银行就可以向任一个担保人请求全部清偿，如果抵押合同中约定了担保范围，则只承担担保范围内的责任。

案例2：分析质押贷款的担保风险

甲向银行贷款20万元，甲持有一张面额为20万元的银行承兑汇票，到银行办理质押担保贷款10万元，后陆续共计偿还5万元，借款到期后，此人失踪。此时，银行只好依据相关法律规定，对该银行承兑汇票解付，准备用于偿还剩余5万元的借款本金及利息，但在解付时，发现汇票是假的。由此，银行只得自己承担5万元及贷款利息损失，这就是质押贷款担保所带来的风险。

大雄他们几个看完这两个贷款担保的案例后，深有感触，大家开始热烈讨论。

特别是王二，对贷款担保经验丰富。"抵押的对象主要是不动产及其他财产，必须办理登记。只有登记后，银行才可提供贷款；而质押对象是动产和权利，质押物必须移交给质权人占有时才生效；而对于保证担保，若同一债务有两个以上保证人的，没有约定保证份额，保证人承担连带责任。"

大雄一边听一边记下要点内容。

刘春花看时间已经比较晚了，明天还要赶报告，就对大家说："今天我们不仅对凤凰茶业有限公司的财务状况进行了分析，而且对借款原因及还款意愿、贷款担保也作了介绍，大家以后在信贷实践中，要充分运用这些工具和方法。明天大雄协助美丽把凤凰茶业有限公司的信贷调查分析报告写出来。好了，今天辛苦各位了，也该下班了！"

大家纷纷收拾东西，准备回家。

第11章
一份完整的信贷调查分析报告

这一天,大雄到办公室时,看到美丽已经在电脑前面忙开了。他走到美丽面前道了声"早安"。

美丽看到大雄像霜打了似的,一副没睡醒的样子,惊讶地问道:"呀,眼睛里怎么这么多血丝啊!昨晚熬夜了?"

大雄猛地摇了一下头,像突然充足了电似地笑着说:"没事。昨晚回去后,趁着记忆的最佳时间,把当天学到的内容都过了一遍。通过'强化'训练,对信贷业务及财务分析的理解又上了一个台阶,多亏你们的帮助。"

美丽打趣地对大雄说:"哎呀,莫说那些。你好福气啊,遇到像刘主任这样的大姐。人家刘主任抽那么多时间给你讲这讲那,要感谢的是她。"

"是,是,都要感谢。"大雄忙着点头说后又问道:"咦,美丽姐,刘主任昨天说今天把信贷调查报告要写出来。写调查报告都有哪些要求呢?我能帮上什么忙吗?"

贷款发放的第一道关口——贷前调查报告

美丽说:"贷前调查报告是贷款发放的第一道关口,也是信贷管理过程中一个非常重要的程序和环节。把握得好的话,能给信贷决策带来正确的指引;如果把握不好,就会影响信贷调查的质量,进而会造成错误的信贷决策,导致银行资金的损失。"

所以,信贷调查报告质量的好坏直接关系到信贷决策正确与否。写出一份高质量的报告，需要注意以下几个方面的内容。

整理收集完整的资料

对企业的借款申请书、企业向银行提供的资料、尽职调查所获得的企业信息资料、财务报告及其他渠道所获得的企业信息资料等进行归纳、整理、核实后，形成对企业整体的印象，这些印象包括：

◇企业的信用状况如何。包括主要负责人的能力、品德等，这方面主要体现企业还款意愿。

◇企业的经营管理制度、财务管理制度是否健全。这方面主要体现的是企业的偿还能力。

◇企业目前的生产经营情况如何，面临的困境是什么。这方面主要反映的是企业为什么要借款。

◇企业的产品在市场中的销售情况及其畅销程度如何。这主要反映的是企业的市场竞争力、未来的盈利能力。

◇企业的财务结构及盈利情况如何。包括企业有多少货币资金、有多少长期借款和短期借款、拥有多少固定资产、年销售收入、净利润率等，初步估算出企业的资金规模、来源及盈利情况。

◇企业产品资产转换循环过程及其各个环节的风险情况如何。这方面主要反映的是企业借款的原因、期限等。

◇企业未来的战略规划是什么样的。这方面主要说明未来在什么时间点上需要资金的支持。

大雄听了后，得意地说："这些情况我们已经完成了，下一步呢？"

做好财务分析和财务预测

美丽说："下一步，做好财务分析和财务预测。通过企业提供的过去几年的财务报表进行财务分析，我们就能具体了解企业的财务状况，具体包括以下几点。"

◇企业的财务杠杆；

◇企业的偿债能力；

◇企业的盈利能力；

◇企业的资产运营能力；

◇存货的周转情况；

◇应收账款的周转情况等。

进而就可以评价企业的财务状况还存在哪方面的风险，并给出防范财务风险的建议。

根据企业的发展计划，与企业管理层反复沟通后，做出现金流量财务预测，进而判断企业在未来是否有足够的现金来偿还银行的贷款。

听到这里，大雄想起昨天美丽说要用另一种方式来预测企业的财务，就问道："美丽姐，你昨天说要重做现金流量预测表？做好没有？"

美丽笑了笑说："我正在测算企业未来借款期间可能的现金流收支的情况。根据现金流量预测的模型，准备做一张现金流量预测表出来。"

大雄满怀期待地说："到时候给我讲一下，现金流量表上的数据是怎么做出来的。"

美丽点了点头，很干脆地说："没问题，反正你也要参与的。"

信贷调查分析报告的主要内容

撰写调查分析报告之前，另外还要对担保人的情况进行汇总和分析，比如担保人的信用状况、代偿能力、变现能力等，进而评价出担保人的担保能力。

大雄试探性地问美丽："对企业的基本情况进行分析之后，是不是就可以撰写信贷调查分析报告了？"

美丽肯定地回答道："是的。我们银行对公司流动资金信用贷款的调查报告包括如下主要内容及撰写重点。"

◇借款人基本情况及主体资格：包括借款人姓名、注册资金、股东情况、经营范围、关联企业等情况；主要负责人的年龄、学历、经历、获得的各种荣誉等情况。

◇借款企业的历史沿革：企业的发展历程、目前企业的整体情况。

◇生产经营情况：生产经营项目及规模、生产过程、年生产能力、年收入、主导产品市场产销情况、发展规模、前景、目前的生产经营状况等。

◇借款人申请借款情况及原因：符合国家的有关优惠政策，市场前景预测，预计效益，自有资金多少，尚缺资金多少，什么时间能还本付息，以前贷款还本付息及存量贷款情况，本次申请贷款的用途、金额、期限等情况。

◇产品市场分析情况的撰写：包括产品的特性介绍、销售模式、供应模式、产品未来市场的预测等。

◇行业分析的撰写：包括产品行业的发展阶段介绍、整体水平情况、未来行业的走势情况分析等。

◇财务分析及财务预测撰写：包括偿债能力指标分析、盈利能力趋势分析、资产营运能力比较分析以及各主要财务科目的明细情况说明、主要指标变动的原因等；财务预测主要指未来贷款期间内的现金流量情况，是否有充足的现金保障债务的偿还。

◇借款人及关联企业的融资状况，本次融资方案、总体资金需求及解决方案：包括现有负债的情况，申请的借款资金规模、用途、期限等。

◇担保情况分析：包括担保人的风险分析及风险评价。

◇借款人业务风险分析：包括企业政策风险、行业风险、市场风险、经营管理风险、财务风险、贷款集中度风险及风险防范措施。

撰写信贷调查报告有哪些要求

稍停了一会儿后，美丽又接着说："所有资料都收集、整理、分析后，就开始按照我们银行里对公司业务流动资金贷款的调查报告模板，撰写信贷调查报告。"

大雄听到要着手写信贷调查报告了，激动地问："美丽姐，你再给我说说写调查报告有哪些要求呗。"

美丽说："一份优秀的调查报告是提高信贷流程效率的保证，它包括以下内容。"

◇信贷调查的总结。

◇提供信贷审批必要的资料信息。主要包括借款人的经营、财务、担保等情况，接受申请的理由，借款人存在的风险分析，防范风险的措施，最近几年的财务报告。

◇要做到客观、理性地分析借款人的风险，不能夸大，也不能视而不见，要求借款人的风险是可识别、可控制的。

◇调查报告分析要全面，不要在细枝末节的地方花费太多笔墨。

◇调查报告的信息来源要真实可靠，必须在尽职调查的基础上，分析才具有意义，对于不能确定的事实，谨慎处之。

◇没有结构、格式完全相同的信贷调查报告，灵活掌握信贷调查报告格式的内在东西，才能写出具有不同侧重点的调查报告。

听美丽说完，大雄对信贷调查报告的内容及要求有了一个大致的了解。

提出明确的融资结构方案

美丽看着大雄不停地点头，知道他已经明白了，又继续说："信贷调查报告完成后，信贷调查人员要对这笔信贷业务提出明确、具体的融资结构方案，包括借款申请人的名称、授信金额、期限、发放方式、利率、担保措施等，最后对借款人进行风险等级的评定。主办信贷员和协办信贷员分别签字承诺信贷调查内容的真实性。"

大雄高兴地说："美丽姐，我明白该怎么写了，那可以先做哪部分呢？"

美丽拿出信贷调查报告的模版对大雄说："这个模板有电子版本的，我马上给你发过去，你先试着写，不懂的可以问我。写完后发给我，我帮你修改修改就可以了。"

凤凰茶业有限公司的信贷调查分析报告出炉了

忙了一上午，一份凤凰茶业有限公司的信贷调查分析报告终于出炉了。

信贷调查报告

借款申请人： <u>凤凰茶业有限公司</u>
保 证 人： ×　　　×　　　×
抵押品名称： ×　　　×　　　×
质押品名称： ×　　　×　　　×

贷 款 银 行： <u>某银行</u>　　　　　　　；
贷款负责人： <u>刘春花</u>　　　　　　　；
主办信贷员： <u>美丽</u>　　　　　　　　；
协办信贷员： <u>刘劲</u>　　　　　　　　；
调 查 日 期： <u>2019 年 5 月</u>　　　　；

第一部分　申请借款人基本情况

一、申请人基本信息						
法定代表人	曾大千	年龄：56		性别：男	学历	电大
财务负责人	李兰	年龄：28		性别：女	学历	大学本科
注册资本	800 万元	企业性质：有限责任公司			企业规模：中等	
成立时间	1993 年	行业分类：茶行业				
企业地址	**					
基本账户	×× 银行 ×× 支行			账号：**		
主要开户行	**			账号：**		
贷款卡号及密码				是否年检		
主营业务：茶叶种植、加工生产、销售、茶文化旅游						
二、借款申请人成立时间及历史沿革						

　　申请人的前身是 1990 年成立的，资产只有几万元，初期为手工作坊生产，小规模经营，产品主要销往农村市场。企业逐步壮大，1993 年更名为四川凤凰茶业有限责任公司，公司经历了多年的发展，建立茶叶基地，购置设备，建成了名茶、优质茶生产车间，品种由过去单一品种增加为花茶、绿茶、苦荞茶、桑叶茶等多品种有机保健茶。

　　公司现有员工 120 人，厂区占地 18 亩，拥有 4 条生产线，年加工能力为 800 吨干茶，质量管理和加工体系通过 ISO9000 质量体系认证，并获得国际 IMO 有机食品认证机构认证和国家 QS 认证。产品以口感好、品质值得信赖赢得广大消费者喜爱。竞争优势为纯天然、无污染、健康环保，从生产、种植、加工、包装、运输及贮存都没有涉及污染。

　　2000 年底公司投巨资修建了占地 20 亩的环保型现代化有机茶加工厂一座，拥有两条生产线。

（续表）

公司在 2007 年 5 月开始建设高标准的有机茶园，集有机茶种植、加工及茶文化农业旅游于一体。

2009 年从国外引进投产了两条有机茶自动化生产线加工线，总生产线达到 4 条，并建设茶叶种植基地。

三、借款申请人股权结构			
申请人股东名称	出资方式	投资额	注册资本占比
曾大千	现金	480 万元	60%
曾小千	现金	200 万元	25%
李兰	现金	120 万元	15%

1. **申请人增资情况简单介绍**：公司系曾大千和曾小千共同出资组建的有限责任公司，于 1993 年取得《企业法人营业执照》，原注册资本为人民币 10 万元，实收资本为人民币 10 万元。后经几次变更，公司的注册资本增至 800 万元，实收资本为 800 万元，股东增至三人，即曾大千、曾小千、李兰。

2. **申请人股东之间的关系介绍**：法定代表人是曾大千，同时任企业的总经理，其他股东及企业许多重要岗位的负责人都直接或间接跟曾大千有亲戚关系，曾大千与曾小千为兄弟关系，李兰是曾大千的侄儿媳妇。

3. 其他情况介绍。

四、借款申请人组织架构及管理体系

1. **组织架构介绍**：股东会由全体股东组成，是公司的最高权力机构和最高决策机构。公司内设机构由董事会、监事会和总经理组成，分别履行公司战略决策职能、监督职能和经营管理职能，在遵照职权相互制衡前提下，客观、公正、专业地开展公司治理，对股东（大）会负责，以维护和争取公司实现最佳的经营业绩。公司设立销售部、生产部、财务部、采购部、研发部五个职能部门，每个部门按照其工作职责开展工作。

2. **简述内部控制制度**：凤凰茶业有限公司是家族化治理模式，所有权、经营权、决策权高度统一，但仍然遵循法人治理结构的模式。拥有较为健全的公司规章制度，包括生产组织、服务质量管理控制、人力资源、物资采购、财务管理、固定资产管理、综合管理等，这些制度的执行，促进了企业更加高效、健全地运转，有效防范企业经营风险。

五、企业管理水平评价

1. **主要管理人员的情况介绍**：企业业主曾大千，男，现年 56 岁，电大学历，1993 年创办这家凤凰茶业有限公司，长期从事企业的经营管理，尤其在茶行业摸爬滚打多年，具有丰富的实战经验和管理经验。企业财务负责人，李兰，女，现年 28 岁，系曾大千的侄儿媳妇，大学本科，会计师，也是凤凰茶业有限公司的股东之一。她拥有多年的财务管理经验，曾经在一家外资企业任财务总监，于 2008 年加入凤凰茶业有限公司。

(续表)

2. 对主要管理人员的评价：企业总经理曾大千长期从事企业的经营管理，尤其在茶行业摸爬滚打多年，具有丰富的实战经验和管理经验。虽然只有电大学历，但其聪明好学，与时俱进，敢于创新和探索，重视人才，重视产品质量，带领企业逐渐走向规模化发展之路。财务负责人李兰，在她的领导下，公司建立了一套完善的企业财务管理制度，同时通过资本的运作，筹集外来资金，合理调控资金，为企业的发展壮大奠定了基础。

3. 其他情况介绍：曾大千在2018年获得县"十佳优秀企业家"奖章。经过网上查询，为表彰曾大千在2018年带动当地农民种植茶叶，带领农民共同富裕，在当地创立了远近闻名的"凤凰"茶叶品牌，特颁发的奖章。

六、借款申请人主营业务介绍

公司目前主营茶叶加工、生产、销售。茶叶是劳动密集型产业，从茶叶的种植到采摘、加工和销售都需要大量人力投入。据统计，我国目前有8000万茶农，另外还有5000万以上人员从事茶叶销售、茶馆服务等第三产业的工作，从另一方面反映了我国的茶叶生产劳动效率低的问题。

从茶叶目前情况来看，产量增加，市场消费热点不断，多茶类协调发展已经成为现阶段茶市场主要特征，2004年非典时期引发的绿茶热，2005年铁观音消费热，2006年普洱茶消费热。

茶产业的增长潜力巨大，国内外市场需求稳定增长，从国内来看，喝茶已经成为多数国人的一种生活习惯，从国际需求看，中国茶出口一直保持稳定增长态势。

由于各级政府对茶产业给予高度重视，加大对茶产业的投入，从而保证茶叶产量保持较快速度增长。茶叶消费热点转换很快，有机茶被消费者接受并迅速得到了认可。

目前生产的产品主要有"凤凰"牌绿茶、黑茶、苦荞茶、桑叶茶四大有机保健茶系列，三十余个品种。茶叶按物理状态分为"鲜叶"和"干茶"，4.5份鲜叶约产成1份干茶。鲜叶的分类主要是单芽、一芽一叶、一芽二叶、一芽三叶；成品干茶主要分为扁形名茶，卷形名茶，烘青优质绿茶，炒青优质绿茶。茶叶生产过程是：鲜叶—采青—萎凋—发酵—杀青—揉捻—干燥—（初制茶）—精加工—包装—成品。不同质量和不同品种的茶叶精加工部分略有不同。

第二部分 申请借款用途及还款来源

一、申请借款用途

申请的原因是因为公司今年将大量进行出口茶叶加工，增加黑茶和药茶品种。该部分在茶叶集中收购期需要资金铺底收购鲜叶为后续生产储备，其中黑茶需储备鲜叶400吨，药茶储备鲜叶550吨，合计需要资金约800万元，自筹资金500万元，借款300万元。

二、还款来源

（续表）

第一还款来源：产品的销售收入取得；
第二还款来源：保证担保。

第三部分　借款申请人行业分析

《2019年中国茶行业发展报告》指出，2018年中国茶叶出口30.24万吨，内销110万吨。据行业内部人士讲，我国茶叶的主要市场仍在国内。2018年我国茶叶种植面积197万公顷，居世界第一位；茶叶产量147.5万吨，居世界第一位；茶叶农业产值530亿元，居世界第一位；茶叶出口30.24万吨，居世界第二位，出口金额7.84亿美元，居世界第二位。从国际需求和国内的销售来看，我国茶业的销售量一直保持稳定增长态势，销售增长维持在10%～20%，行业利润率也是逐渐稳步增长，近期维持在10%左右。

2018年，凤凰茶业被评为"名优产品"，这些都说明本企业在该行业中保持了一定竞争力。竞争优势为纯天然、无污染、健康环保，并已形成了集加工生产、销售、旅游一条龙的服务。销售增长率维持在10%左右，处于行业中新兴到成熟的过渡期。单从该公司现有状况来分析，退出比率极小，行业风险较小。

经济周期对茶行业的影响情况分析是，中国的茶叶70%都是内销，即使在金融危机时，茶叶出口有所下降，但在国内的销售仍然处于一个稳定的态势：一是因为政府的大力扶持，二是因为中国人已经把喝茶当成了一种习惯，已成为了生活中不可缺少的饮品。经济危机的蔓延，茶行业也会面临难以避免的冲击。

替代产品情况分析是，对于茶行业来说，品种多样化，有红茶、铁观音、普洱茶、乌龙茶、素茶、花茶等，同时，作为一种大众消费的饮品，又会受到咖啡及其他饮料的冲击，但作为有机茶叶，在市场中仍然占一席之地，特别是当人们的生活水平、生活质量要求越来越高的时候，有机茶的纯天然、无污染等品质成了不可替代的重要饮品，同时，它也是赠送亲朋好友不错的礼品。

政策环境方面分析是，政府大力鼓励发展茶农业，在对茶行业监管、政策的鼓励和政策扶持的推动下，使得茶行业稳定而又持续的发展。

第四部分　产品市场分析（含供应、销售等）

茶叶供应方面，凤凰茶业有限公司更多依赖于从外面采购茶叶。2009年，企业开始建设有机茶叶种植基地。公司销售主要是采用"专卖店＋经销商"的模式。2018年专卖店销售800多万元，占比较少，主要目的是"凤凰"品牌的形象推广；经销商销售6000多万元；团购700多万元。

第五部分　财务指标分析

一、偿债能力分析		
短期偿债能力常用比率	2018年年末	2019年3月末
流动比率	138%	135%

（续表）

速动比率	93%	87%
现金比率	28%	20%
经营现金流动比率	9.13%	0.09%
长期偿债能力常用比率	**2018 年年末**	**2019 年 3 月末**
资产负债率	50.12%	49%
有形净值债务率	104%	98%
利息保障倍数	3.78	3.55
资产总额	83,638,622.45	84,853,627.38
负债总额	41,917,425.43	41,429,460.38

说明：截至 2019 年 3 月，公司总资产 8485 万元，其中流动资产 4918 万元，固定资产 1885 万元，在建工程 1536 万元，无形资产 135 万元，流动负债 3643 万元，长期负债 500 万元，实收资本 800 万元，资本公积 934 万元，未分配利润 2608 万元，净资产 4342 万元。

2019 年公司经营现金流动比率尽管由于季节原因很低，但参考 2018 年的水平，该比率基本能反映经营现金流量可以支付流动负债。而且流动比率、速动比率、现金比率都维持在一个较好的水平上，所以说，企业的财务状况整体表现了较强的短期偿债能力。

长期偿债能力各项指标都趋于良好的水平，特别是利息保障倍数为 3.78，说明企业按期支付利息能力较强；而且其他两项的指标也不错，说明企业的长期偿债能力较强，长期债权人的资金会得到较好保障。

二、盈利能力分析

	2018 年年末	2019 年 3 月末
总资产收益率	2.21%	2.02%
净资产收益率	12.10%	4%
销售毛利率	17.15%	16.23%
销售净利率	6.70%	6.62%
营业利润率	7.20%	7.50%
成本费用利润率	6.15%	7.90%

说明：该公司 2017 年实现销售 7444 万元，净利润 430 万元；2018 年实现销售 9607 万元，净利润 650 万元；2019 年一季度实现销售 2569 万元，净利润 170 万元。2018 年虽然通过多种营销渠道打开了市场，增加了销售收入，但 2018 年由于鲜茶叶价格大幅度增长，造成销售成本上涨，而为了稳住市场，销售价格又没有调整，进而影响了主营业务利润。

三、资产营运能力分析

（续表）

	2018 年年末	2019 年 3 月末
总资产周转率	1.34	0.31
固定资产周转率	3.89	0.78
存货周转率	7.2	5
存货周转天数	50	72
应收账款周转率	4.8	5.92
应收账款周转天数	75	60.81

公司存货周转率显示这个行业的特征，表明市场对茶叶的消费水平维持在一个较为稳定需求状态。同时，企业在 2019 年一季度的应收账款周转率开始提高，是因为 2019 年公司制定了相应财务政策，促进应收账款的回收。2018 年的总资产周转率和固定资产周转率都有一个较好的表现，说明经营管理效率较高。

四、现金流量分析

通过对 2019 年 3 月的现金流量三方——现金流量结构、现金获取能力及现金支付能力的分析，得出结论是，2019 年 3 月现金流量的结构较为合理，但其现金获取能力方面和现金支付能力方面都表现很弱，原因是 2019 年一季度现金收入太低，而现金支付较多。

第六部分 未来一年现金流量预测（单位：万元）

项 目	2020 年三季度	2021 年一季度	2021 年二季度	总 计
净利润	210.00	280.00	280.00	980.00
折旧和摊销	100.00	100.00	100.00	400.00
流动资金（增）减	-500.00	-526.32	0.00	-1,026.32
固定资产支出				
红利				
其他				
可用于偿债的现金流	-190.00	-146.32	380.00	353.68
偿还本金：现有债务			300	
剩余现金	-190.00	-146.32	80.00	53.68
假设项目				
销售额	3,000.00	4,000.00	4,000.00	

(续表)

净利润率	7.00%	7.00%	7.00%	
净利润	210.00	280.00	280.00	
销售/流动资产	1.90	1.90	1.90	
流动资产	1,578.95	2,105.26	2,105.26	
流动资产增减		-526.32	0.00	

现金流量表预测说明：现金流量表预测期间是2020年三季度至2021年二季度。根据2016年、2017年、2018年及2019年3月底的销售收入，假设未来期间实现销售收入共计1.4亿元，其中第三、四季度的销售逊于第一、二季度的销售；净利润率为7%；根据前几年的情况，销售/流动资产比设为1.9，按照现金流量预测表模型，可用于偿债的现金流是净利润＋折旧和摊销＋流动资金增（减），通过敏感性预测分析，影响未来现金流的因素主要是销售额。通过测算，凤凰茶业有限公司可用于偿债的现金流是353.68万元，从现金流量表预测来看，其申请借款300万元，是有足够的现金流来偿还的。

第七部分 贷款担保情况分析

公司用商标注册权质押，经评估，其商标注册价值为135万元。经过尽职调查核实，该质押物权属明确、来源合法，无重复质押情况，企业已出具同意质押的决议。除质押外，担保公司愿意为本笔借款提供保证担保250万元，该担保人为我银行长期合作协议担保公司。

第八部分 业务风险分析

1. 政策风险：国家支持茶叶农业产业化的发展，并拿出部分资金来补贴农业产业化企业的发展，但可能会因补贴等优惠政策不到位或完全不到位，而企业又在加速发展，形成政策风险，造成企业营运资金不足等问题。

2. 行业风险：茶行业受自然因素的影响，对自然灾害具有不可抗性，若遇到此类情况有可能影响茶叶的质量或产量，进而影响销售收入。茶行业季节性较强，如果不能在采摘期及时采摘，或在销售旺季没有一个很好的营销策略，也会影响企业的经营业绩，造成行业风险。

3. 市场经营风险：由于茶行业的市场竞争剧烈，市场风险难以预测和防范，鲜叶的价格也在不断上涨，企业既要获得最大的收益，又要把握质量，如果不创出自己的名优品牌，争取最大的市场份额，可能会引发市场经营风险。

4. 经营管理风险：家族式企业的经营模式，经营权与所有权不能完全分离，就会造成公司的管理制度执行难，引发经营管理风险。

（续表）

5. 财务及税务风险：如果财务管理出现漏洞，就会造成大量的应收账款难以回收、成本费用增加、资产营运能力下降等；企业中存在的偷税漏税等税收问题，就有可能给企业带来巨大经济损失，造成财务及税务风险。

6. 道德风险：如果企业法定代表人的政策观念不强、信用基础差、诚信意识淡薄，就有可能出现改变借款用途、不按期归还银行贷款或其他道德方面等问题，造成银行资金的不安全。

7. 风险防范措施：针对凤凰茶业有限公司在政策风险、市场风险、行业风险、经营管理风险、财务及税务风险、道德风险等方面提出如下防范措施。

政策风险方面：及时为企业提供国家政策的新动向，引导企业把握发展中的节奏；及时监管企业对政策的依赖程度。

市场风险方面：积极帮助企业通过多种营销渠道，扩大企业市场份额；定期或不定期走访企业，了解其销售情况、应收账款回收情况以及存货情况等。

行业风险方面：监管企业在防范行业风险方面是否已采取了相应的措施；销售淡季的经营策略与销售旺季的经营策略是否不同。

经营管理风险方面：主要关注企业的决策者，其经营战略思想左右着公司的命脉。在监管过程中，与企业领导层多交流沟通，随时掌握企业的发展规划，评估其发展规划是否符合公司的发展。

财务及税务风险方面：关注企业货款回收力度相关策略，防范现金偿付能力的风险；定期或不定期地收集财务报表及其纳税申报表，防范相应的风险。

道德风险方面：平时多向企业领导人宣传银行的信贷政策，对诚信高的企业给予相应的优惠信贷政策，防范道德风险的形成。

第九部分　信贷调查结论

现有负债情况：短期借款1760万元（其中××银行××支行1000万元，由××担保公司担保，期限1年；农业发展银行760万元，期限10个月；长期借款500万元，××财政农发资金）。

本次融资方案：本笔业务执行利率为人民银行同档次基准利率上浮20%。

建议授信两年，单笔用信期限一年，额度在有效期内可循环使用。还款方式为按月付息，到期还本，采用商标注册质押和担保公司抵押的担保方式。

第12章
成为合格的信贷员

写完后,大雄忙把调查报告打印出来,看着手中还热乎乎的报告,大雄此刻的心情既激动又喜悦。他想立刻飞到刘春花那里,让她看看自己参与的第一个信贷业务作品。

美丽看出了大雄的心思,笑着说:"我刚才看到刘主任在办公室,你把这份调查报告连同这份财务报表科目说明一起拿给她审阅一下,听一下她还有什么意见。"

美丽的话给了大雄更大的鼓励,大雄高喊了一声"好的!"一溜烟跑向了刘春花的办公室。

大雄拿着凤凰茶业有限公司的信贷调查分析报告和其他相关材料来到刘春花办公室,见刘春花正在专注看书,犹豫间,被刘春花发现了。

刘春花笑呵呵地招呼他快进来,大雄反而有点儿紧张了,"刘姐,我……"大雄话没说完,干脆直接把手中的资料递上。

刘春花接过一看,高兴地说:"哦,报告写出来啦,我看看写得怎么样。"

刘春花看了10分钟左右,抬头看着大雄说:"整体来说,报告归纳得还不错。无论是行业分析、市场分析、经营管理者分析、财务分析、担保分析以及借款原因分析等,都做了相对全面的分析。明天报告提交到评审会时,对报告中所涉及的内容还需要对评委们做出进一步的补充说明。"

大雄谦虚地说:"好的,谢谢刘姐夸奖。这是我第一次以信贷员的身份参与到信贷业务实践中,以前一直以为信贷员就是简单地把资金贷出去,收回来。"

刘春花听后哈哈一笑说:"你可别小看信贷员的角色哦。信贷员不仅肩负着为银行创造经济效益的使命,而且也肩负着把控风险的使命。在发展信贷业务的同时,努力把风险控制在最低水平,才算一名合格的信贷员。"

大雄满脸狐疑地问:"成为一名合格的信贷员?像我这样算不算合格呢?"

刘春花笑着说:"你呀,只能算刚刚入门,离合格还差一截呢。"

掌握八大关键领域评估

刘春花看大雄还想继续听下去,就接着说:"作为一名合格的信贷员,不仅需要具备信贷业务知识,还要像企业业主那样懂得企业的经营管理。这样,我们才能更有效地评估企业,并协助企业完成经营目标,进而保障企业能按期归还银行贷款,降低银行信贷资金的风险。"

大雄惊讶地问道:"啊!成为一名合格的信贷员,还要像企业业主那样懂得经营管理呀。尽管我想利用业余时间开一间'书吧',但我现在还没当老板呢,哪里懂得经营管理。一时半会儿又学不会,怎么办呢?"

刘春花笑了笑,举着手里的书说道:"不一定只有当了老板才懂得经营管理。作为信贷人员,只需了解管理的精髓,就OK了。你看,我正在研读彼得·德鲁克的《管理实践》,里面对企业经营管理的目标任务有很精辟的总结。"

大雄本就是一个爱读书的人,一听说有推荐的书,赶紧接过来,认真浏览起来。

刘春花指着书说:"多数中国企业的唯一目标是利润,这就是很多中国企业做不长久的症结所在。彼得·德鲁克提出了现代化的管理理念——'八个关键领域的任务目标'(如图12-1所示),对我启发颇大,尤其在评估企业或协助企业领导能力方面,是一种最有效的方法。"

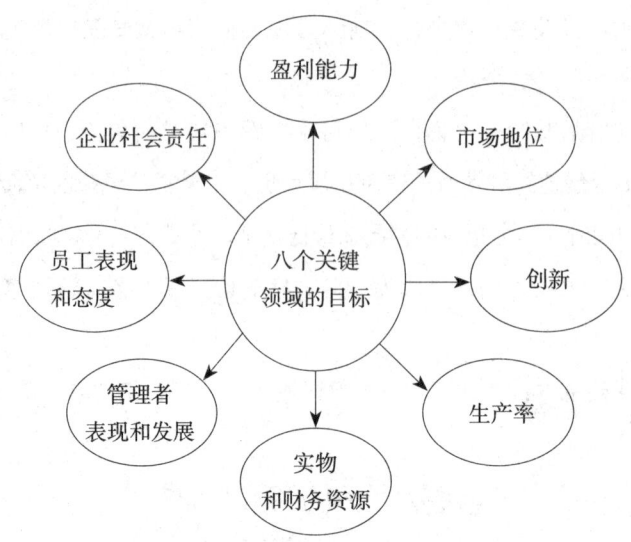

图 12-1 彼得·德鲁克的八个关键领域的目标

盈利能力

大雄翻到八个关键领域那页说:"在书中,彼得·德鲁克提出,从企业的长期来看,盈利是企业生存的根本。根据盈利能力来衡量是业务和管理业绩的最佳指标。"

刘春花的双眼闪烁着仰慕的光芒说:"大师的这句话提示我们,企业需要利润来支撑为达成企业目标所花费的成本,所以利润也就等于未来持续经营的成本。"

评估企业的盈利能力就显得非常重要,主要是因为:

◇利润可以衡量一家企业运营的效率或创造价值;

◇利润是运作企业、承担运作风险必要的回报;

◇利润保证了未来业务增长和创新所需的资本。

市场地位

大雄接着又说:"彼得·德鲁克提出的第二个关键领域是市场地位。企业的市场地位,必须根据其市场潜力、市场占有率、所提供的产品与服务的领导地位和声誉来衡量。"

刘春花笑了笑说:"经营管理实践中,市场地位决定企业的竞争力。

评估市场地位，也就等于评估企业的生存空间有多大。大师提出这个关键领域跟管理实践完全吻合，并且进行了提炼、升华。"

创新

为了赢得未来市场，彼得·德鲁克提出另一个关键领域——创新。

企业的创新有三点：

◇产品创新，包括产品或服务的创新；

◇社会创新，包括市场、消费行为和价值的创新；

◇管理创新，为了制造产品或服务，并将它们推出上市所需的各种技能与活动的创新。

"基于这几点，彼得·德鲁克提出企业要有对不断变化的市场做出快速反应的能力；要有因技术变化而需要引进新技术、新产品的能力；在创新的过程中，更要有创新的思维能力。"大雄说完猛然有所悟，"哦，我明白了。评估企业产品创新能力，就能预测企业未来的发展前景。"

刘春花含笑点了点头说："所以嘛，创新在企业发展过程中有着举足轻重的作用，也是关键领域之一。"

生产力

刘春花接着说："在彼得·德鲁克看来，衡量生产力，就是衡量企业管理层的领导能力，显示出企业资源是怎样有效地得到利用的，以及它们的产出是多少。"

大雄问："那么如何来评估生产力呢？"

刘春花回答说："彼得·德鲁克指出，主要从三方面来评估。"

◇企业资源利用的有效程度；

◇净资产的增值情况、企业的盈利情况，都是必须考虑的时间因素和风险因素；

◇企业的战略目标。

同时，彼得·德鲁克强调，缺乏生产力目标的企业将失去方向，缺乏生产力衡量标准的企业将失去掌控。所以，生产力的评估其实是对企业领导能力的评估。

实物和财务资源

大雄指着书问道:"书中说第五个关键领域是实务和财务资源,怎么理解?"

刘春花说:"彼得·德鲁克认为,实物资源是为保障销售商品的供给来源而设定的发展目标。如凤凰茶业种植茶叶,就是为了保障未来茶叶来源的供给;同时企业也要为资本的供给与利用设定财务资源目标,包括为现金流量、长期的资金需求设定目标。"

"那我们从哪方面来评估企业的实务资源与财务资源呢?"大雄问道。

刘春花说:"主要从两个方面来评估。"

◇原材料和资本方面有可靠的供给和成功的策略;

◇目标实施过程中的风险和成本。

所以在我看来,实务和财务资源的评估就是对企业的供货情况、资本运作情况的评估。

大雄嘿嘿笑着说:"原来是这样的。实物和财务资源原本就是企业运作过程中很关键的环节。"

大雄又指着书说:"彼得·德鲁克说企业不仅需要设定明确的经理人的表现、发展与绩效目标,也要为员工和工会之间的关系设定目标,更要对员工的工作态度与技能发展设定目标,以满足未来企业发展之所需。"

刘春花呵呵一笑说:"所以,彼得·德鲁克又提出了企业管理实践中人力资源这一关键领域。"

管理者的表现和发展

对于管理者的表现和发展的评估主要通过:

◇领导能力;

◇忠诚度;

◇专注度;

◇与其他员工关系融洽度。

员工表现和态度

对于员工表现和态度评估主要通过:

◇员工的流动情况；

◇参与企业管理的程度；

◇对企业的贡献。

企业社会责任

另外，彼得·德鲁克认为企业不仅要关注企业内部的经营管理，还必须慎思自己对社会的影响及应该肩负的社会责任，并为二者设定目标，这就是企业社会责任方面。评估企业社会责任主要通过：

◇在公共事务中的参与情况；

◇社会责任的行动方面；

◇与社区的融入和关联情况。

大雄听了刘春花的一番讲述后，深有感触地说："彼得·德鲁克的八个关键领域的目标，就像一座灯塔，让企业的八大领域有了明确的方向。如果企业将八大领域的目标转化成明确、清晰的工作目标，那这个企业就能顺利地成长，发展壮大。"

刘春花说："这也是我们在信贷分析中必须掌握的八大关键领域评估。通过这八大关键领域的评估，我们就可以判断企业是否能完成那些对产生现金流来说至关重要的任务，这些现金流就是企业的还款来源。"

大雄笑嘻嘻地说："我未来的'书吧'也要在这八大关键领域开始设定目标了。"

刘春花打趣地说："不要白日做梦了，还是先想想如何把本职工作做好吧。"

大雄不好意思地挠了挠自己的脑袋。

避免两个"极端"，实现有效沟通

刘春花看了大雄一会儿后，语重心长地说："我们还是接着刚才的话。做一名合格的信贷员，就要在客户面前展现我们的专业素质。尤其当我们首次面对客户的时候，我们的言行举止都要体现一名合格信贷员的水平。"

大雄"啊？"了一声，瞪大双眼，疑惑地看着刘春花。

刘春花说："许多信贷人员由于对业务不熟悉、对企业也不了解，自己本身就缺乏信心，当面对企业老板的时候，就会卑躬屈膝；而有的信贷人员认为自己就像是救世主，面对客户时趾高气扬。这两种情况都是不允许的。与客户的沟通是要讲究技巧的，平等、有效的沟通效果才是最好的。"

◇获得客户的真实情况；

◇对客户的品德作出准确的判断；

◇将沟通的内容与其他信息资料综合起来，才可以判断出企业的发展前景等其他信息；

◇为信贷决策提供非财务方面的信息。

大雄笑着说："哎呀，刘姐，你说的就是我嘛。我一见到那些企业老板，觉得自己就像矮了一截，不敢直视他们的眼睛。"

刘春花哈哈大笑说："要想全面了解客户，就要通过客户的肢体语言与客户进行眼神交流。一位银行家说过，优秀的银行家在做出贷款决定时所依据的不仅是客户的财务报表，还有客户的眼神。所以，信贷过程中的沟通是一个不可缺少的组成部分。"

大雄搓着双手，迫不及待地对刘春花说："刘姐，给我支支招儿？"

刘春花满口答应下来。

◎树立良好的职业化形象

无论在客户申请借款、做信贷产品营销还是贷款调查时，我们一定要给客户或者潜在客户留下良好的印象，任何时候都要保持职业形象，其中包括：

◇整齐的穿着；

◇周到的服务；

◇端庄的举止；

◇不卑不亢的态度；

◇冷静的头脑。

大雄听到这里，不自觉地调整到标准坐姿。

刘春花笑了笑，接着说。

◎申请过程中的沟通技巧

客户在申请贷款过程中，第一次面谈很重要，此阶段主要是了解客户来访的目的和打算。在这个阶段的沟通技巧是：

◇少提问题，多倾听；少记笔记，多眼神交流、观察。

◇耐心地回答客户的提问，但由信贷员把控申请过程。

◇利用提问的方式，引导客户阐述自己目前的状态、打算。重点是全面了解客户信息，不能被客户左右谈话的内容。

◇时时体现对客户的关心，在客户面前表现信贷员的专业素质。

大雄虽然没体验过这个过程，但也经常看到美丽、王二他们接待客户。此时，大雄才明白接待客户也是一门艺术。

刘春花继续往下说。

◎调查过程中的沟通技巧

尽职调查过程中的沟通，可以说是整个信贷调查最关键的一环，沟通的有效性直接关系信贷的成功与否。

大雄提醒刘春花说："上次去凤凰茶业有限公司的路上，美丽姐给我讲了有关提问题的技巧。"

刘春花说："要获得一个有效沟通成果，不仅在提问题时讲究技巧，在其他方面也是有讲究的。比如，为了不让客户有'被调查''被审问'的感觉，可以以下面的方式沟通。"

◇第一，营造一个具有亲和力的交流氛围，比如聊聊对方关心的事或开开玩笑等；

◇第二，注意提问题的方式，要注意自己的语气、身体语言等，用平和的方式提问，而非趾高气扬或低三下四的方式；

◇第三，让客户觉得你对他们的行业、业务充满兴趣，而且你也能给他们提供他们不知道的有效信息，这样，客户就会跟你沟通更多的内容。

在信贷过程中，客户经常会抱怨说"好麻烦哦，贷这么点钱，还要这

么多手续……"此时,我们的沟通技巧是:

◇不要被客户的情绪所影响,要面带微笑,冷静地倾听客户的抱怨;

◇以平和的口气解释银行的业务流程规定;

◇让客户换位思考,同时也表达对客户意见的重视;

◇客户不清楚的地方,耐心讲解。

总之,调查过程中的沟通,都是围绕"5C"标准来设计话题。如果在交流沟通过程中,出现了岔开话题的情形,比如聊到了美食、旅游等,你就要赶紧把话题拉回到正题上,结束那些浪费时间的谈话。

大雄摸摸脑袋说:"很多老板的气场特别强,可以想象,我们这种小毛头去跟他们交流沟通,多半是被动角色,能了解的信息很有限。"

刘春花又哈哈大笑说:"纯熟的沟通技巧是通过无数次与客户的会谈培养起来的。但无论你是一位新手还是富有经验的老手,在与客户面谈时都应当是全神贯注、高效的。只要做到耐心地倾听、仔细地观察、认真地记录,就有可能完成一次成功的沟通。"

这时,大雄想试着用眼神跟刘春花交流,但只那么一秒,大雄的眼睛就转到其他地方了,完全无法直视刘春花的眼睛。

刘春花看到大雄那种想看又不敢看自己的模样就觉得滑稽可笑。

她换了一个话题,对大雄说:"信贷业务及其分析的全过程你都很清楚了,你要赶紧把下一篇稿件写出来,要反映信贷员的风貌,题目你自己想。不过,在写之前,我要告诉你信贷业务分析中的一些禁忌。"

信贷业务分析中不可不知的禁忌

刘春花的话又把大雄东张西望的眼神拉了回来。看来,刻意去用眼神交流反而让人很不自在,通过大家都关注的话题来眼神交流,才显得自然得体。

刘春花说:"从接受客户申请的那一刻起,信贷业务的分析就开始了。在我们面前站着的,都是需要资金的人。他们或者神侃企业宏伟蓝图,或者可怜无助,但无论怎样,我们都要捂紧'钱袋子',冷静地分析我们面前的这单业务是'福'还是'祸'?"

大雄说:"信贷业务分析过程中都有哪些禁忌?"

刘春花说:"经过多年的工作,我总结出容易导致信贷损失的几点原因。根据这些原因,在信贷业务分析时,信贷员就要特别关注一些禁忌事项。"

◇在对待任何一笔信贷业务分析时,忌讳混入个人的感情因素。不能凭"哥们关系"来给出信贷意见。

◇考察分析企业的真实性和可靠性时,禁忌去企业转几圈,聊聊天,看到企业有模有样,就草率认定这家企业还不错。而是要通过看、问、查、听的方式认真核实、分析企业的经营状况。

◇在对借款人进行财务风险分析时,禁忌仅借助资产负债表和利润表的几个财务指标,就断定企业的偿债能力。事实上,常常还要分析企业的现金流及其他方面的财务状况,才能判断财务偿债风险。

◇对借款人的信贷分析,禁忌只关注企业财务分析,而未考虑行业分析、环境分析、市场分析、企业领导层的信用等非财务信息的分析。

◇禁忌仅凭虚假账目反映的财务报表的分析来放贷,而未进一步审计或审查借款人的财务报表。

◇禁忌仅凭借款企业提供的资料进行信贷分析,而未努力地从其他渠道了解借款人的信用状况,或者不理会其他渠道所获得的借款人负面信息。

◇禁忌不按照银行既定的业务程序来办理业务。

◇禁忌在分析财务指标时,未与同行业、企业的过去历史情况对比,而孤立地分析。

◇对贷款担保的分析,禁忌未做登记的抵(质)押物,禁忌代偿能力差的担保人。

◇信贷分析中,禁忌衰退的行业、刚成立不久的企业。这样的企业很容易给银行带来巨大风险。

听刘春花一口气说了这么多的禁忌，大雄的心里一紧，开始惴惴不安起来，他想起了刘春花以前就说过多次，要谨慎贷款。看来要成功地放出去一笔贷款真不是一件容易的事。

大雄"嗖"地一下从椅子上站起来对刘春花说："刘姐，信贷分析中的禁忌我记住了，我会把我学到的内容用我的笔告诉所有从事信贷工作的人。同时，这段时间，跟着刘姐和其他同事学了不少信贷业务知识，以后，我会写出更加贴近信贷员工作及信贷业务的作品来。"

刘春花笑着说："好啊，期待你的作品出来，让更多的人了解信贷员和信贷业务。"